개 · 정 · 판

교직실무

임채식 · 김종일

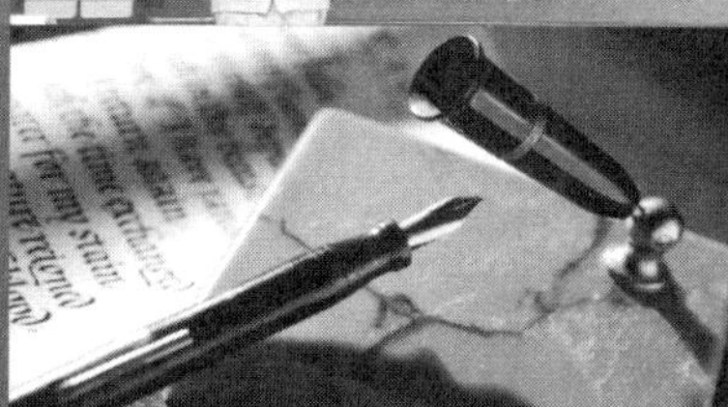

태영출판사

머리말

인류의 스승은 교사이다. 우리 인류사회에 교사가 없었다면 지금의 세기적 발전은 이루어지지 않았다. 그 중에서도 훌륭한 교사는 우리 인류사회에 더 많은 공헌을 하였고 그 영향력은 세대를 흐르며 지금까지도 지속적으로 영향을 미치고 있다. 사제지간의 관계에서 제자가 훌륭한 스승을 만난다는 것은 매우 행복한 일이며, 제자 입장에서 보면 성공과도 밀접하게 관련된다고 할 수 있다. 하지만 이렇게 훌륭한 교사가 되기 위해서는 장기간 각고의 교육과정 이수노력과 부단한 자기성찰이 뒤따라야 한다. 이와 같이 훌륭한 교사가 훌륭한 제자를 양성할 능력을 가지고 있다는 전제 때문에 교사양성 문제를 보다 체계적이고 계획적이고 의도적인 과정을 필요로 하게 했으며 이에 대한 책임을 국가가 짊어지게 하고 있다.

따라서 각급별 학교의 교사양성에는 국가적 기준이 설정되어 국가가 관리하고 있으며 훌륭한 교사를 양성하기 위해서 일정교과목을 이수하도록 하고 있다. 이러한 의미에서 2012년부터는 전문대학이 전문대학교로 명칭이 바뀌며 유아교육과도 전공심화과정을 통하여 1년 이상의 산업체 경험이 없어도 연속하여 4년 과정을 마치고 학사학위를 받을 수 있도록 하였다. 더더구나 유치원 5세아 모두에게 학비를 지원하고 이를 담당할 교사도 1급, 2급 유치원 정교사로

하도록 하였다는 점은 교육의 국가적 책무를 강조하였다고 할 수 있다.

이와 관련된 우리나라 교사양성 과정을 간략히 살펴보면 교직이수가 22학점 이상이어야 하고 전공은 50학점 이상을 이수하여야 한다고 기준을 정하여 놓았다(구체적 내용은 교재 내에 제시되어 있음).

특히 교육과학기술부에서는 교직과목 중 교직실무는 반드시 이수하여야 할 교과목으로 확정하여 제시하였다는 점이다. 더 나아가 교직실무 교재에서는 교육과학기술부 「유치원 및 초등 · 중등 · 특수학교 등의 교사자격 취득을 위한 세부기준 고시 개정 통보, 2009. 7. 15. 개정 2009. 7. 13. 교육과학기술부고시 제 2009-29호」에 의거하여 '교직윤리', '사회와 변화', '유아문화', '학급관리와 학생지도' 등 학습지도 영역 이외의 직무 수행에 필요한 영역을 포괄하여 다루어야 한다고 강조하였다. 이는 국가의 백년대계를 이어나가는 교사양성을 보다 구체적으로 교원양성 부서가 관리하여야 하겠다는 의지의 표현이라 할 수 있다. 따라서 이 교재에서도 교육과학기술부에서 포함하여야 한다고 제시한 내용을 최대한 수렴하여 저술하도록 하였다.

구체적 내용의 전개는 총 13장으로 구성하였다. 장별로 분량이 일정하지는 않지만 한 학기를 기준으로 13주 수업에 적절하도록 하였다. 또 교수자가 교수자 나름대로 참고자료를 활용하여 설명할 수 있도록 자세한 기술은 생략하였다. 이 책의 간략한 목차 구성을 보면 제1장에서는 교직에 대한 개념을 다루었고 제2장에는 교직윤리, 제3장에는 사회변화와 유아교육, 제4장에는 유아문화, 제5장에는 학급관리와 유아지도, 제6장에는 교사양성, 제7장에는 교원의 임용과 복무, 제8장에는 유치원에서의 인간관계, 제9장에서는 유치원에서의 상담, 제10장에서는 교원의 지위향상 및 복지, 제11장에서는 교원의 휴직 및 복지, 제12장에서는 유치원경영 및 관리, 제13장에서는 사무관리를 다루었다.

이상의 내용을 보면 일부 내용에 있어서는 유아교육 전공교과 영역에서 다루어진 내용도 있고 그렇지 않은 내용도 있다. 따라서 전공교과와 일부 중복되는 부분이 있음을 인정하나 그 교과내용 중에서도 최대한 유아교육 현장에서 필요한 교직실무와 관련된 내용이 어떤 것인지 더 많은 고민을 하고 발췌하여 본

저서를 저술하였다.

교직실무 저술과정에서의 추가적인 애로사항이라면 법과 관련된 실무적 내용을 수록하여야 하는데 법과 관련된 내용이 상당하기 때문에 부분부분 딱딱하고 어려운 부분이 있었다. 하지만 가급적 쉽고 편안하게 교재에 접근하도록 나름대로 최선의 노력을 기울였다. 그럼에도 어쩔 수 없이 법 조문을 나열하는 데에 있어서는 형식적인 부분을 무시할 수 없었음을 밝혀 둔다. 특히 법조문과 관련해서는 우리나라 교육법을 모체로 하여 저술하였다. 이 점은 차후 법이 바뀌면 재개정을 해야 함을 의미한다. 즉, 정권이 바뀐다거나 교육정책이 바뀌면 연이어 교육법도 바뀌기 때문이라 할 수 있다. 실제로 교직실무는 사회변화나 사회의 요구에 따라 교사로서 갖추어야 할 실제적인 임무가 달라질 수 있기 때문에 수시로 개정한다는 것을 전제조건으로 내세울 수밖에 없는 실정이다.

이 외에도 내용상 많은 부분에서 미진한 부분이 적지 않다. 이 점은 앞으로도 꾸준히 주위의 충고를 충분히 받아들여 개정할 생각이기 때문에 여러 동학들께서 언제라도 충고와 지도를 주신다면 매우 고마운 일로 여기면서 더 좋은 교재가 되도록 교직실무를 개정하는데 게을리하지 않을 것이라는 점을 밝혀 둔다.

아울러 이 교재가 교사가 되고자 하는 예비 선생님들이나 유아교육 현장의 교사들에게 교직에 대한 실제적인 임무를 수행하는데 다소라도 도움이 된다면 필자로서는 더 없는 기쁨이라 생각한다. 또한 이 교직실무가 교사로서 필요한 교직에 대한 좌표적 역할을 해 주기를 감히 기대도 하고 있다.

끝으로 이 책이 나오기까지 게으른 사람을 인내로 채근해 준 김현태 사장님에게 감사의 말씀을 드리고 태영출판사 출판 관계자 여러분의 노고에도 고맙다는 나의 속 마음을 전한다.

2011. 6.

저자 씀

개정판을 내면서

이 책은 2011년의 초판을 개편한 개정판이다. 짧은 시간에 개정판을 내게된 주된 이유는 기존 내용의 엄청난 변화가 있어서가 아니다.

과목의 특수성상 교직실무는 실무적 요소가 수시로 변경될 수 있는 여건이 많기 때문이다. 특히 법령 부분의 개정 내용은 유아교육이나 보육현정에 즉시 적용해야 할 부분이기 때문에 소홀히 할 수 없는 부분이다. 이는 국가의 정책과도 맞물려 변경될 소지가 많기 때문에 앞으로도 개정의 여기자 많다 하겠다.

그러나 교직실무에서 기본적으로 꼭 다루어야 할 필수 요소 부분인 교육과학기술부 교사자격 취득을 위한 세부 기준 고시 개정 통보 제2009-29호에서 강조한 '교직윤리', '사회와 변화', '유아문화', '학급관리와 학생지도', 영역은 그대로 고수하였으며 그 외 교직자가 실무에서 다루어야 할 내용도 현재로선 그대로 유지하였다.

다만 5세아에 대한 일정 학비 지원과 3세, 4세 유아 및 수입 계층별로 일정학비를 직원하게 한 부분, 누리교육과정 신설에 관계된 내용, 주 5일제 수업과 관련하여 경조사별 휴가일수 조정 부분 등, 2012년에 공무원법이나 유아교육 · 영유아보육 · 법령의 많은 부분이 개정되어 부득이 1년 만에 교직실무 책을 개정하지 않을 수 없었다. 특히 법령부분 개정에는 김종리 교수의 노고가 추가되었다.

하지만 법령 이외 부분도 추가 개정할 부분이 적지 않아 앞으로도 선후배님들이나 동학들의 의견들을 적극 수렴하여 꾸준히 개정의 과정을 소홀히 하지 않을 것임을 독자들에게 밝혀 둔다.

2012. 6

저자 씀

차 례

제 1 장

교직이란

제1절 교직 · 교직실무의 개념
제2절 교직의 기원
제3절 교직의 특수성

제1절 교직 · 교직실무의 개념

교직이란 학습자를 가르치는 것을 직업으로 가진 것을 말한다. 그렇다고 일정 자격을 갖추지 않은 사람이 누구나를 가르친다는 것을 교직이라 하지는 않는다. 즉, 교직이란 국가가 인정하는 의도적 교육기관에서 학습자를 대상으로 가르치는 직업을 말한다. 따라서 교직실무란 일정 교사자격을 갖춘자가 학교라는 의도적 교육기관에서 추구하고자 하는 교육목표를 달성하기 위하여 일정 교육계획에 따라 학습자를 실제적으로 가르치는 교수활동과 학습자 지도를 주업무로 하며 부수적으로 학습지도에 필요한 사무를 수행하는 것을 말한다. 이는 학습자들의 부진한 부분이나 일정 특기를 가르치는 보습차원의 학원에서의 교수자와는 차이가 있다. 학원 등에서 교수하는 사람을 선생님, 교사 등의 호칭은 사용되지만 외적으로 표현할 때 교직자라고 하지 않는 이유도 거기에 있다. 종교적인 의미로 그리스도교에서 신도의 지도와 교회의 관리를 맡은 목사 · 집사 · 전도사 등을 말하는 경우는 있는데 이는 교육기관에서 의미한 교직과는 차이가 있다.

제2절 교직의 기원

1. 원시사회의 교사

원시사회에서는 교육활동이 비형식적 교육이었다. 때문에 전문적이고 일정 자격을 갖춘 교사는 없었다. 생활도 생계위주의 생활이었기에 부모나 나이 많은 어른들로부터 수렵어로 등에 대하여 배웠고 그들이 스승이었다. 따라서 아동들은 그들을 통하여 언어, 사냥법, 음악활동, 도구 만드는 법, 도구 사용법, 전해오는 각종 관습 등을 부모로부터 배우거나 다른 성인들에게서 모방을 통하여 배우게 되었다.

문화수준이 낮은 원시인들은 자연현상으로부터 당하는 무섭고 답답한 일로부터 해방되기를 바랬으나 그들 지혜로는 감당할 수 없어서 연약하고 무력한 인간을 각종 신으로부터 구제해 준다는 능력집단인 샤만(Shaman)이 나타났고 이를 굳게 믿는 원시신앙인 샤마니즘이 탄생하게 된다. 샤만은 나약한 인간과 오묘한 신의 중간에서 지도자 노릇을 하는 전문적 인간이었으며 마법사, 사제, 무당, 예언자, 교사, 의사의 역할을 하였으므로 높은 대우를 받았다(임채식 외, 2008).

이러한 원시사회가 씨족사회에서 부족사회로 커지고 우리의 고조선 사회로 대형화되면서 성년식이라는 것이 탄생하게 되었다. 성년식은 원시사회의 도덕적 질서를 바로잡고 성인이 된 자에 의하여 사회기강 및 질서가 바로 잡아진다는 차원에서 치루어졌다. 이 또한 성년식을 통과한 자가 교사의 위치에서 미성년을 가르친다고 할 수 있다.

2. 희랍 · 로마사회의 교사

많은 도시국가를 점령한 아테네와 스파르타에서 교사의 기원을 찾아볼 수 있다. 아테네에서는 학령에 도달한 7세부터 15세까지의 아동을 체육학교인 팔레스트라(palestra), 음악학교인 다이다스칼레움(daidascaleum)에 보내게 되는데 이 때 가정교사적 역할을 담당했던 사람이 Padagogy(일명 교복=教僕)이다. Padagogy는 귀족자제들을 음악학교와 체조학교에 동행하기도 했지만 이들 자식들을 학습하게 하고 예절을 가르치는 임무를 맡았던 사람이다. 따라서 Padagogy를 오늘날의 교사의 시원으로 보고있다. 계급은 노예계급이며 종류 이하의 직급이라 볼 수 있다. 이를 보면 교직의 역사적 사회계층은 중류층이라 할 수 있다.

스파르타에서 군대의 교사와 체육교사는 하급관리였고 스타르타의 관습으로 모든 남자 성인이 교육에 대한 책임을 지고 있었다.

페르시아 전쟁 이후 희랍은 문화적 번영기를 맞이한다. 전쟁에서 공훈을 세운 하층민들의 발언권이 커지면서 희랍의 민주주의가 발전하게 되는데 이 때에 국가에 봉사하는 교육 대신에 개인의 입신양명의 출세 교육이 나타나게 된다. 이는 종래 사상에 반대하고 새로운 사상의 태동을 의미하는데 이 새로운 사상을 주장하는 대표적 학자들이 소피스트이다.

소피스트는 현자, 지혜로운 자라고 불려지는데 학생들로부터 수업료를 받고 학생을 가르치는 역할을 하였다. 교육목적은 개인으로 하여금 변화하는 사회적 조건에 적응하게끔 준비함은 물론 더 나아가 개인의 인성적 향상을 확보하는데 있었다. 교육내용은 웅변술이었고 문법, 수사학, 웅변술을 가르쳤다. 이들 또한 교사로서의 역할을 수행한 학자이다(임채식 외, 2008).

로마사회에는 왕정시대, 공화정시대, 제정시대로 구분되는데 학교기관이 있었던 시대는 공화정시대와 제정시대이다. 이 시기에는 루두수, 문법학교, 수사학교, 철학학교, 법률학교 등이 있었다. 루두스에서는 주로 읽기, 쓰기, 셈하기와 12동판법을 가르쳤고, 문법학교에서는 7자유과(문법, 수사학, 논리학, 산수, 기하, 천문학, 음악) 등을 가르쳤다. 루두스는 초등학교이고 문법학교는 중등학교이다. 모두 사립교육기관이며 교사들은 국가에서 주는 봉급을 받지 못했다. 훗날 퀸틸리안이 베스파니아누스 황제의 공교육 강조로 최초로 국가에서 봉급을 받는 교사가 되었다.

3. 중세사회의 교사

중세사회에서는 고급문답학교에서 문답학교 교사를 양성하기도 하였고 1534년에 창단된 구교의 제쉬트교단(The society of Jesuit)에서 신학부 과정을 마치면 상급과의 학생을 가르치는 교수 자격을 주었는데 교단은 시보(교생)- 득업생-조교-교수의 체계적인 4등급의 교원양성제도를 갖추고 있었다. 이는 체계적인 교사양성제도의 시원이라 할 수 있다(임채식 외, 2008).

4. 삼국시대의 교사

고구려, 백제, 신라의 3국시대의 교사에 대하여 살펴보면, 고구려는 학교로서 태학과 경당이 있었는데 이 때의 교사는 박사라 불렀다. 백제는 학교교육기관이 있다는 사적 자료는 발견되지 못했으나 박사제도가 있었으며 신라시대에는 화랑도 교육이 있었고 랑도를 가르치는 국선, 또는 풍월주가 있었으며 통일신라시대의 국학에는 박사와 조교가 교사역할을 하였다.

5. 고려 · 조선시대의 교사

고려시대 초기에는 서경학교에 서학박사 정악을 보낸 것으로 보아 박사가 교사직임을 알 수 있다. 고려의 고등교육기관인 국자감에서는 박사와 교조(敎祖)가 국자감의 국자학, 택학, 사문학에서 교사역할을 하였고, 율 · 서 · 산의 잡학교육에 있어서는 박사만을 두어 교수하게 하였다. 사립교육기관으로서는 12도와 서당이 있었는데 서당에서 교사의 역할은 서긍이 지은 「고려도경」을 보면 어린아이들이 향선생에게 배운다로 되어 있기 때문에 교사직이 있다고 할 수 있다.

조선시대에는 성균관에 박사와 학정, 학록, 직학, 학론 등의 교수 관련 직책이 있었다. 중등교육기관인 사학(四學)이 있었는데 이 곳의 교수 담당자는 성균관의 학관이 겸하였으나 성종 8년 이후 종육품의 교수 2명과 정오품의 훈도 2명을 정원으로 삼아 교수하도록 하였다.

이렇게 본다면 관학의 고등교육기관이나 중등교육기관이나 교수자의 대표적 명칭은 박사라 칭할 수 있다. 사립교육기관으로서 서원과 서당이 었었는데 서당에서는 가르치는 교사를 훈장이라 칭하였다. 서당은 훈장자영서당, 유지독영서당, 유지조합서당, 촌조합서당 등이 있는데 각각이 서당에서 교사역을 맡은 훈장들의 실력은 다양한 것으로 되어 있다. 특히 훈장자영서당은 능력이 우수한 훈장도 있었지만 자습서를 보고 교육하는 훈장의 실력도 있었다.

6. 근대사회의 교사

근대를 어느 시기로 볼 것이냐가 관건이지만 교사의 기원을 밝혀 보는 측면에서 서구의 최초의 교사 양성이 언제 이루어졌느냐를 살펴보고, 우리나라는 근대를 운양호 사건이 난 1876년부터를 근대로 보고 교사양성에 대하여 알아본다.

서구사회에서 교사의 중요성을 강조하고 교사에게 국가에서 봉급을 지불해야 한다는 주장을 한 사람은 베스파니아누스(Vespanianus, A. D. 66~79)황제이다. 이때 봉급을 받은 교사가 퀸틸리안(Marcus Fabius Quintilians, A.D 35~96)이다. 이렇게 교사의 중요성을 강조하는데 있어서 보다 공헌한 사람은 루터이다. 루터는 교사의 전문성을 강조하고 정부에 의한 면허증 발급을 구체화하였다.

종교적 관계가 아니라 전문적 차원에서의 교사양성은 1672년 프랑스 리용(Lyons)에서 데미아 신부(Father Demia)가 행한 학습이 최초이며, 최초의 조직적이고 전문적인 교사양성기관은 1685년에 프랑스 라임(Rheimes)에 세워진 사범학교이다. 그 후 1697년 루터 후계자인 August Herman Franke(1663~1727)가 독일의 Halle에, 그리고 Johann Julius Hecker(1707~1768)는 프러시아에 각각 교사양성기관을 세웠는데 이들이 정규 교사양성기관으로는 최초인 것으로 알려졌다. 덴마크는 1789년 최초의 국립사범학교를 세웠으며, 1794년에는 프랑스 최초 국립사범학교가 설립되었다(김재복 외, 1995).

우리나라에서 교사양성의 최초 설립은 1895년 4월 16일 정부가 세운 한성사범학교이다. 교사양성제도는 프랑스의 것을 모방하였고 교육내용은 독일의 Herbart의 교수 방법의 영향을 받았다.

제3절 교직의 특수성

우리사회에는 많은 직업이 있다. 예전에는 직업으로 분류되지 않은 분야도 이제는 하나의 직업으로 자리잡고 있다. 예를 들면 손톱을 다듬고 미를 연출하는 미용도 직업이 되리라고는 생각하지 못했다. 하지만 산업이 발달하고 국민들 경제수준이 향상되면서 어엿한 하나의 직업으로 자리잡았고 대학에도 관련되는 학과가 있을 정도이다. 이렇게 직업은 사회의 필요에 따라 새로 생성하기도 하고 예전에 있던 직업이 필요의 격감에 따라 사라지기도 한다. 하지만 교사라는 직업은 예전이나 지금이나 우리사회의 후학을 양성하는 직업으로서 존재하고 있으며 미래에도 계속적으로 존재하리라 본다. 다른 직업도 그 직업의 특성에 따라 다양한 특성을 가지고 있는 것과 마찬가지로 교직도 교직 나름대로 지녀야 할 특성이 있다.

이를 몇 가지로 정리해 보면 다음과 같다.

1. 교사자격증

교직은 가르치고 싶은 사람은 누구나 와서 가르치는 것이 아니라 일정 자격증을 가진 사람이 가르치는 직업이다. 그리고 꾸준한 연수 과정을 거치면서 상급 자격을 취득하게 하고 있다. 물론 다른 직종에서도 자격증을 필요로 하지만 교사가 되고자 하는 자는 장기간의 직전교육을 필요로 하는 자격증이란 점이 차이가 있다.

그리고 대부분의 교사자격증은 무시험검정자격증이다. 즉 시험을 거치지 않고 교육과학기술부 장관의 위임에 따라 대학에서 교육과학기술부가 정한 기준에 의하여 학점과 성적을 부여하여 수여하게 된다. 교사자격증이 유시험 등인

의사국가고시 등과 달리 무시험으로 자격증을 취득하게 한 연유는 교사는 유아를 담당할 수 있는 충분한 인성을 소지하여야 한다는 점이 우선시되기 때문이다. 인성의 발견은 일시적인 면담으로 파악하기 어렵다.

따라서 교육행정 당국에서는 장기간 예비교사들의 인성이나 전문적 능력, 그리고 교사로서 필요한 사명감 등 여러 방면에서 교사로서 필요한 자질을 갖추었는지를 대학의 장의 책임하에 교육하고 교사자격증을 수여하게 위임하였다. 이는 대학의 책임이 막중하다는 것을 의미한다. 또 교사자격증 발급의 객관성과 공정성을 중요하게 여겨 각 학교별로 교사자격증 수여 여부를 결정하는 교사자격증사정회까지 운영하도록 하고 있다.

2. 전문성

교직은 전문적 지식을 지녀야 한다. 이는 교직이 오래전부터 전문직으로서의 성격을 띠고 있기 때문이다. 하지만 의사나 변호사 등의 전문직에 비하여 사회적 · 경제적 지위는 낮은 편이다.

교직은 인간을 인간답게 형성하는 직업이기에 더더욱 전문성이 강조되고 있다. 따라서 이론적 능력을 신장하고 높은 교수-학습 기술을 연마하여야 하며, 교직을 수행하는데 있어서도 독자성과 특수성을 동시에 지녀야 한다는 점이다.

황응연(1981)은 전문직 기준으로서 장기간의 교육과 훈련, 고도의 정신적 활동과 애타적 동기에서 출발한 봉사활동, 엄격한 자격기준, 고도의 자율성과 사회적 책임성, 윤리강령의 제정과 실천, 자율적 조직체의 구성 등으로 제시하였고, Liberman(1960)은 전문직 특성을 사회에 대하여 본질적인 봉사기능, 직무수행에 고도의 지적 기술, 교사양성에 장기간의 전문적 훈련, 개인 및 직업집단 전체로서 광범위한 자율성, 그 자율성의 범위 안에서 행하여지는 판단과 행위에 중대안 책임, 경제상의 수입보다는 사회봉사적 의무의 정신 강조, 면허 · 가입 · 제명 등의 규제권을 갖는 자치조직 소유, 명확히 해석된 윤리강령을 갖는

다고 하였으며, 권오익 등(1984)은 교직이 전문직인 이유를 인간을 대상으로 한다는 점, 이론적 배경이 필요하다는 점, 준비기간이 길다는 점, 어느 정도 표준을 요구하고 있다는 점, 전문직 자치단체를 조직할 수 있다는 점, 봉사적 사명을 필요로 하고 있다는 점 등으로 정리하였다(김재복 · 박문태 · 배천웅 · 정여수 · 조남두, 1995, 재인용).

따라서 교사가 되고자 하는 자는 자기 전공영역에 대하여 적문적 능력을 쌓아야 한다. 전문적 능력이 없이 제자를 가르치는 일은 교사로서 최소한의 예의를 갖추지 못한 일이다. 그러기 위하여 교육과학기술부에서는 교사가 되고자 하는 자는 교직관련 교과와 전공관련 교과에 대하여 일정 수준(평균 75점 이상)을 취득하도록 하고 있다.

교사가 되고자 하는 자는 많은 노력을 기울여 자신의 분야에 적합한 지식을 강화하여야 한다. 교사가 되기 전에도 자기 전공영역을 강화하여야 하겠지만 교사가 된 후에도 자기의 전문지식을 쌓을 기회가 있다면 주저하지 말고 적극 참여하여 자기 전문적 영역을 구축하여야 한다.

3. 올바른 성품

교사는 유아들의 모범이 되어야 한다. 교사의 성품이 올바르지 못하고 정신건강상 문제가 있다면 아직 미성숙자인 유아에게는 커다란 옳지 못한 영향을 끼치게 될 것이기 때문이다. 선생님의 성품이 너무 전제적이거나, 방임적이거나, 무책임한 성품을 가졌다면 이러한 환경에서 교육받은 유아들은 의기소침하거나, 자신의 판단능력이 적절하지 못하거나, 자신이 잘 못하는 행동 등에 대하여 의식적인 개선의 노력이 부족하게 된다.

따라서 교사는 의식적으로 자신의 성품을 분석해 보고 적절치 못한 성품이 있다면 이를 개선하도록 하며 유아들이 본받을 수 있도록 한다.

4. 지역사회 협력자

다른 학교 교육기관도 그러하지만 특히 대부분의 유아교육기관은 소규모 지역사회에 설립되어져 있다. 규모도 다른 교육기관에 비한다면 그리 크지 않다. 단설유치원 등 일부는 10학급이 넘는 경우도 있지만 대부분 10학급 미만이며 5학급 이하도 적지 않다. 학부모들은 유아를 자기집 근거리 유치원에 등교·하교시키면서 수시로 유치원을 들락거린다. 이와 같이 유치원은 어느 교육기관보다 지역사회와 밀접하다.

그리고 교육과정 중에도 지역사회에 존재하고 있는 각종 자원을 교육적으로 활용하도록 하고 있다. 즉, 지역사회의 우체국, 시장, 대형수퍼, 박물관, 지역사회의 유지, 방송국 등을 유치원의 견학장소로 활용하기도 한다.

따라서 유치원은 지역사회의 각종 기관이나 동네와 유기적인 관계를 유지하여야 하고 교사 역시 교육과정 운영이나 지역사회 발전과 관련되는 일이 있으면 적극 협조하여야 한다. 사회와 국가를 위해 필요하다고 인정되는 사항이 있으면 교사는 지역사회 구성원들을 설득하고 또 지역사회의 애로나 발전을 공유하면서 유치원과 지역사회가 혼연일체가 되어 협력의 관계를 유지하여야 한다.

유치원 교사가 지역사회와 유리된 생활태도를 가지고 생활하게 되면 유치원은 지역사회의 협조를 이끌어 낼 수 없으며 이로 인한 손실은 바로 유아들이 입게 된다는 점이다. 따라서 유치원교사는 지역사회에 꼭 필요한 지역사회 협력자 위치를 지키도록 하여야 한다는 점이다.

5. 투철한 국가관

교사가 가르치는 제자들은 앞으로 우리나라의 장래를 짊어지고 갈 무한 가능한 존재이다. 이들을 맡아 기르는 교사들은 이러한 제자들이 성장하여 우리사회, 우리 국가에 공헌할 인재를 양성하는데 중대한 책임감을 가져야 한다.

교사 스스로가 국가관이 확립되어 있지 않다면 교사를 믿고 따르는 제자들의 국가관 확립 또한 보장받기 어렵다. 교사는 일반적으로 교실 내에서 제자를 가르칠 때 교실 내의 총책임자이다. 즉 교사가 어떻게 가르치는냐 하는 전적인 책임은 교실에서 제자를 가르치고 있는 선생님의 몫이다. 교육계획안 등에 수업관련 지도계획 등이 정리되어 있지만 교실 내에서 교사가 이러한 계획안을 무시하고 다른 내용을 가르친다 할지라도 일일이 확인하는 일은 쉽지 않다.

따라서 교사는 적어도 제자를 가르치는데 국가가 추구하고 있는 국가적 교육이념에 부합한 교육활동을 전개하여야 한다. 우리나라 교육법 제2조에는 우리나라에서 추구하고 있는 교육이념을 다음과 같이 제시 하고 있다.

> "교육은 홍익인간의 이념 아래 모든 국민으로 하여금 인격을 완성하고 자주적 생활능력과 공민으로서의 자질을 구유하게 하여, 민주국가 발전에 봉사하며, 인류공영의 이상 실현에 이바지함을 목적으로 한다."

위의 내용은 1949년 12월 31일 법률 제86호로 제정된 교육법 제1조에 명시되었으나 지금은 교육기본법 제2조에 명시되어 있으며 홍익인간의 이념은 우리 교육의 좌표적 역할을 한다고 할 수 있다.

6. 국민들의 도덕적 보루

교사의 역사적 의미를 살펴보면 교사는 희랍사회에서 교복(教僕=paidagogy)으로서 귀족 계급에 해당하지는 않았다. 하지만 귀족 자제를 학교에 등교시키고 하교시키며, 예절을 가르치는 역할을 담당하였다. 이는 교사가 학습자의 본보기로서 모델 역할을 하였음을 의미한다. 이러한 교사는 결국은 가르치는 사람으로서의 기본적인 태도를 잘 지켜야 한다는 점이다.

교사가 교사로서나 인간으로서의 역할을 충분히 수행하지 못한다면 학부모는 자신의 자녀들을 선생님을 믿고 학교에 보내지는 않을 것이다. 학습도 학습이지만 사람으로서의 도리를 가르쳐 주기를 학부모는 바라고 있다.

따라서 학부모나 우리 사회에서는 가정이 가정으로서의 역할을 적절히 수행하지 못한다 할지라도 학교에서 부모의 역할을 대행해 주기를 바라고 있으며, 사회도 교사들에게 우리사회에 필요한 인재를 양성해 주기를 기대하고 있다.

그러한 기대가 있음에도 이를 외면한 채 교사가 교사로서 지켜야 할 마땅한 도리를 지키지 않는다면 국민들은 교사에 대한 실망이 다른 사람들에게 당하는 실망보다 훨씬 더 클 것이다. 이는 선생님이 이 사회의 마지막 보루라고 믿고 있기 때문이다. 교사는 이러한 개인적, 사회적 부담을 안고 학습자 지도에 임하여야 한다.

우리사회는 교사가 바로서지 않는 사회가 우리의 장래에 얼마나 어두운 사회로 변할 것인가를 두려워하고 있다. 일부 극소수의 교사들이 교사로서의 임무를 망각한 채 사회의 지탄 대상이 되는 경우도 있지만 대부분의 교사들은 제자들이 올바른 사회의 중추적 역할을 담당하기를 원하고 있으며 그러한 인재를 양성하고자 정열을 쏟고 있다. 이는 국민들이 기대하는 것 만큼 국민들에 대한 도덕적 책무를 수행하고자 함에 있기 때문이다.

7. 신뢰성의 중시

학습자는 아직까지 미성숙한 존재이다. 특히 유아는 더 그러하다. 이러한 유아들이라 할지라도 교사가 유아들에게 믿지 못할 존재로 비쳐진다면 이는 교육이 성사될 수 있는 사전 조건이 갖추어져 있지 않음을 말한다.

스승과 제자 사이에는 신뢰가 매우 중요하다. 신뢰는 서로가 믿으며 기다림을 의미한다. 신뢰가 없으면 선생님의 지도가 무의미하다. 유아들이 선생님을 따르고, 하나하나의 교육내용에 최선을 다하여 학습하려 한다면 이는 유아들이 선생님을 믿는 태도라 할 수 있다. 교사는 유아들이 어리다는 이유로 선생님 마음대로 학습활동을 전개하고 믿음을 저버리는 학습지도나 생활지도를 할 경우 유아들의 학습효과나 생활지도 효과는 극히 저조할 수 있다는 점을 예측하여야 한다. 우리 사회에서도 다른 사람은 몰라도 선생님은 믿어야 한다는 의식이 강한데 이는 우리 사회가 점점 더 믿지 못하는 사회현상이 많음을 경험했기 때문이다.

따라서 교사가 되고자 하는 자는 유아들로부터나 학부모, 그리고 사회인 모두에게 신뢰를 줄 수 있는 언어나 행동을 보여야 한다. 교사의 신뢰가 인정받지 못한다면 우리사회의 미래가 염려되기 때문이다. 그리고 교사를 믿을 수 있어야 학부모가 자신의 자녀를 믿고 맡기며, 관리자들도 교실 내에서 이루어지는 수업이 국가가 추구하고 있고 지역교육청이나 유치원에서 추구하고자 하는 인간상 구현에 최선을 다할 것이라 믿는다. 그래야만 우리의 미래를 기약할 수 있을 것이다.

8. 사명감

우리사회의 물질적 면의 중시는 인간을 물질의 노예가 되게 하고 있다. 물질을 위해서는 수단 방법을 가리지 않고 자기 임의대로의 가치관을 가지고 사회를 판단하는 경우가 적지 않다. 하지만 교직은 자신의 이익만을 저울질하며 가르치고 싶으면 가르치고 가르치기 싫으면 가르치지 않는 임의적 직업이 아니다. 따라서 교직자는 주어진 임무를 수행하려는 씩씩한 기상과 꿋꿋한 절개와 책임이 있어야 한다.

이를 우리는 사명감이라 한다. 사명감이 없는 교사는 교사의 자질이 부족할 뿐더러 국민으로서의 기본적인 태도를 지키지 못한 사람이라 할 수 있다. 교직자는 누가 뭐라 해도 유아들을 위해 가르치는 임무를 하늘이 내게 준 소명이라 생각하고 책임지고 유아들을 지도하여야 한다. 이 점은 물질이기 전에 인간을 교육하는 중요한 직책을 맡고 있기 때문이다.

사명감이 강한 교사는 내 자신을 돌보기 전에 유아의 장래를 먼저 생각하게 되며 자신의 안위보다는 제자의 안위를 먼저 생각하게 된다. 교사가 교육을 통하여 바람직한 인간을 양성한다는 사명감이 없고 경제적 이해타산으로 제자를 대한다면 교사는 교육자로서의 임무를 소홀히 하는 일이 될 것이다. 이는 진정한 스승으로서의 명예를 놓치는 일이 될 수 있으며, 민족의 사표로서의 역할을 포기하는 불명예를 안게 될 것이다.

제 2 장

교직윤리

제1절 윤리란?

제2절 교직윤리

제3절 교사로서의 직업윤리

제1절 윤리란?

인간이 살아가는 동안에는 많은 사건들을 겪게 된다. 기쁜 일도 있고 슬픈 일도 있으며 다른 사람을 기쁘게도 하고 상처를 주게 되는 경우도 있다. 그러나 항시 생각해야 할 것은 인간으로서 지켜야 할 일정선을 지켜야 한다는 점이다. 하지만 인간은 신이 아니라 완전하지 못한 미완성의 인간이기 때문에 일정선을 무시하고 자신의 이익을 위하여 수단방법을 가리지 않은 경우가 있을 수 있다. 이러한 경우는 인간의 윤리와 관계된다. 즉, 윤리는 사람으로서 마땅히 지켜야 할 도리라 할 수 있기 때문이다.

그렇다면 교직윤리란 무엇인가? 교직윤리란 교사라면 교사로서 마땅히 지켜야 할 도리라고 정의 내릴 수 있다. 교사는 조형활동 지도와 생활지도에서 어떤 활동이 보다 가치 있는 행동인가, 남의 물건을 훔친 유아에게 그냥 둘 것인가, 훈계를 하고 벌을 줄 것인가? 등의 문제에 봉착하게 되면 교사는 고민을 하게 된다. 이렇게 하는 것이 올바른가, 저렇게 하는 것이 적절한가 하는 문제를 생각하게 된다. 어느 방법이 가장 확실하고 올바른 방법인지를 정확하게 답변 내리기가 어렵다.

이렇게 교사는 많은 번민에 쌓이게 되는데 이는 교사가 경험해온 도덕적 태도라든지, 문제된 유아의 행위가 차후 사회에 어떻게 영향을 미칠 것인가를 생각해야 하기 때문이다.

교사의 교사관이 어떠하느냐 하는 점도 교사가 윤리적 기준을 정하거나 도덕적 태도를 강조하는 데에 따라 많이 다르다. 이러한 교사관을 정립하는 데는 가정교육적 배경, 사회적 경험, 그 동안의 교육적 이력, 법률, 상급교사나 원장의 교육관, 자신의 각성, 자신의 교육철학적 배경 등이 관여하게 된다.

진보주의적 교육관을 가진 교사는 유아 중심적 사고를 하게 될 것이며 본질주의적 교육관을 가진 교사는 기성세대인 선생님 본위의 사고를 하게 될 것이다.

루소같이 자연주의 교육관을 가진 선생님은 인간의 생득적 요소를 중요하게 생각하며 루소가 강조하는 소극적 태도로서 유아의 윤리관을 정립해 나갈 것이다. 이와 같이 교사가 교사관을 정립하는 데는 많은 요인들이 관계된다.

교육을 유아의 바람직한 인간형성이라고 정의할 때에 교사는 어떠한 인간이 바람직한 인간인가라는 점에 대하여 미리 정의를 내리고 그러한 인간형성에 적합한 교사로서의 윤리를 지켜 나가야 할 것이다.

제2절 교직윤리

1. 교직윤리의 필요성

교직은 봉사직 · 전문직이며 국가발전의 중추적 역할을 담당하는 직업이다. 교직윤리는 직업윤리와 개인윤리와도 밀접한 관련이 있다. 직업윤리란 특정 직업에 종사하는 사람들이 지켜야 할 행동규범을 말하며, 개인윤리란 도덕적 원리나 사회제도가 아니라 개인생활에 적용되었을 때의 윤리이기 때문이다. 교직은 전문적 능력과 교수 · 학습 능력의 요구와 동시에 고도의 윤리성이 요구된다. 교사로서의 책임감은 교사에게 필요한 윤리성과 도덕성이다.

교육은 바람직한 인간 형성과정으로서 이를 책임지는 교원은 어떤 직업보다도 높은 수준의 윤리의식이 요구된다. 이 점은 종교지도자들도 마찬가지이다. 특히 교육이 올바로 이루어지기 위해서는 법규적 · 공식적 규칙을 준수할 필요가 있다. 뿐만 아니라 유아교육에서는 유아지도나 조직 생활에 필요한 윤리 실천도 중요하다. 이러한 내용을 전제로 하여 교직윤리의 필요성을 정리하면 다음과 같다.

첫째, 교직은 인간을 대상으로 하기에 인간적 태도를 지녀야 한다. 그 중에서도 정신 영역을 대상으로 한다. 인간을 가르치는 일은 상대방을 인간으로 인정하고 그에 적합한 교수 · 학습 활동을 해야 함을 의미한다. 인간을 가르치는 것이 아니라 지식만을 가르치는 행위 또 지식의 결과만을 평가하는 행위는 윤리적 차원에서 재고의 여지가 있다.

지적 수준이 우수하다 하더라도 인간다운 도리를 지키지 못한 교사에게서 배운 학습자들은 인간적 대우를 받지 못하는 불행한 삶이 될 수 있다. 교사의 인간됨됨이가 학습자에게 내면화되어 학습자들의 인간적 모델이 될 수 있어야 한다. 즉, 교사는 지식과 기능과 도덕적 태도를 가르치는 교육적 교수가 이루어지도록 하여야 할 것이지, 지식과 기능만을 가르치는 비교육적 교수가 되어서는 안 된다.

둘째, 교직은 전문직이기 때문에 고도의 전문성이 요구된다. 따라서 교사가 되기 위해서는 장기간의 교육을 필요로 하고 교직을 마칠 때까지 끊임없는 연수를 받기도 한다. 근래 우리사회 각 부분에서 교직자가 전문성을 위장하는 사례로 인하여 사회적 문제가 되고 있고, 교직의 흠집이 남들은 물론 그들의 명예나 권위도 적지 않게 타격을 입는 일이 있다. 서울 모대학교의 줄기세포 연구관련 교수사건이 그랬고, 또 다른 대학교 총장후보가 논문표절로 사퇴하는 등 논문이나 저서 출간에 있어서 전문적 자질에 문제된 사건이 언론을 뒤덮은 일도 있었다. 이러한 불미스러운 일이 없도록 교직사회에서는 그들만이 지켜야 할 교직윤리강령을 설정하였다.

지금의 한국교원단체총연합회의 전신인 대한교원연합회에서 1958년 9월 19일 교원윤리강령을 초기에 제정하여 몇 번의 수정과정을 거쳐 지금의 교직윤리강령이 탄생했다. 이 강령은 교사라면 마땅히 지켜야 할 강령을 전문과 사도헌장, 사도강령으로 구성하여 교사들이 지키도록 요구하고 있다.

셋째, 교사는 마땅히 학습자를 가르치고 기르는 교육력을 지녀야 한다. 학습자들은 미성숙자이다. 이들을 올바른 인간으로 형성하기 위해서는 교사의 힘있는 교육력이 발휘되어야 한다. 교사는 교사로서 지녀야 할 교사의 권위가 있다. 이러한 권위는 전제적 태도로서 형성되는 것이 아니라 교사의 희생과 노력에 대한 민주적 지지에 의하여 가능하다. 이러한 태도에 학습자가 감화되는 것은 교사의 교육력 때문이라 할 수 있다.

하지만 근래에는 이러한 강한 교육력 유지 및 발휘에 대하여 학부모나 사회단체의 저항이 때로는 교육력을 떨어뜨리고 무기력한 , 또는 교직에 대한 회의를 불러일으키기도 한다. 학부모의 교사를 무시하는 언어나 행위, 사회단체나 정부에서 교사에 대한 비교육적 압력, 교실에서의 학습자들의 교사에 대한 폭언 · 폭행 등은 실로 교사의 권위 실추나 자존심을 심하게 훼손하는 경우이다. 교사에 대한 권위나 존경심은 교육력 신장의 중요 요소이다.

넷째, 교직은 우리 사회의 도덕적 모델이기 때문에 교직윤리가 필요하다. 세상이 어수선하고 흉악하다고 해도 선생님만은 정도를 가야만 한다는 당위성을 모든 사회 구성원들은 원하고 있다. 따라서 교사가 학습자들에게 도덕적 모델로서의 역할을 해야 할 뿐더러 사회의 소금이 되어야 한다. 교사는 자라나온 환경이 적절치 못했다 할지라도 교사가 되는 과정이나 교사가 된 후 여러 환경에 적응하는 노력을 통하여 본인의 인성을 제자들이 따를 수 있는 도덕적 모델로서 손색이 없도록 꾸준한 자기성찰과 자신의 행동을 조심해야 한다.

따라서 교사가 교사답지 못했을 때나, 또는 행동이 교사로서의 기대를 저버렸을 때는 일반인들에 비하여 더욱 거세게 도덕적 윤리의 요구가 강하며 비난이나 질책 또한 다른 직업을 가진 사람들에 비하여 가중되고 있다.

2. 교직자의 윤리의 내용

모든 직업이 다 그렇지만 교직을 직업으로 가진 사람이라면 교사로서 지켜야 할 당연한 기본적인 윤리를 내면화하고 실천하는 사람이어야 한다. 교직윤리의 당위성적인 내용에 대해여 다음과 같이 정리한다.

1) 책무성과 교직윤리

교사는 차세대의 미래사회를 책임지는 사람이다. 교사가 어떻게 교육시켰느냐에 따라 이 사회 구성원이 어떠한 가치관과 철학을 가지고 살아갈 것인가의 방향을 설정한다고 보아도 과언이 아니기 때문이다. 따라서 교사는 사회의 각종 비리나 비정상적인 청소년들의 모습을 볼 때 마치 자신이 잘못한 것인양 사회에 대한 책무를 실감하고 있다. 뿐만이 아니라 우리 사회는 교사라면 그래도 일반사람과 달리 보다 도덕적이고 사회적 책무가 강할 것이라고 기대하기도 한다. 이는 마땅히 교사로서 지켜야 할 기본적인 윤리를 반듯이 지킬 것이라는 기대감이다.

인간이 삶을 살아가는데는 사회적 관계를 무시할 수는 없다. 그러한 사회적 관계에서 적어도 지켜야 할 어느 부분이 있다면 이 부분에 대하여 교사가 일정부분 옳고 그름에 대하여 정도의 선을 그어 주기를 기대한다. 왜냐하면 구성원 중의 다른 사람은 교사에 비하여 개인적인 이익이나 힘의 논리를 따를 가능성이 높기 때문이다.

물론 교사 중에도 세류에 휩쓸려 지켜야 할 인간의 기본적 윤리를 저버릴 수도 있겠지만 그래도 다른 사람들에 비하여 교사에 대한 윤리적 기대가 크다는 점은 무시 못할 부분이다.

2) 정직과 교직윤리

교직에 있는 자는 거짓말을 해서는 안 된다. 인간은 자신의 삶을 살아나가는데 있어서 자신을 위장할 위기에 처하면 거짓말을 하는 경우가 있다. 혹은 의도적으로 거짓말을 지어서 자신에게 유리하게 상황을 이끌어 나가려고 한다. 하지만 거짓말이란 결코 비밀이 지켜지지 않는다. 시간의 차이가 있을 뿐이지 진실은 곧 밝혀진다. 이러한 일은 우리 인간사에 진실로 통한다.

다른 사람을 그 중에서도 미성숙자를 가르치는 입장에 서 있는 교수자는 그가 가르치는 영향이 후학들에게 얼마나 크게 미칠지 한시라도 놓쳐서는 안 된다. 왜냐하면 교수자의 일거수 일투족이 곧 그들의 삶의 일부분이 되기 때문이다. 흔히 교수자의 매력은 좋은 제자가 있음을 강조한다. 이러한 좋은 제자는 교사의 헌신적인 노력과 이 사회의 윤리적 모델로서의 역할을 충분히 수행했을 때 나타남을 믿어야 한다. 교사가 거짓말하지 않고 제자를 위하여 최선을 다하면 경제적인 부는 취하기 어려울지 모르나 이 직업같이 멋진 직업이 없다. 이는 교직이 후학들에게 생명력을 불어넣어 주고 무한한 잠재력을 깨우쳐 주는 직업이기 때문이다.

3) 미래사회 조망능력과 교직윤리

우리 사회는 과거를 바탕으로 현재가 있고 현재를 바탕으로 미래가 있다. 이러한 미래는 현재를 어떻게 실천했느냐에 따라 발전하기도 하고 퇴보하기도 한다. 우리가 바라는 미래는 행복한 삶을 사는 것이다. 그러기 위해서는 미래에 닥쳐올 수 있는 미래사회의 혼란을 막아야 한다.

우리나라가 다른 나라에 비하여 비교적 짧은 기간에 급격하게 경제가 성장하고 교육열이나 의식주 수준이 많이 향상되었다. 그러다 보니 가치관의 혼동이 일어나고 더구나 서구의 무분별한 문화수입으로 인하여 각종 사회 병리현상이 걸러지지 않은 채 우리 주위에 혼재하게 되었다. 곳곳에서 범죄가 발생하고, 장애아 증가 현상도 눈에 띄게 증가한 현상이다. 이는 이 사회를 올바로 이끌어 갈 도덕적 기준이 흔들리고 있음을 의미한다.

많은 사회단체들이 우리 사회의 병폐 현상에 대하여 지적하고 개선하려는 사회적 운동을 하고 있음은 참으로 바람직하다. 하지만 이러한 운동은 비교적 비체계적이고 많은 시간을 필요로 한다. 여기에 비하여 학교는 훨씬 체계적이고 효율적으로 미래사회에 필요한 교육을 진행시킬 수 있다.

특히 교사는 교육의 중요 역할자로서 앞으로 올 미래사회를 전망하고 이에 합당한 교육을 철저히 강화하여 예견되는 미래사회의 병폐를 사전에 차단하는 교육을 시행하여야 한다.

국가에서도 공직자 윤리법(2009. 4. 1. 법률 제9617호. 신용정보의 이용 및 보호에 관한 법률) 제1조에서 공직자 및 공직후보자의 재산 등록, 등록재산 공개 및 재산형성 과정 소명과 공직을 이용한 재산취득의 규제, 공직자의 선물신고 및 주식백지 신탁, 퇴직공직자의 취업제한 등을 규정하므로서 공직자의 부정한 재산 증식을 방지하고 공무집행의 공정성을 확보하여 국민에 대한 봉사자로서 가져야 할 공직자의 윤리를 확립하고자 하였다(2009. 2. 3. 개정).

교육공무원에서는 전문대학총장 이상과 특별시 · 광역시 · 도 · 특별자치도의 교육감과 교육위원을 대상으로 하기 때문에 유치원 원장과 원감 · 교사 등은 해당되지는 않는다(공직자윤리법 제3조 ①항의 8. 2009. 2. 3). 하지만 여기서 생각해야 할 요소는 공직자윤리법에 해당되고 안 되고가 중요한 것이 아니라 유아의 미래를 생각하며 교사로서 지켜야 할 도리를 지키는 것이 무엇보다도 선결과제라는 점을 다짐하는 것이 더욱 중요하다.

4) 사랑하는 태도와 교직윤리

유아를 사랑할 줄 아는 교사의 윤리적 태도이다. 유치원 선생님은 마땅히 교사로서의 윤리로 유아를 내 아이 못지않게 사랑하는 태도를 지녀야 한다. 사랑은 아무리 퍼 주어도 내 마음에 남아 있다. 이 사랑을 유아들에게 가득히 퍼 주면 유아는 이를 통하여 본인도 사랑을 받겠지만 남을 사랑할 줄 아는 사람으로 성장할 수 있으며 자기 스스로 자아실현감을 느낄 것이다. 이러한 자아실현감을 갖는 것은 자신감이나 자존감을 길러주는 일이 된다.

교사가 유아에게 사랑을 베풀지 않는다면 그런 교사에게서 자란 유아는 마찬가지로 사랑없는 유아로 생활하고 이 사회에도 사랑보다는 시기 · 질투를 심을 가능성이 높기 때문이다.

5) 평등적 사고와 교직윤리

유아를 평등하게 대하는 교사의 윤리적 태도가 필요하다. 빈부의 차를 따져 유아를 대하거나 남녀가 다르다 하여 남성이나 여성 우월주의를 강조하는 것은 바람직하지 않다. 양성평등 문제를 항상 염두해야 한다. 또 근래 우리사회에서 많이 논의되고 있는 다문화가정 유아나 조손가정 유아 등을 차별 대우하는 것은 교사로서 지녀서는 안 되는 교사의 덕목이다. 오히려 소외되고 약자인 유아에게 선생님의 배려가 있어야 한다.

유아들 각자가 지니고 있는 개성들이 충분히 발휘되어 조화를 이룰 때 결국은 사회는 성장 · 발전하게 되어 있다. 이는 국가의 성장 · 발전과 연결된다. 개성이 존중되지 않은 사회는 성장 · 발전하지 않은 사회를 예약하는 것이다. 이 사회가 개개인의 개성이 존중되지 않은 사회라면 개개인의 능력은 사장될 수 있으며 개인이나 사회 · 국가 · 모두의 성장 · 발전이 퇴보할 수 있다. 따라서 교사는 마땅히 유아들의 개성을 발굴하고 성장 · 발전할 수 있는 동기를 부여하여야 할 책임이 있다.

6) 개성을 존중하는 태도와 교직윤리

유아들의 개성을 존중하는 교사의 윤리적 태도이다. 유아들은 무한한 가능성의 존재요, 발전의 존재이다. 그만큼 잠재능력이 크다는 의미이다. 그러함에도 일부 교사는 유아의 잠재능력은 무시한 채 교사 나름대로의 지식이나 삶의 방법만을 유아에게 주입하려는 경향이 있다. 이는 매우 바람직하지 않다.

교사는 유아들의 개별적인 능력을 찾으려 최대한 노력하고 그 능력을 최대한 발휘하도록 적극적인 안내를 하여야 한다. 그러기 위해서는 유아들의 활동이 흥미로운 상태에서 전개되도록 하여야 한다. 성인들이 만들어 놓은 규범에 따라 행동하며 학습하게 하는 것은 때로는 유아의 흥미를 무시할 수가 있다. 이러한 일은 유아 개개인의 특성을 중요하게 생각하지 않은 태도이다.

7) 전인교육과 교직윤리

전인교육에 대한 교사의 윤리적 태도이다. 교사하면 마땅히 유아들의 전인교육에 대하여 심도있는 통찰을 하여야 한다. 유아기부터 어느 한 분야만을 교육한다면 유아의 여타의 다른 능력들은 사장될 수 있다.

어느 한 분야도 부모가 정하는 비객관적인 기대 때문이라면 더욱 그러하다. 이러한 오류를 줄이기 위하여 교사는 차후의 유아가 어떤 능력의 소유자인지 판단하기 전에 유아들에게 다양한 능력들을 점검해 보고 유아들이 신장할 수 있는 교육을 진행하여야 한다. 설사 부모의 요구가 거세다 할지라도 교사 나름대로 유아의 장래를 위하여 여러 분야를 골고루 교육시키도록 하여야 한다. 전인교육 요소인 덕 · 체 · 지의 교육은 인간이 살아가는데 필요한 가장 기초적인 교육임을 교사는 인지하여야 한다.

따라서 유치원에서는 유아의 잠재능력과 전인적 요소를 일깨워 줄 수 있도록 통합교육을 실시하고 있다. 영역간의 벽을 만드는 것이 아니라 영역간에 서로 유기적인 관계를 중시하면서 여러 영역의 교육을 하도록 하고 있다.

8) 안전 · 보호와 교직윤리

유아들의 안전과 보호에 대한 교사의 윤리적 태도이다. 국민소득 수준의 향상과 더불어 기계 문명의 발달과 정보산업사회의 도래 등으로 인하여 인간의 편리성을 추구하기 위한 각종 생활 도구들이 개발되어지고 있으며, 무분별한 퇴폐적인 문화유입 등으로 유아들은 곳곳에서 정신적 · 신체적 피해를 입고 있다. 언론에 쉬지 않고 보도되고 있지만 유아 성폭력 문제가 그렇고, 부모의 게임중독으로 인한 유아 유기 문제, 성문란으로 인한 미혼모들의 일부 태아 유기 문제 등이 그렇다.

이러한 현실에 대하여 교사는 유아들이 안전하게 자라고 생활할 수 있도록 유아 자신을 안전하게 보호하는 문제에 대한 교육을 강화하여야 한다. 필요에 따라 다른 협조기관이 필요하면 유기적 조직을 구성하여 유아의 안전과 보호를 책임져야 한다.

이 외에도 화재 · 지진 · 교통사고 · 전기누전 · 물놀이 · 질병 · 불량식품 등에 대한 안전교육이나 보호를 하여야 한다. 유아들은 미성숙하기 때문에 자신의 신체조절 능력이나 안전과 비안전 사이의 판단을 정상적으로 할 수 없다. 또한 불량식품 등에 대한 면역력이 약하기 때문에 각종 질병에 쉽게 감염될 수 있다. 따라서 선생님의 유아에 대한 안전과 보호는 유아의 미래를 책임지는 일과 같은 것이다.

교사의 단순한 실수나 안전에 대한 배려 부족이 큰 사고와 연결된다는 점을 교사라면 항시 되새겨야 한다. 유아들이 사고로 인하여 장애를 입거나 사망하게 될 때 이로 인한 문제는 유아 개인에게도 엄청난 손실이지만 가정 · 사회 · 국가적 측면에서도 적지 않은 손실로 이어짐을 교사로서 책임을 통감하여야 한다. 유아는 예기치 못한 일로 사고가 발생하기 때문에 선생님의 귀와 눈은 언제나 유아를 향하여 있어야 한다.

9) 자기발전 노력과 교직윤리

교사들은 자기발전을 위하여 부단히 전문성을 함양하여야 한다. 교사는 전문직이다. 따라서 교사자격증을 취득하는 것만으로 모든 교사로서의 전문성을 모두 갖췄다고 보기는 어렵다. 교사자격증은 교사가 될 수 있는 최소한의 자격일 것이다.

이는 유아를 가르치는 유치원 교사는 유아들에게 부끄러움이 없는 교사가 되도록 자신의 교육역량을 스스로 쌓아 나가는데 게을러서는 안 된다라는 점이다. 각종 연수에 참여하고 유치원 내 장학활동에도 적극 참여하여야 한다.

교육과학기술부에서도 교사의 연수에 대하여 정책적으로 연수를 강화하고 있다. 교육과학기술부에서 정하고 있는 교원들에 대한 연수는 직무연수와 자격연수로 구분한다(교원 등의 연수에 관한 규정 시행규칙 제4조 1. 2. 3, 개정 1983. 11. 25,

1996. 6. 1, 2003. 3. 16, 2008. 2. 25). 직무연수는 교육감이 필요하다고 인정하는 직무에 관한 연수를 하게 되며 대상자 선발은 학력 · 경력 · 연수과정의 내용 및 본인의 희망 등을 고려하여 선발한다.

자격연수로서 2급 정교사과정의 연수대상자는 2급 정교사과정의 연수를 받지 아니하고 준교사로 근무한 기간이 오래된 자의 순위로 지명하며 1급 정교사과정의 연수대상자는 1급 정교사과정의 연수를 받지 아니하고 2급 정교사로 근무한 기간이 오래된 자의 순위로 지명한다.

원감과정의 연수대상자는 유아교육법 [별표 1]에 의한 경력자 중에서 관할교육감이 지명한다. 다만 국립학교 등에 근무하는 자에 대하여는 그 소속 기관장이 지명하되, 원감과정의 연수대상자를 지명하는 때에는 교육과학기술부장관이 정하는 기준 및 인원수 범위 안에서 지명한다(교원 등의 연수에 관한 규정 시행규칙 제4조 ②).

원장과정의 연수대상자는 유아교육법 [별표 1]에 의한 교육경력이 있는자와 교원자격검정령 제23조의 규정에 의하여 원장 자격인정을 받은 자 중에서 교육과학기술부장관이 정하는 기준에 따라 관할교육감이 지명한다. 다만 국립학교 등에 근무하는 자에 대하여는 그 소속기관의 장이 교육과학기술부장관이 정하는 기준 및 인원수의 범위 안에서 장이 지명하도록 하고 있다(교원 등의 연수에 관한 규정 시행규칙 제4조 ③).

이러한 공식적인 연수 이외에도 유아들의 교육에 필요하다면 각종 민간자격증 취득 과정에도 적극 참여하여 자신을 연마하고 그들 교육내용이 유아들의 성장 · 발달에 도움이 되도록 교사로서 사명감을 가지고 연수하여야 한다. 교사가 끊임없이 자기발전을 위하여 노력하는 일은 유아들에게 행복을 주는 일이며 유아들에게 미안하지 않은 교사의 위치를 지키게 해 준다는 점을 가슴에 새길 필요가 있다.

10) 친절한 태도와 교직윤리

유아는 자신의 감정을 잘 조절하지 못한다. 울고 싶으면 울고 웃고 싶으면 웃으며 자신의 감정을 감추지 못한다. 유아들이 성장할수록 학습을 통하여 감정을 조절하기 시작하지만 성숙된 모습으로 자신의 감정을 표출하기에는 미흡함이 있다. 이러한 미흡함을 교육하며 올바른 방향으로 감정을 표현하도록 도움을 줄 수 있는 사람이 교사이다.

유치원 교사는 대부분의 유아가 접하는 최초의 교사이다. 유아는 그러한 교사에 대하여 두려움도 있을 수 있고 너무 격의 없이 선생님을 대하는 경우도 있을 수 있다. 이 때에 교사의 친절한 태도는 유아들이 안심하고 접근할 수 있는 공간을 만들어 주는 일이다. 교사라면 자기 제자들이 가까이 할 수 있도록 친절의 대문을 열고 있어야 한다. 그래야 유아들이 선생님에 대하여 부모님 같은 분위기에서 교육활동을 전개할 수 있다.

교사가 개인적으로 우울한 사건이 있었다 할지라도 유아들 앞에서는 내색하지 않아야 하며 항시 유아들이 접근할 수 있도록 친절한 웃음, 친절한 행동을 보여야 한다. 이는 교사의 당연히 지켜야 할 도리이다. 유아를 생각하지 않고 교사 자신의 기분에 의한 태도의 표현은 교사와 유아간의 인간관계도 해칠 뿐더러 교육활동의 매끄러운 진행에도 방해 요소가 됨을 항시 염두해 두어야 한다.

친절은 유아들의 접근성을 강화하며 이러한 친화감의 증가는 유아들의 선생님에 대한 집중력을 높일 수 있으며 이는 유아들의 교육성과에도 기여하게 된다. 즉, 유아와 교사간의 온정적 인간관계가 구축된다는 점이다.

11) 체벌금지와 교직윤리

인간은 완전하지 않은 존재이다. 따라서 실수가 뒤따르며 어릴수록 실수는 더욱 많다. 유아는 그러한 실수의 시행착오를 경험하면서 자신의 행동요령과

적응방법을 터득하게 된다. 그러함에도 교사는 유아들을 대할 때 교사 수준에서 정해 놓은 어느 목표점, 즉 도덕적 기준 등에 미치지 못할 때 체벌을 가하는 경우가 있다.

유아가 잘못을 저질렀기에 체벌을 당하는 것은 당연하다고 여길지 모르나 체벌은 유아에게 심한 신체적 · 정신적 타격을 줄 수 있다. 체벌은 처음은 어색하고, 미안하고, 체벌 후에는 괴로워하지만 잦은 체벌은 죄의식 없이 상습적인 체벌현상을 낳게 된다. 이렇게 죄의식 없는 교사를 맞난 유아는 매의 세례를 면치 못하게 된다. 체벌은 능력없는 교사가 사용하는 유아 통제수단이라 할 수 있다.

따라서 유아에게 체벌을 가하는 것은 삼가야 한다. 나름대로 다른 방법으로 유아에게 불이익이 되돌아갈 수 있는 행동수정 방법이나 지도 방법을 모색하여야 한다. 물론 가정에서부터 체벌에 무딘 유아가 있을 수 있다. 하지만 유아입장에서 보면 체벌은 기분 나쁜 감정을 유발하게 되고 때로는 두려움에 떨기도 한다. 이는 유아를 정서적으로 불안정한 유아로 성장하게 하는 일이 될 수 있다.

교사가 유아의 입장에서 유아의 심리를 파악해 본다면 체벌이 얼마나 교육현장에서 위험한 일이 될 수 있다는 것을 알 수 있을 것이다. 일부에서는 체벌이 교육상 필요하다고 강조하는 경우도 있지만 때로는 체벌이 감정을 수반할 수 있기에 교육과학기술부에서는 교육현장에서의 체벌을 금하라는 규정까지 제정하여 각급학교에 공문을 보낸 상태이다. 유아들이 밝고 건강하게 자랄 수 있는 지도방법을 꾸준히 개발하여 효율적인 지도를 하는 것도 당연히 교사가 짊어져야 할 과제이고 도리이다.

12) 성희롱에 대한 태도와 교직윤리

성희롱은 성폭력의 일종으로서 법으로는 남녀고용평등법과 남녀차별금지법에서 처음으로 명문화되었는데 이에 따르면 '업무, 고용 기타 관계에서 그 지위를 이용하거나 업무 등과 관련하여 성적 언어나 행동' 등으로 성적 굴욕감을 주는 것으로 되어 있다.

또 남녀고용평등법과 남녀차별금지법의 규정에서는 '업무와 관련해 성적 언어나 행동 등으로 성적 굴욕감을 느끼게 하거나 성적 언동 등을 조건으로 고용상 불이익을 주는 행위'를 성희롱으로 정의하고 있다. 이러한 성희롱에 대한 사전적 정의를 살펴보면 성희롱의 범위는 매우 넓음을 알 수 있다.

근래 우리사회의 사회적 병폐로서 떠오른 것이 아동들에 대한 성폭력이다. 사회적 죄악으로서 사법당국에 의하여 꾸준히 제재를 가하지만 수구러 들지 않고 있다. 이러한 일이 모르는 사람들에 의하여 자행되고 있는 경우도 있지만 의외로 가까이 있는 사람들에 의하여 자행되는 일이 비일비재하다.

교사는 유아들과 극히 가까이 있는 경우가 많고 어느 교육기관보다 유아들과 스킨십이 많이 이루어지고 있는 상태이다. 이럴 때 순간적인 마음의 변화가 성희롱으로 연결되어질 수 있다. 단순한 호기심에 의한 교사의 행동이 유아에게는 치유할 수 없는 마음의 상처가 될 수 있음을 항상 염두해 두어야 한다.

이정도 행동은 성희롱에 해당하지 않겠지 할지 모르나 조그마한 의심될 행동도 해서는 안 된다. 교사라는 위치에서 유아에게 성적 행동이나 성적 언어까지 문제가 된다는 점을 교사는 주지하여야 한다. 교사는 오히려 이러한 성희롱의 행동이 유아들에게 있었을 경우 보호자의 위치, 스승의 위치에서 유아를 보호하고 심리적 안정을 취하게 하여야 하며, 그러한 성희롱이 일어나지 않도록 사전에 충분히 교육받고 또 유아들을 교육시키는 일이 우선시되어야 한다. 그것이 교사가 행하여야 할 책무이다.

13) 인권보호와 교직윤리

인간이 인간으로서 누려야 할 권리를 누리지 못하면 인간으로서 생활한 사람이라고 보기는 어렵다. 힘에 있어서나, 권력에 있어서나, 경제적인 측면 등에서 본인이 강자라 하여 약자를 짓밟는 행위는 인간으로서의 도리가 아니다. 특히 심리적으로나 신체적으로 유약한 유아를 교육하는 교사의 경우에는 유아들이 인지하지 못할 것이라는 전제하에 무의식적으로 유아의 인권을 무시하고 교사 입장에서 판단하고 임의로 교사의 권한을 행사해서는 안 된다.

교사는 오히려 약자인 유아의 인권을 보호하는 역할을 수행하여야 한다. 유아의 대리인으로서 유아들이 인권유린을 당하는 일이 있으면 이를 보호하고 적극 변호하여야 한다. 즉, 교사는 유아인권 보호의 마지막 보루로서의 역할을 수행하여야 한다.

언론 보도 내용에 의하면 유아가 문제된 행동을 하였다 하여 교사가 추운 겨울에 유아의 옷을 입히지 않은 채 장시간 밖에 서있게 하는 행위가 있었고, 또 유아에게 유통기한이 지난 식재료를 사용하여 유아의 식사를 제공하는 행위가 있었다고 하였다. 전자의 경우는 교사나 유치원 당사자들이 교사라는 권위의 힘과 완력의 힘을 사용하여 유아의 인권을 무시하였다 할 수 있으며, 후자의 경우는 유아들이 정당하게 건강한 식품을 먹을 인간으로서의 권리를 무시당하고 박탈하였다고 할 수 있다.

교사라면 마땅히 교직자로서 행해야 할 일과 행해서는 안 될 일을 구분하고 유아의 인권을 보호하는데 최선의 노력을 기울여야 한다.

제3절 교사로서의 직업윤리

1. 직업의 의미

인간은 일을 계속하면 놀고 싶고, 계속 놀게 되면 일을 하고 싶어하는 이율배반적인 동물이다. 이 일은 여가활동을 위하여 하는 활동과는 다르다. 즉 생산활동과 연관되는 것을 말한다. 고대사회에서는 일이 직업이라 할 정도로 분화되지 못하고 가족위주의 집단에서 삶이 이루어졌기에 일이고 노동이었다. 하지만 산업혁명 이후에 직업이라는 용어가 사용되기 시작했다.

우리 조상들은 직업의 귀천을 따져 전통사회에서 사 · 농 · 공 · 상 간의 계급적 직업 분류를 하였다. 이러한 일은 우리의 산업을 퇴보시키는 역할을 하였다. 하지만 이제는 자유로운 민주주의 국가로의 전환과 함께 직업의 귀천이 없다.

이러한 직업은 우리가 생활하는데 있어서 가져야 할 중요 목적이 되었다. 사전적 의미로 '직업은 생계를 위하여 일상적으로 하는 일'이다. 즉, 직업은 개인이 속하는 직무의 세계이며 일상생활에 종사하는 업무요, 생계를 유지하기 위하여 필요한 일이다(김충기, 1992). 그리고 이러한 일에 종사한 사람을 직업인이라 할 수 있다. 직업인은 일명 직장인이라고도 할 수 있다.

일반적으로 대표적 직업구조를 직업군이라 하고 직업군은 대개 9개 직업군으로 나누게 된다. 이를 살펴보면(김충기, 1992) 전문직, 관리직 및 행정직, 사무직, 판매직, 서비스직, 농업 · 축산업 · 임업 · 수산업 및 수렵업직, 기능 · 생산공정직, 교통 · 체신관계직, 기타 직업으로서 신규 구직자나 적절히 분류할 수 없는 직업종사자나, 직종을 보고하지 않은 종사자로 분류한다. 이 중 교사는 전문직이다.

그렇다면 우리의 삶에서 직업이 갖는 의미는 무엇인가?(권석만, 1998).

첫째, 직업은 생계유지의 기본수단이다. 직업은 생활에 필요한 경제적 소득을 얻는 생계의 근거가 된다. '일하지 않은 자는 먹지도 말라'라는 말이 있듯이 생존에 필요한 의식주의 조건을 마련하기 위한 생산적 활동이 직업이다.

둘째, 직장은 경제적 보상을 제공하는 대가로 종사자에게 업무수행을 요구한다. 즉 직장에 다니게 되면 소득을 얻는 대신 업무수행의 의무가 주어진다. 따라서 직장에서 요구하는 기본방침에 따라야 되고 주어지는 업무를 수행하여야 한다. 고용주나 상사는 피고용자에 대하여 기대와 요구를 갖게 된다. 여러 여건이 있지만 고용주나 상사는 피고용자의 업무수행을 평가하고 그 결과에 따라 진급이나 월급 인상, 성과급 지급 등의 다양한 보상을 하게 된다.

셋째, 직장은 자신의 능력을 발휘하는 자기실현의 장이다. 직장이 경제적 터전이기도 하지만 자신의 자기실현의 장이기도 하다.

넷째, 직장은 인생에서 사실상 가장 많은 시간을 보내는 곳이다. 자기가 노동력이 있고 직업을 갖고자 한다면 직장은 매우 오랫동안 자기 삶과 함께하는 곳이다. 대학졸업자의 경우 20대 중반부터 직장생활을 한다고 가정할 때 정년까지 약 30~40년간 자기 생활을 하는 곳이기 때문이다.

우리는 자기 직업에 대하여 적어도 세 가지의 태도를 가져야 한다(김충기, 1992).

첫째는 자기 직업을 사랑하는 것이요, 둘째는 지기 직업을 자랑스럽게 생각하는 것이고, 셋째는 자기 직업에 열성을 갖고 애정을 가져야 한다. 그리하여 직업을 통하여 보람과 긍지를 느끼고 행복한 삶을 영위해야 한다. 직업은 이와 같이 생명적 · 경제적 · 정신적 의미를 지닌다.

2. 교사로서의 직업윤리

고도 산업사회로 접어들면서 직업이 매우 다양화되었다. 앞에서도 언급하였지만 교직은 직업군에 따르면 전문직군으로 분리되는 직업이며 이러한 교직을 직업으로 가진자는 교직 나름대로 지켜야 할 기본적인 도리가 있다.

먼저 교사 자신이 직업인으로서 교직에 대한 충성심과 자긍심을 가져야 한다. 교사가 자기 직업에 대하여 충성하려는 자세가 갖추어져 있지 않으면 교사 스스로도 의기소침하는 교직생활이 될 수 있으며 제자들도 그러한 선생님을 만남으로서 학습자로서 누려야 할 권리를 누리지 못하게 된다. 이는 교사나 학습자 다 불행한 일이다.

교사는 자신이 교사라는 점, 미래의 동량을 길러내는데 일조를 한다는 점에 자긍심을 가져야 한다. 제자들은 미성숙한 존재이기에 교사의 자긍심과 적극적인 교육활동이 학습자에게 직접적으로 영향을 미친다. 따라서 교사는 사회적 · 윤리적 모델로서의 역할을 수행하여야 한다. 교사가 학습자들과 동고동락하며 교사로서의 역할을 수행할 때 교사는 행복하며 이 행복은 학습자에게도 그대로 전달된다는 점이다.

사무적 능력에 있어서도 학습자와 관련된 내용이 있으면 이를 챙기며 부족된 점이 있으면 이를 보충해 주어 낙오자가 없도록 한다. 자신의 이익이나 편의를 위하여 학습자를 소홀히 대하고 방치하는 것은 교사로서 납득하기 어려운 일이다. 종종 신문에 보도된 적이 있지만 교사가 학습자를 물건 다루듯이 한다든지, 비인격적으로 대하는 태도는 절대 행하여서는 안 된다. 학습자도 하나의 인격체임을 잊지 말아야 한다. 아무리 어린 유아라 할지라도 그들의 인권을 존중해 주어야 하며 복지차원에서 학습자를 대하여야 한다.

자신의 사적인 일을 위하여 학교일에 소홀히 한다든지, 사적인 일을 학습자들에게 일임하는 행동을 하여서도 안 된다. 학급이나 교사 개인의 영달을 위하여 상대적으로 약자인 학부모에게 물질적 · 심리적 부담을 주는 행동 등도 삼가야 한다.

또 근래 개인 통신수단인 핸드폰이 생활필수품이 되었지만 교사가 수업 중에 핸드폰을 받는 행위 등은 교사라는 직업을 가진 입장에서 절대 금해아 하는 행동이다. 이는 수업을 충실히 수행해야 하는 교사로서의 가장 기본적인 윤리와 관계되기 때문이다. 즉, 교사로서 교수권을 포기하고 유아들의 학습권을 침해하는 비윤리적 태도를 보여서는 안 된다는 점이다.

입학전형이나 유아들의 생활영역 기술, 그리고 평가 등에 있어서도 객관적인 태도로 관리하여야 한다. 주관적 태도나 또 다른 영달을 위하여 상대적으로 약자인 학습자가 피해를 입어서는 안 된다. 학습자나 학부모나 사회구성원들이 교사라면 모든 것을 신뢰할 수 있도록 행동하여야 한다.

교사는 사회적 지도자이다. 그 들이 잘못된 태도로 생활하는 것은 사회적 파급효과가 크다. 교직이 하나의 직업이라는 좁은 의미로 생각하여서는 안 되며 바람직한 인간을 형성하는 주도적인 위치에 있음을 항상 명심하여야 한다.

아울러 간과해서는 안 될 부분은 유치원교사의 대부분은 여성이 담당하게 되는데 여성만이 안고 있는 임신 · 출산, 가정관리 등의 한계 때문에 교사라는 직업인으로서의 직무를 소홀히 하는 일이 있어서는 안 된다. 민주주의 사회에서 성차별 구분이 사라지고 있으며, 여성의 학력 향상과 더불어 여성도 남성과 같이 직업생활과 가정생활을 공유하는 시대에 접어들었기 때문에 약자적 입장이 아니라 동등한 입장에서 자신의 직업에 긍지와 책임을 느끼는 직업인으로서 자신의 위치를 잊지 말아야 한다.

하지만 가정이나 직장을 다 만족시키고자 하는 욕구 때문에 갈등이 발생할 경우가 있으므로 교사로서, 주부로서, 어머니로서 일인다역의 직무를 수행하는데 모든 부분에서 무리한 경우가 발생하지 않도록 현명함을 발휘하여야 한다. 특히 교사는 제자들의 안내자요, 협조자요, 인도자로서의 직업인이기 때문에 가정의 갈등이 유치원까지 파급되어 유아들에게 그 피해가 전달되어서는 안 된다는 점이다.

3. 직장의 의미

유치원 교사는 유치원 교사라는 직업을 가지기 위한 직전교육으로서 장기간의 교육을 받게 된다. 여러 여건이 관련되지만 자신의 능력에 따라 일찍이 자신의 직업을 갖는 경우도 있고 일정기간 동안 교육을 받은 후 직장을 갖는 경우도 있다. 그러한 점에서 인간은 일과 분리되어 살 수는 없다. 일은 생계수단이고 자신의 자아실현장이기 때문이다. 이러한 일을 하는 장소가 직장이다. 직장의 사전적 의미를 살펴보면 직장은 “사람들이 근무하며 맡은 일을 하는 일터, 일자리”라고 되어 있다.

우리는 지금 껏 한 직업을 가지고 평생 동안 살았던 경우도 있지만 급격한 산업정보사회로 접어들고 평균수명이 길어지면서 하나의 직업으로 일생을 누리기는 어렵게 되었다. 아울러 이제는 한 직장에서 정년까지 마무리한 시대도 지났다.

직장은 직업과 연관된 부분이 많지만 직장은 삶의 터전이라 할 수 있다. 물론 직장은 기업주가 어떠한 사람이냐에 따라 오랜 기간 한 직장에서 근무하기도 하고 그렇지 못하기도 한다. 이는 기업주의 단독적인 의사로 이루어질 수도 있지만 자신의 직장에서의 능력과 인간관계에 따라 다르다 할 수 있다.

유치원교사는 국가에서 정한 정년이 62세이기 때문에 직장생활을 한 직장에서 오랜 기간 근무할 수 있지만 그렇지 못한 직장도 대단히 많다. 유치원 내의 직장 구조는 유치원의 크기에 따라 달라질 수 있지만 원장, 원감, 교사, 행정직원 등으로 분류되고 그 외에 보조교사, 운전기사, 요리사, 영양사 등이 있다.

직장이 재미있고 비전이 있으면 계속 근무하고 싶으나 그렇지 않으면 직장을 옮기고 싶어한다. 이러한 분위기는 설립자나, 원장, 상급교사 등이 신경을 써야 할 부분이다. 이는 일방적으로 윗분만이 베푼다고 해서 해결될 일은 아니다. 멋있고 행복한 직장문화가 꽃피워지기 위해서는 상급자와 하급자간에 돈독한 인간관계와 서로 배려하는 직장의 분위기여야만 가능하다는 점이다. 즉 고용자가 피고용자인 교사를 봉급을 받아 가는 자로서 만 생각할 것이 아니라 유치원을 발전시키고 이 나라의 동량을 길러내는 중요한 사람이란 점을 감안하여 교사를 존경하고 인간적 배려를 아끼지 않는다면, 이러한 직장에서 생활하는 교사는 교사로서 긍지를 느끼게 될 것이다.

피고용인인 교사도 피동적으로 봉급만 받으면 된다는 식이 아니라 나로 인하여 유치원도 성장하고 유아들도 행복하게 배워야 할 권리를 누리게끔 노력한다면 유치원이나 유아들에게도 도움이 되겠지만, 오히려 교사 스스로 유치원의 주체로서 행복을 느끼며 유치원 직장에 대한 긍지와 보람을 느낄 것이다.

따라서 직장은 고용자나 피고용자나 모두 직장의 발전과 자신의 발전을 위하여 능동적이고 적극적으로 생활해야 하는 공동장소라는 점을 한시도 잊어서는 안 된다는 점이다. 즉 직장이 잘되면 나 또한 잘된다는 의미이다.

제 3 장

사회변화와 유아교육

제1절 출산율 저하와 유아교육

1. 출산율 저하의 원인

인간이 인간답게 살고 싶다는 것은 모든 인류가 지향하는 목표이다. 농경사회에서는 노동력이 부로 연결되는 사회이기 때문에 많은 가정들이 다산을 부의 기정사실로 받아들이면서 가정경제가 어려움에도 불구하고 출산율은 높았다. 하지만 다산보다도 자녀의 교육수준 향상이 가정이나 국가의 생산력을 높이고 부와 연결된다는 인식이 고조되면서 출산율 조절이 이루어지기 시작했다.

정부에서도 다산만이 최고의 인구정책이 아니라는 판단하에 보건복지부 산하에 대한가족계획협회를 창설하여 '아들딸 구별말고 둘만 낳아 잘 기르자'는 슬로건이 강조되었고 이후에는 둘도 많다 하여 한 자녀 갖기 운동이 펼쳐지기도 했다.

이러한 노력과 유교주의의 쇠퇴, 가임여성들의 결혼기피, 교육열 증가에 따른 출세주의 등이 강조되면서 출산율 저하에는 크게 기여하였지만 이로 인한 인구 감소현상이 두드러지게 되었고 급기야는 국가생존전략에도 위기감이 도래하게 되었다.

2. 출산장려 운동의 전개

2000년대에 들어서서 정부나 지방자치단체에서는 저출산 가족계획정책에서 다출산 가족계획정책으로 정책의 전환이 이루어졌으며 각 지방자치단체들은 다출산 가정에 대한 보육료 · 유치원 원비 등의 지원, 주택분양에 대한 우선권, 임산부에 대한 의료서비스 강화, 육아기간의 연장 및 일정 보상금 지급 등 각종 출산율 증가 유인책을 발표하며 출산율 증가에 열을 올리고 있는 실정이다.

이렇게 출산율의 감소는 유아교육에 대한 부모들의 관심을 고조시켰으며 유치원 취원율을 증가시키고 있다. 1965년 취원 적령인구 1,959,392명 중 19,556명이 취원하여 1%인 취원율이었던 것이 2007년에는 1,494,205명 중 541,550명이 취원하여 36.2%의 취원율을 보였다. 2009년에는 537,361명이 취원하여 2007년에 비하여 취원 원아수가 줄었는데 이는 저출산 현상이 원인이 된다. 하지만 국가나 지방자치단체가 유아교육에 대한 지원책을 적극적으로 강구하고 임산부에 대한 지원을 강화하면 취원 원아는 더욱 증가될 것으로 본다. 이러한 의미에서 2012년부터 만 5세아 모두에게 유치원이나 어린이집에 취원할 경우 20만원 지원으로부터 시작하여 차차 지원을 현실화한다는 점은 매우 의미있는 정책으로 받아들여진다.

왜냐하면 현재 취원 원아수가 저조한 것은 IMF 이후 경제적 어려움이 있는 가정이 적지 않으며 세계적인 불황으로 직업을 갖지 못하거나 구조조정 등으로 조기 퇴직하는 경우도 포함되기 때문이다.

3. 출산율 저하와 유아교육

출산율이 저하됨에 따라 정부나 지방자치단체에서는 출산율 높이기 위한 여러 방안을 강구하게 되는데 그 중 하나가 유아들에 대한 교육비 지원이다.

교육과학기술부는 2010년 3월부터 5세 아동을 두고 월평균 가구 소득액이 4인 가족 기준으로 436만원 이하면 유아학비 전액을 지원하다고 하였다. 3~4세 아동은 소득 하위 50% 이하이면 학비 전액을, 소득이 하위 50~70% 이하이면 학비의 60% 또는 30%를 차등 지원받는다. 이러한 지원은 앞으로도 확대될 것이며 이는 무상교육의 수순이라고 할 수 있다(김효진, 2010).

IMF나 여성들의 사회진출 및 결혼에 대한 기피현상 등의 요인으로 출산율이 저하되고 있지만 이러한 출산율의 저하는 국가생산력의 감소와 국력의 약화 등이 우려되는 상황이라 할 수 있다.

따라서 출산율 향상책이 국가의 중요 정책으로 강조되고 있지만 소수의 유아라 할지라도 출산율과 관련없이 유아교육의 중요성은 꾸준히 강조해도 무리함이 없다. 즉, 출산율을 높이기 위한 유아교육이 되어서는 의미가 없다. 단 출산율 저하가 유아교육의 대상을 확대하고 모든 유아에게 유아교육의 기회가 주어진다는 점은 긍정적 의미가 있다.

제2절 부모의 양육태도와 유아교육

1. 부모의 과보호

부모의 양육태도는 매우 다양하지만 근래 두드러진 현상 중의 하나는 부모의 과보호이다. 심지어 '캥거루 학생', '헬리곱터 부모'란 말이 유행할 정도이다. 캥거루 아이들이란 캥거루 새끼모양으로 부모의 품을 벗어나지 못함을 말하며, 헬리곱터 부모란 부모가 자녀 주위를 잠시도 떨어져 있지 못한 채 항상 자녀 주위를 맴돌고 있다는 말의 풍자이다.

물론 부모가 자녀를 잘 양육하기 위하여 항상 관심을 가지고 효율적인 양육을 하여야 하지만, 너무 과보호하기 때문에 이러한 세속을 풍자한 용어가 탄생한 것이다. 심지어는 성인인 일부 대학생에게까지 부모의 과보호가 이어지고 있는 실정이다. 이렇게 부모의 과보호적인 개입이 강화될 때 자녀의 자립능력이나 자율성, 창의성의 감소는 더욱 증가할 것이다. 즉, 온실에서 이런 저런 보호를 받고 자란 유아가 사회라는 거친 환경에 적응하기는 쉽지 않다는 점이다.

저출산으로 인하여 자녀가 소중하게 인식되고 이로 인하여 행여 다칠세라, 뭔가 문제가 있을세라 부모들이 유아들에게 총동원되어 유아집중 돌봄 현상이 나타나는데 이는 오히려 유아를 이기심, 의타심, 심약한 아이, 비타협하는 아이, 심한 고집쟁이로 자라게 하며 더 나아가서는 사회성이 부족한 아이로 성장하게 한다.

아이들은 아이들끼리의 문화 속에서 자라면서 그 발달수준에 맞는 문화를 익히며 단계별로 자라야 정상적으로 성장할 수 있음을 부모들은 인지하여야 한다.

아이들은 아이들끼리 어울리면서 친구간의 정을 느끼게도 되고 서로의 어려움을 알 수 있는 계기도 마련될 수 있음에도 불구하고 부모들의 내 아이라는 소유의식과 내 아이만 잘 되면 된다는 일부 부모들의 이기주의가 아이의 장래까지도 힘들게 하는 경우가 있음을 명심하여야 한다.

따라서 교사는 부모들이 과보호의 유아지도로부터 벗어나도록 꾸준한 부모교육을 시킬 필요가 있다. 부모가 자신의 자녀를 객관적으로 보기 시작하면 자신의 자녀에 대한 장 · 단점을 냉철하게 분석하게 되며, 이는 자신의 자녀지도에 커다란 교육좌표를 발견하고 지도 방향을 모색하는 일이 될 것이다.

2. 과중한 교육부담

유아들이 유치원에서 일정교육을 받은 이후 가정에 돌아오면 즐겁게 놀고 여유 있는 생활을 하는 것이 아니라 많은 부모들은 아이의 능력이 다른 아이들에 비하여 떨어질까 두려워하며 각종 학원에 보내는 등 과외교육에 힘을 쏟고 있다.

영어학원, 무용학원, 피아노학원, 태권도학원, 각종 체육교실 등에 보내게 되는데 유아들은 사실상 엄청난 스트레스를 받게 된다, 인간의 성취동기는 어떤 활동을 한 후에 자신이 있을 때 발휘하게 된다. 자기의 능력에 비하여 더 많은 교육활동이 요구되면 성취동기는 떨어지게 되고 스스로라기보다는 이끌리어 활동하게 된다.

부모들이 이러한 큰 부담을 유아에게 지워주게 되는 것은 다른 유아들에 비하여 자신의 유아가 뒤 떨어질까 봐 조바심에 그런 점도 있지만 또 다른 측면에서는 부모의 과잉기대도 한몫하게 된다.

내 아이가 잘 되어야 좋은 학교에 진학하게 되고 그래야 좋은 직장을 갖게 되며 부모 또한 물질적 · 정신적 대우를 받을 수 있다는 기대감 때문이기도 하다. 부모가 원하는 대로 자녀들이 성장하게 된다면 이 세상에 낙오되는 사람은 한 사람도 없을 것이다. 하지만 부모의 과잉기대가 오히려 자녀들의 자만심을 키우거나, 나태심, 자포자기, 탈선과 비행을 가져올 경우가 있음을 간과하여서는 안 된다.

우리 사회가 학교교육을 믿기보다는 사교육에 더 올인하고 있음은 입시위주의 교육에도 문제가 있지만 이는 국가, 사회, 가정이 공동으로 극복해야 할 문제이다. 사교육에 올인하는 것은 결국 공교육을 약화시키는 일이다. 학원에서 늦게까지 공부한 아이는 학교에 와서 졸게 되어 있음은 당연한 이치이다. 결국은 학교가 잠자는 장소로 바뀌는 현상이다. 이는 결코 바람직한 교육의 모습이 아니다. 학교는 교과학습도 중요하게 다루지만 이것 못지않게 생활지도도 중요하게 다룬다. 차후 사회생활하는 기본적인 태도를 배운다는 점을 생각한다면 학교교육의 내실화는 매우 중요하다.

유아들도 그들 나름대로 인간으로서 살아가야 할 권리가 있음을 중히 여기고 어리니까, 내 자식이니까 부모 마음대로 유아에게 과중한 교육적 부담을 주는 것은 깊이 생각해야 할 문제이다. 조선 영조 때 이덕무는 '글을 가르치는 데는 부질없이 많이만 가르칠 것이 아니라 다만 정독하여 익히 아는 것을 귀히 여길 것이다. 그 자질과 성품을 헤아려 능히 2백자를 배울 수 있는 사람에게는 다만 백자만 가르쳐 주어, 항상 정신과 역량에 여유를 가지게 한다면 공부하기 싫어하거나 괴로워하는 근심은 없어지고 스스로 진리를 터득하는 아름다운 습관을 가질 것이다'[1] 라고 하였다(이덕무 저, 김종권 역 1983).

따라서 교사는 유아들이 학업 부담이 크지 않으면서 즐겁고 신나게 유치원 생활을 할 수 있도록 교육계획안을 마련하고 유아와 돈독한 인간관계를 형성하

1) 凡授書, 不在徒多, 但貴精熟, 量其資稟, 能二百字, 只可授以一百字, 常使精神力量餘裕, 則無厭苦之患, 而有自得之美

여야 한다.

독일의 뎃소에 뎃소 범애학교를 설립한 범애주의자 바제도우(J. B. Basedow)는 과중한 교육부담의 강제성을 배제하여야 한다고 주장하며 다음과 같은 법칙을 제시하였다(임채식 외 6, 2008).

① 많이 가르치지 말고 유쾌하게 배우도록 한다.
② 많이 가르치지 말고 초보적 학습에 적당한 순서로 배우도록 한다.
③ 많이 가르치지 말고 참으로 유익한 지식만 가르친다.

위의 내용에서 특징적 요소는 ' 많이 가르치지 말고'이다. 이는 학습에 대한 과중한 부담이 오히려 자녀의 교육에 도움이 되지 못하며 효과도 크지 않다는 점을 의미한다. 사실 우리 부모들이 자녀들에게 자녀들의 능력에 관계없이 과중한 교육 부담을 주는 일은 긍정적 효과보다 부정적 효과가 더 크다는 점을 인식할 필요가 있다.

부모님의 욕심 때문에 앞으로 무궁무진하게 성장 · 발달하여야 할 자녀들이 교육적 부담을 지탱하지 못하여 주저 앉는 일이 있어서는 안 된다는 점을 다시 한번 주지하여야 한다.

제3절 맞벌이 부부와 유아교육

1. 맞벌이의 필요성

경제적 어려움 때문에 가정에서 노동력이 있는 한 어떻게든 가계경제를 원활히 하고자 하는 가정들이 많이 늘어나고 있다. 특히 자녀를 두고 있는 가정에서는 학비 등의 부담을 분담하고자 부부가 경제전선에 나가는 경향이 증가되고 있다.

이는 갈수록 높아지는 국민소득과 문화수준 향상, 그리고, 여성들의 자아 실현의지와 계층 상승 때문이라 할 수 있다. 물론 경제적 문제 때문에 맞벌이를 하기도 하지만 상대적 박탈감을 극복하고 남과 같은 경제 · 문화적 혜택을 누리고자 함 등이 맞벌이가 필요한 이유라 하겠다.

또 과거에 가정의 경제적 문제는 남성들이 책임을 진다는 문화였는데 이제는 부부의 공동노력으로 가정을 운영하여야 한다는 점도 포함된다.

2. 맞벌이 부부와 유아교육

맞벌이 부부들의 가장 큰 고민은 양육과 교육이다. 특히 어린 영아나 유아를 키워야 하는 부모들은 경제적 문제도 해결하여야 하겠고 가정 살림도 보살펴야 하며 영유아교육도 해야 할 세 가지 고민을 안게 된다. 가사 일은 많은 가전제품과 가끔씩 가사보조 인력(파출부 등)을 활용할 수 있지만 가장 큰 문제는 교육이라 할 수 있다.

따라서 자신의 유아를 맡아 교육시킬 유아교육기관을 찾게 된다. 맞벌이 부모들은 유아교육기관이 맞벌이 부모의 자녀들을 책임지고 자신의 자녀를 가르치는 만큼 잘 보살펴 주기를 바라고 있다.

만약 유아교육기관이 부모들의 걱정을 덜어 주지 않는다면 맞벌이를 하고 있는 여성 중에서도 직장 포기를 심각하게 고려할 것이다. 하지만 현대사회의 많은 여성들은 맞벌이의 이점을 포기하지 못하고 있다.

그러다 보니 유아들은 조부모가 담당하거나, 아이들 끼리 생활하거나 유아 혼자 생활하는 경우가 증가하고 있는 실정이다. 이로 인하여 모든 발달의 결정적 시기에 놓인 유아들이 교육적 기회를 갖지 못함으로써 지적, 사회적, 정서적, 언어적, 신체적 발달 등이 원만하게 발달되지 못하는 경우가 적지 않다.

뿐만 아니라 여러 모로 자기방어적 능력이 부족한 유아들이 외부의 사회적인 범죄에 노출되어 평생의 삶을 불행하게 사는 경우도 있을 수 있으며 자기 절제 능력이 부족한 유아들은 컴퓨터 게임이나 성인사이트 등을 무분별하게 접근하여 기초적인 학습습관을 배울 기회를 놓치게 된다. 이로 인한 아동들의 비행들이 결국은 아동들의 장래를 어둡게 하게 되어 본인은 물론 가정이나 사회 · 국가에 부담으로 작용하게 된다.

따라서 맞벌이 가정에서는 유아교육 적령기에 접어든 자녀들에 대하여 유아교육기관에 의존하는 경향이 늘고 있으며 이로 인한 유아교육기관의 교사들의 책무성은 더욱 증가되고 있는 실정이다. 즉, 유아교육기관의 교사들은 교사로서의 직무 이외에 유아들의 보모로서의 역할까지도 수행하여야 한다는 점이다.

또한 가정에 자녀들이 본받아야 할 대상이 없는 관계로 사회 구성원으로서 지녀야 할 사회적 태도를 갖추지 못하고 성장하는 경우가 많다. 가정에서의 사회적 태도는 모방에 의해서 이루어지는데 지금과 같은 핵가족의 가정구조에서는 조부모나 삼촌, 고모 등이 같이 생활하지 않은 경우가 대부분이기 때문에 마땅히 갖추어야 할 사회적 태도를 모방할 대상이 없다는 점이다. 더구나 맞벌이 부모는 부모가 부재 상태인 관계로 특히 유아양육에는 적잖은 어려움이 있다.

제4절 조손가정과 유아교육

부부간의 이혼이나 경제적 어려움 때문에 가정이 해체되는 가정에서는 유아를 편부나 편모, 혹은 부모가 유아를 양육할 능력이 부족하기 때문에 조부모가 경제적 여유가 충분하지 않음에도 불구하고 유아를 맡게 되는 경우가 적잖다.

이럴 경우 조부모가 유아를 맡아 양육하게 되는데 많은 조부모 가정들이 유아를 교육한다기보다는 보호차원에서 양육하게 되는 경우가 적잖아 유아들이 교육적 배려를 받지 못하고 있는 실정이다.

시대가 급격하게 변하고 있고 장차 유아들이 성인이 되었을 때 필요로 하는 많은 정보나 경험을 쌓을 기회가 많지 않음으로써 차후 적응능력에 문제가 있음을 예견할 때 조손가정의 유아들에 대하여 국가나 지방자치단체가 교육적 기회를 제공하는 일은 사회적 · 국가적 생산능력을 신장시키는데 중요 사업이라 할 수 있다. 조손가정의 유아가 아니라 우리나라 국민으로서, 국가의 아이라는 사고로 조손가정의 유아를 교육적으로 보살피고 지원해 주어야 한다.

조손가정에서 더욱 중요한 일은 유아들이 그들 세계에서 필요한 문화를 적절히 경험하지 못한 아쉬움이다. 인간은 자신의 성장 · 발달에 따라 단계적으로 교육적 경험이 쌓여야 정상적인 발달이 이루어진다. 갑자기 어른스러운 환경에서 어른들의 문화를 익히는 일은 아이들이 아이들 답지 않은 행동을 하게 되고 이는 유아들의 문화실조 현상으로 까지 연결된다. 이러한 결핍된 유아문화를 보충해 줄 수 있는 곳이 유아교육기관이다.

따라서 유아교육기관에서 교육을 담당하고 있는 교사는 이러한 유아들에 대하여 보다 적극적인 태도로 유아들이 정상적으로 성장할 수 있도록 교사로서의 헌신적인 배려를 아끼지 않아야 한다. 즉, 유아들에 대한 가정의 중요성, 부모에 대한 적개심의 타파나 효심을 길러 주어야 하며 조부모에게는 조손자녀들 세대에 필요한 문화나 생활태도, 언어 등에 대한 교육을 수시로 실시하며 조손가정에서 일어나고 있는 문화실조 현상을 최대한 줄이도록 노력하여야 한다.

제5절 정보화사회와 유아교육

1. 정보화사회의 개념[2)]

새 밀레니엄 시대에 접어든 오늘의 현대사회를 정보와 창조력의 사회, 정보

2) 임채식, 하종덕, 박주신(2010). 교육학개론, 서울 : 형설출판사.

혁명의 사회, 지식기반 사회 등의 다양한 이름으로 일컫기도 한다. 이는 자원, 노동, 자본이 그 사회의 중요한 가치로 인정되던 산업사회를 벗어나 정보와 지식이 그 사회의 핵심적인 가치창출의 원동력이 된 지식정보화 사회가 도래하였다는 것을 말해 주는 것이라 할 수 있다(김성제, 1999). 즉, 산업사회에서 정보화 사회로 이행하는 역사적 · 사화적 대전환에 따라 정보처리, 통신 또는 커뮤니케이션과 그 통제 관리가 사회와 인간행동의 중심적 측면이 됨으로써 극적이고 총체적인 변동이 일어나기 시작한 것이다

과거의 전통적인 사회에서는 한번 배운 지식이나 한번 습득한 정보의 수명이 약 50여 년 이상 지속됨으로써 20세에 학교를 졸업할 때 보유하고 있던 지식정보는 70세에 수명이 다할 때까지도 얼마든지 유용하게 변함없이 활용할 수 있었다.

그러나 앞으로의 사회는 최소한 1년 단위, 아니면 그보다 짧게 지식정보의 수명이 다하고 변화되어 버림으로써 부단히 지식정보의 습득과 갱신을 위한 학습의 노력이 없이는 의미 있는 생존과 전문적 생명을 보존할 수 없는 그러한 초스피드 사회로 변모할 것이다.

그러면 정보화 사회란 무엇인가? 정보화 사회(informationized society), 또는 정보사회(information society)란 말은 1960년대 일본 학자들에 의하여 사용된 용어이다. 정보화에서 화의 의미는 지배한다와 진행 중의 두 가지 의미로 해석될 수 있다. 정보화 사회는 정보가 지배적인, 즉 모든 사회활동에서 정보를 수집 · 가공하고 유통시키며 소비하는 행위가 다른 행위에 비하여 가장 중요하게 인식되는 사회를 뜻하며, 사회의 정보화는 아직 완성되지 못하였고 현재 변화가 진행 중이라고 풀이할 수 있을 것이다(박세권, 1998).

이러한 맥락에서 볼 때 오늘의 21세기 사회는 정보화 사회 혹은 지식기반 사회로서 정보와 지식이 사회를 움직이는 원동력이 되는 사회라고 할 수 있다. 다시 말하면 지식과 정보가 개인 및 국가의 경쟁력을 결정하는 사회라는 뜻이다. 그런 의미에서 정보화 사회는 정보나 기술, 지식의 힘 등이 부의 원천이 되는 사회이다.

정보가 사회에서 중요한 자원이므로 정보가치를 생산하는 일 또한 중요하다. 이제 우리는 스마트워크(Smart Work) 시대에 접어 들었다. 스마트워크란 ICT (Information Communication Teconology)를 이용하여 시간 · 장소의 제약없이 업무를 수행하는 것을 말한다(네이버사전). Smart Work 5대 혁신 영역은 S= Space(공간), M=Method(업무방식), A=Acquaintance(지식교류), R=Result(성과), T=Time (시간)이며 스마트워크의 유형은 재택근무, PDA/스마트폰을 이용한 이동근무, 인근 원격사무실에 출근해 일하는 '스마트워크센터' 근무가 있다.

적용효과로서는 출 · 퇴근시 교통량 감소, 탄소 배출량의 감소 효과, 비용절감, 고령자 · 장애자 등 소외계층의 일자리 창출, 종소기업의 경쟁력 강화이다. 또 직장에 출근해야 하는 여성들이 결혼과 출산의 두려움에서 벗어날 수 있고, 고급 은퇴 인력을 불러들일 수 있으며, 장애우들은 보다 쉽게 직업을 가질 수 있다. 중소기업의 근무여건이 나아지고 고학력 청년 실업문제 해결에도 도움이 될 수 있는 것이 추가되는 장점이다(형태근, 2010. 8. 11일자).

관리적 방안으로는 대도시 외곽에 위치한 공공기관 등 유휴시설을 활용하며 첨단원격업무 시스템을 갖춘 '스마트워크센터'를 2015년까지 500개(공공관서 50개, 민간형 450개)를 만들어 스마트워크 근무율을 활성화하도록 되어 있다. 2015년 까지 전체 공무원 30%, 전체 노동인구의 30%까지 스마트워크를 추진하고자 하고 있다.

물론 기술적 문제가 있는데 이에 대한 방안으로는 네트워크 대역폭 확충, wi-fi[3]이용 확대, 보안취약업무 개선 등이 있다(http : //blog.naver.com/phishkim). 이와 같이 앞으로는 정보화 시대로 급격히 진입하기 때문에 유아들에게 정보에 쉽게 접근 할 수 있는 교육활동이 전개 되어야 하고 교사들 스스로도 스마트워크 시스템에 대한 사전 실무능력이 연수되어져야 함을 주지할 필요가 있다.

---

3) 전파나 적외선 전송 방식을 이용하는 근거리 통신망. 보통 '무선 랜(LAN)'이라고 한다. 무선 랜을 하이파이 오디오처럼 편리하게 쓸 수 있다는 뜻에서 '와이파이(wi-fi)'라는 별칭으로 쓰이게 되었다.

2. 정보화사회와 유아교육

앞에서도 언급한 바와 같이 이제 정보화 사회는 우리의 현실이며 생활이다. 이러한 사회에 적응하고 각종 정보를 이용하여 생활의 편리와 행복한 삶을 누리기 위해서는 유아교육시기부터 정보사회에 대비한 적절한 교육이 이루어져야 한다. 유아교육 현장에서 창의적인 교육과 융합적인 다양한 교육이 이루어져야 한다. 유아들의 능력을 다양한 방향에서 인정하고 스스로의 능력으로 자신의 역량을 펼칠 수 있는 교육적 환경을 조성할 필요가 있다.

21세기 정보화 사회에서는 경험하지 못한 일이라도 추리할 수 있고 짐작으로 윤곽을 파악할 수 있으며, 배후의 의미를 짚어 내고 미래의 방향을 조망할 줄 아는 '유추지수(AQ : Analogy Quotient)'가 높은 우뇌형 인간이 필요하다. 즉 두뇌로 분류한다면 AQ는 우뇌형이다.

1981년 노벨상을 받은 미국 캘리포니아 공대의 로저 스페리 교수는 인간의 양쪽 뇌가 서로 다른 기능을 한다는 사실을 발견했다. 즉, 왼쪽 뇌는 주로 지능, 수리적 분석력, 논리적 사고력을 지배한다고 하였고, 반면 오른쪽 뇌는 감성, 비논리적 직관, 주관적 사유, 예술적 감각을 이끌어 낸다고 하였다. 또한 좌뇌는 언어나 수리력을 담당하는 데 비해 우뇌는 영상과 음향을 맡는 것으로 되어 있다. 좌뇌의 기억이 전후 문맥에 의존하는 직렬적 기억이라면, 우뇌의 기억은 이미지에 의존하는 병렬적 기억이다.

인과론이 적용되지 않는 세계는 우뇌적 사고에 익숙한 인간이 주도할 수밖에 없다. 남성에 비해 감각과 직관이 앞서는 여성이 다음 세계를 이끌 것이라는 예견이 나오는 것도 그래서이다.

현실에서 우뇌적 사고로의 전환이 가장 활발하게 일어나고 있는 분야는 역시 컴퓨터와 정보통신 쪽이다. 도스(Dos)를 대체한 윈도(Window) 프로그램은 전형적인 우뇌적 사고의 산물이다(임채식 외, 2010). 따라서 교사는 유아들의 우뇌 활동이 강화될 수 있는 교육프로그램을 만들어 잘 운영할 필요가 있다.

제6절 환경오염과 유아교육

멋있게 잘사는 것은 인류의 소망이다. 우리나라도 1960년대에는 잘사는 것이 소망이었다. 그러한 소망이 산업사회로 접어들면서 공업화를 성공시켰고 예전보다 훨씬 잘사는 사회로 접어들었지만 이에 대한 대가로 수질오염, 공기오염, 토양의 오염 등 생태계의 파괴와 환경오염이라는 짐을 지게 되었다.

환경이 오염되는 것은 우리의 삶의 장소를 더럽힌다는 말이다. 예전에 없었던 각종 알레르기 반응, 아토피성 피부염, 새집증후군 등 환경오염으로 인한 질병들이 새로 발생하고 일부 환경성 질병은 내성으로 인하여 많은 유아들이 고생을 하는 경우가 많아졌고 심지어는 죽음에 이르게 하는 경우도 증가하고 있다.

이러한 두려움에 전세계 국가들이 환경오염에 공동으로 대처하기 위하여 여러 나라를 돌면서 환경관련 회의를 개최하고 각 국가들이 환경오염을 줄이기 위한 국가별 오염수치 감소에 노력을 기울이고 있다.

제 11차 유엔 환경계획집행이사회특별세션/ 환경장관회의가 인도네시아 발리에서 열렸는데(2010년 2월 22~24일) 여기에서 전반적인 주제는 '다자간 체제하의 환경(environment in the multilateral system)'이며 이는 국제 현안의 핵심 이슈들을 각각 반영하기 위해 3가지의 영역으로 세분화하였다. 그 세부 주제는 국제환경 거버넌스와 지속 가능한 개발(international enviromental governance and sustainable development), 녹색경제(the green economy), 그리고 생물다양성 및 생태계(viodiversity and ecosystems)이다.

이러한 주제에 부응하기 위하여 이미 우리 정부는 2008년 주요 정책으로 저탄소 녹색성장을 제시하였다. 여기에서 녹색성장은 '에너지 · 환경관련 기술과 산업 등에서 미래 유망품목과 신기술을 개발하고, 기존 산업과 융합하면서 새로운 성장동력과 일자리를 얻는 것'으로 보다 구체적으로 설명되었다.

이와 같이 이제 환경은 한 나라만의 문제가 아니라 전세계가 공통으로 해결해야 할 처지에 이르게 되었다.

이렇게 볼때 교육현장에서의 환경교육은 미래 인류사회의 쾌적한 환경을 조성하기 위하여 중요하게 다루어야 하며 특히 유아기 때의 교육이 중요하다. 유아기 때는 지적, 정서적, 사회적 모든 발달영역에서 기초가 형성되는 시기이기에 이 때 유아기에 맞는 적절한 환경교육이 이루어져야 함은 당연한 일이다. 즉 어려서부터 환경교육은 가정이나 지역사회와 연계하여 시작하여야 하며 유치원의 환경교육은 유아의 생활경험과 직결되는 것으로서 형식적, 비형식적 방법을 통해 지도되어질 수 있도록 교육계획이 수립되고 시행되어야 하는 것이다.

특히 우리에게 직접적이고 심대한 영향을 주는 문제를 구체적 경험을 통해 이해하고 그 해결책을 행동화하는 관점에서 보면 환경문제 극복을 위한 자원절약이나 자원보존과 같은 기본생활습관 차원은 유아기에 당연히 습관화되도록 하여야 하는 것이다(윤기영, 조경희, 유치원의 환경교육, 1993).

이러한 교육의 필요성 때문에 유아교육 현장에서 생명사상 내지 생명의 세계관에 기초한 생태유아교육이 강조되고 있으며 여기서는 교육이념, 교육목적, 교육내용, 교육방법, 교사의 역할, 교육환경 등에 대한 접근 역시 생명의 세계관에 기초를 두고 있다(임재택 외 4, 생태유아교육프로그램 운영, 2006).

또 유치원 건물이 없이 숲을 유치원으로 삼고 유아들이 직접 숲으로 등원하여 유아교육이 이루어지는 숲유치원이 환경교육과 관련된 대안 유아교육으로 떠오르고 있다. 이 숲유치원은 나무, 바람, 곤충, 하늘, 쓰러진 나무, 나뭇가지, 돌 등의 자연소재를 가지고 수업을 한다. 자연의 모든 것이 놀잇감이 되고 주체적으로 놀이를 하는 자기주도 학습이 진행된다. 이러한 유아교육의 환경의 변화는 교직을 선택한 유치원 교사들이 어떠한 교수-학습 능력을 쌓아야 하는지를 말해 준다(media.daum.net.news. 2010. 7. 28).

제7절 녹색성장과 유아교육

제 6절에서 환경교육과 유아교육 문제를 다루었지만 녹색성장은 근래 대두되고 있는 우리 인류사회의 과제이기에 절을 달리하여 기술한다.

지금 우리 인류사회는 탄산가스의 영향으로 지구의 곳곳이 멍들고 있다. 북극의 빙하가 지구 온난화로 인하여 일년에 6~8㎝씩 해수면 수위를 높이고 있으며 이로 인하여 태평양 부근의 섬나라 '투발루나'(면적 26㎢)는 섬의 해발 고도가 약 5m 정도인데 이미 국토를 포기한 상태이다.

이러한 온난화 현상은 이산화탄소(Co_2), 프레온가스(CFC), 메탄가스(CH_4), 질소화합물(NO_2), 대류권 오존(O_3)에 의한 온실효과 때문이라고 한다. 중국은 매년 3,400㎢씩 사막화가 진행되고 있으며, 우리나라 황사와 관련이 있는 '추부치' 사막은 끊임없이 동진하며 사막화를 진행하고 있는 실정이다.

우리나라에서도 탄산가스에 잘 자라는 돼지풀이 대도시(특히 서울)의 산책로를 걷는 우리들을 위협하고 있으며 그 꽃가루는 아토피성 각종 질병을 유발하는 원인이 되고 있다. 이는 문명의 이기를 위하여 인간이 제작한 각종 도구들에 의한 역 공격이라 할 수 있다.

자동차에서 쏟아지는 배기가스, 각종 공장에서 품에 대는 매연가스, 각종 쓰레기 등 오물 등에서 풍기는 악취와 가스, 가정이나 공장 등에서 분출되는 오 · 폐수 등이 우리 인간의 삶을 위협하고 있다. 따라서 이제는 개발을 위한 자연훼손도 있을 수 있지만 더욱 중요한 것은 그로 인한 인간 생명의 위협을 언제나 먼저 염두해 두어야 한다.

실제적인 방어책으로는 가급적 녹색 식물을 많이 심는 모든 사람들의 의식변화가 있어야 한다는 점이다. 나무나 화훼작물, 풀 등의 재배, 깨끗한 물의 사용 등은 우리의 환경을 신선한 환경으로 바꾸는 일이다. 더하여 전기자동차를 만들거나 자전거타기 등을 통하여 자동차 배기가스를 줄이도록 연구하여야 하며 발전소도 화력을 통한 발전소를 축소하고 조력이나 풍력, 태양광을 이용한 환경 친화적인 전력생산체제로 전환하여야 한다.

공장에서도 CO_2 발생이 많은 에너지 자원을 CO_2가 적은 대체에너지로 전환하여 활용하여야 한다. 24평 에어컨 1대를 가동하기보다는 지름 25㎝의 나무 한 그루가 더욱 주위 기온을 낮춘다는 점을 인식할 필요가 있다. 자동차나 공장 등에서 최대한 배기가스를 줄일 수 있는 방안을 강구하여야 할 것이며 유아기 때부터 우리 생활 주변에 녹색지대를 형성하는 것이 국민의 건강에 얼마나 직결되는지를 스스로 느끼고 내면화되도록 교육하여야 한다.

제8절 평균수명과 유아교육

2010년 우리나라 남자 평균 사망 연령은 75.1세이고 여성은 82.3세이다. 평균하여 우리나라 평균수명은 78.7세이다. 이러한 연령은 1960년 평균연령 53.7세보다 약 25년이 길다. 이는 조사대상 세계 151개국 중 26위에 해당하는 순위로서 우리 국민의 평균수명이 많이 길어졌음을 의미한다.

세계 평균연령에 있어서는 남성이 65.1세이고 여성은 69.6세로서 평균수명인 67.4세보다 우리나라 평균연령이 약 15년이 더 길다는 것을 나타낸다. 이렇게 평균수명이 길어진 데는 식생활 개선과 의학발달, 국민들의 생명에 대한 관심고조, 노동의 기계 대치 등이라 할 수 있다.

예전에는 환갑만 되어도 오래 산다고 하였는데 이제는 60을 청춘이라고 하는 농담이 나올 정도이다. 이로 인하여 우리나라의 노령인구는 급속하게 증가되고 있는 실정이며 이에 대한 복지정책 수립이나, 후대들의 복지에 대한 부담이 가중되고 있은 실정이다.

평균수명이 길어지면서 이제는 한 가지 직업을 가지고 정년퇴직을 한다거나 하나의 기술만으로 세상을 살아가기가 어렵게 되었다. 일반직장을 정년퇴직하고도 새로운 직업을 가지기 위한 재교육들이 성행하고 있으며 일부에서는 노년의 능력 있는 노동력이 사장되고 있는 실정이다. 이는 노후를 대비하여 어려서부터 충분한 미래에 대한 직업교육 등이 갖추어지지 않았기 때문이다. 더 더구나 정보산업사회로 접어들면서 폭발적으로 쏟아지는 지식의 홍수를 담당하기에는 한계가 있으며 산업화, 도시화로 인하여 사회구조가 복잡해지고 상품의 대량생산에 따른 소비생활의 변화가 일어나고, 여가시간도 증가하고 있는 실정이다.

이러한 사회현상에 대비하기 위하여 이제는 언발에 오줌누는 식이 아닌 미래를 위한 평생교육을 국가, 사회, 그리고 교육기관들이 교육내용에 대하여 구체적으로 설계하고 이에 따른 교수-학습활동을 전개하여야 한다. 즉 한 가지 능력만 신장시키는 교육이 아니라 다양한 사회현상에 적응할 수 있도록 전인적인 교육을 유치원에서부터 진행하여야 한다. 요람에서 무덤까지 교육이 진행되어야 하는 것이 오늘의 현실이다. 이는 변화하는 사회현상에 능동적으로 참여하는 일이 될 것이다.

교육이 한쪽으로 편협하게 진행된다면 유아의 타고난 여러 능력들이 사장될 가능성이 많게 된다. 이는 유치원에서 앞으로 인간생활을 해 나가는데 있어서 필요할 수 있는 다양한 능력이 길러져야 함을 의미한다. 교사들은 유아들이 미래 우리사회의 중추적 역할을 담당한다는 점을 항상 염두해 두면서 노년에도 필요할 수 있는 교육내용에 대한 체계적인 기초 교육을 충실히 하여야 한다.

로버트 풀검은 '내가 정말 알아야 할 모든 것은 유치원에서 배웠다'고 하였다. 이는 유치원 교육이 일생에 있어서 얼마나 중요하며, 특히 기본생활습관 교육은 더욱 그러하다는 점을 적나라하게 제시한 문장이다.

우리 사회는 혼자살 수 없다. 다른 사람과 어울려 사회적 삶을 살아야 하는데 이 때 필요한 것이 도덕적 생활태도이다. 이러한 도덕적 생활태도는 어렸을 때 교육되어야 내면화가 쉽고 훗날 사회구성원이 되어서도 우리사회에서 바라는 바람직한 도덕적 모습을 보이게 된다.

따라서 평균수명이 늘어나고 있는 사회에 적응하기 위해서는 유아기 때부터 올바른 의지를 기를 수 있도록 체계적이고 의도적인 교육활동을 실시하여야 한다.

제9절 스트레스와 유아교육

산업정보산업사회에서 현대사회의 인간들은 인간관계나 사회적 관계가 복잡해지면서 많은 개인적 · 사회적 욕구를 느끼고 이를 적절히 해결하지 못함으로써 자신의 욕구를 충족시키기 위한 많은 활동을 하게 된다. 하지만 그러한 노력에도 불구하고 미해결의 요소는 더욱 많아지며 이로 인하여 심리적 · 신체적 부담은 더욱 늘어나게 되는데 이러한 부담을 줄이기 위한 과정에서 스트레스가 쌓이게 된다.

욕구의 강도나 내용은 다르지만 유아들도 나름대로 자신의 욕구에 대한 불만이 축적됨에 따른 각종 다양한 적응방법을 모색하게 된다. 이러한 적응방법을 모색하는 과정에서 유아들은 정신적 · 신체적으로 힘들게 되는 스트레스 상태에 놓이게 된다.

1. 스트레스의 정의

스트레스는 만병의 근원이다 할 정도로 현대인라면 누구나 생활 중에 느낀다는 점에서 다양한 정의가 내려진다. 스트레스는 심리적 · 신체적 손상으로 위협당할 때 긴장과 불편을 느끼기 시작하는데 이 때는 스트레스가 시작되는 단계라 할 수 있다. 이러한 과정에서 자신에게 위험을 주는 상황과 이 상황에서 경험되는 압력 · 좌절 · 갈등 및 불안에 대한 정서적 · 신체적 반응이라 할 수 있다.

즉, 스트레스는 신체의 균형을 유지하기 위한 긴장된 감정이나 긴장력이라 할 수 있으며 요구에 응하는 신체의 비특유 반응이라고 할 수 있다(임창재, 1997).

이옥형 · 이종숙 · 임선빈(1993)은 스트레스는 다음 두 가지 측면이 포함된다고 하고 있다. 즉, 외부에서 개인에게 가해지는 자극으로서의 스트레스와 그 자극에 반응하는 과정에서 생기는 스트레스가 그것이다. 따라서 스트레스는 적응을 요구하는 모든 것에 대한 반응을 포함하기 때문에 스트레스는 신체적 요구와 심리적 요구 모두에 의해서 생성될 수 있다고 하였다.

이렇게 본다면 스트레스는 우리가 살아가는 동안에 주어지는 모든 정신적 · 신체적 긴장을 해소하기 위한 적응과정에서 나타나는 다양한 반응이라 할 수 있다.

따라서 스트레스가 있을 때 이를 적절하게 대응하지 못하면 심리적 · 신체적으로 부적응이 초래되어 소화불량, 천식, 위궤양, 심장병, 물건던지기, 반항하기, 물어뜯기, 불안, 우울, 식욕부진 등 다양한 신체적 · 심리적 증상이 나타나게 되며 심할 경우는 죽음에 이르기도 한다.

2. 스트레스의 원인

스트레스가 만병의 원인이라 하는 이유는 어느 것 하나 스트레스 아닌 것이 없다는 뜻일 것이다. 그 정도로 스트레스의 원인은 다양하다. 왜냐하면 우리가 일상생활 중 어떤 방법으로든지 일정 상황에 접하게 되고 그 상황은 크고 작고 간에 우리들에게 영향을 주게 되기 때문이다.

사회재적응 평정척도(SRRS= Social Readjustment Rating Scale)에 의하면 배우자의 사망이 스트레스 등위가 가장 높으며 가족 수의 증가는 14위, 입학 또는 졸업은 27위, 전학은 33위, 오락의 변화는 34위, 수면습관의 변화는 38위, 식성의 변화는 40위, 크리스마스는 42위 등 43위까지 스트레스의 등위를 표시하고 있는데

(임승권, 1991) 이러한 43개의 스트레스 내용이 우리가 일상에서 겪는 내용이라는 점이다.

이러한 스트레스의 원인은 결핍, 욕구불만, 심리적 갈등, 압박감 등으로 정리할 수 있다(이옥형 외 2, 1993).

결핍은 욕구를 만족시킬 수 있는 방법이나 수단이 없어 욕구가 충족되지 못한 상태로 긴장상태에 놓이게 되는데 이럴 때 스트레스를 경험하게 된다. 결핍과 관련된 스트레스는 신체적 고립, 정서적 고립, 일할 수 있는 기회의 상실이다. 신체적 고립은 부모의 관심권에서 벗어난 어린이에서 찾아볼 수 있다. 단, 이러한 결핍상태는 개인차가 있어서 심한 사람도 있고 그냥 지나치는 사람도 있다.

욕구불만은 개인에게 어떤 욕구가 일어났을 때 그것을 충족시킬 정당한 목표 또는 심리적 방법을 알지 못해 욕구가 좌절되거나 거부당한 상태에서 느끼는 심리적 긴장상태를 말한다. 욕구불만도 개인차가 있으며 특히 이를 잘 견디어 내는 경우가 있는데 이를 욕구불만 인내성이라 한다.

개인의 욕구충족을 방해하는 장애들은 물리적 장애, 사회적 장애, 신체적 결함, 심리적 결함으로 나눌 수 있다. 물리적 장애는 목이 마른데 물이 나오지 않는 것처럼 외부환경에 장애물이 있어 목표를 달성하지 못한 경우다. 사회적 장애는 좋은 직업을 갖고 싶은데 사회의 제도나 관습 때문에 욕구불만을 갖는 경우다. 신체적 장애는 키가 너무 작아 농구를 못하거나 지나친 비만으로 자신 없는 생활을 하는 경우다.

심리적 갈등이란 인간의 욕구가 다양하기 때문에 서로 상반되는 욕구들이 동시에 발생하여 대립하는 상태가 일어나게 되는데 이를 심리적 갈등이라 한다. 즉, 갈등은 두 개 이상의 욕구의 힘이 대립되어 이것도 저것도 이룩하지 못하여 스트레스를 겪는 경우를 말한다.

심리적 갈등은 접근-접근 갈등, 회피-회피 갈등, 접근-회피 갈등, 이중 접근-회피 갈등이 있다. 접근-접근 갈등은 긍정적 유인가(plus valance)를 가진 두 개의 목표가 동시에 존재할 때 발생한다. 이는 장난감이 두 개가 있는데 그 중 어느 한 개를 선택하여야 할 것인가를 결정할 때 생기는 갈등이다. 회피-회피 갈등은 부정적 유인가(minus valance)와 관련된다. 즉, 모두 하기 싫은데도 하나를 선택하는 경우다. 접근-회피갈등은 한쪽은 긍정적 유인가가 있는데 한쪽은 부정적 유인가가 있는 경우로서 강의를 듣거나 숙제하는 것은 싫은데 좋은 성적을 유지하여 좋은 직장을 갖고 싶은 것을 말한다. 이중 접근-회피는 두 가지 행동목표가 각각 긍정적 및 부정적 유인가를 동시에 지닌 경우다. 일예로서 두 사람의 결혼 대상자를 두고 그들의 장 · 단점을 비교하며 선택을 망설이는 경우다.

압박감은 급변하는 사회에 자기 자신의 출세를 위하여 계속 노력해야 하는 개인이 있는가 하면 부모나 주위 사람들의 기대 또는 자기가 세운 목표가 자신의 능력 범위를 넘어서는 경우에 개인은 스트레스를 경험하지 않을 수 없다. 압박감은 경쟁에 의한 경우가 많으며, 압박감을 벗어나기 위하여 더욱 높은 수준의 성취를 지향하게 된다. 여기에 해당하는 요소로서는 유아와는 큰 관련이 없지만 인구문제, 선입견, 범죄와 폭력, 고립 등을 들 수 있다.

3. 스트레스의 증상

유아들의 행동 증상을 뚜렷하게 스트레스 증상으로 규정짓는 것은 쉬운 일이 아니지만 다음과 같은 증상이 있을 때는 스트레스가 아닌가 의심할 필요가 있으며, 심할 경우에는 병원을 찾아 치료하여야 한다.

첫째 이유 없이 친구를 꼬집거나, 때리거나 머리 등을 잡아당기고 물건을 던지고 큰 소리를 지른다.

둘째, 퇴행 행동을 보이게 되는 경우도 있으며 손톱을 빠는 행위 등을 한다.

셋째, 야뇨현상이 자주 나타나게 되며 밤에 자주 깨고 수면 중에 깜짝 깜짝 놀란다.

넷째, 짜증을 잘내고 우울해하는 경우가 많다.

다섯째, 자기 화를 통제하지 못하고 어찌할 바를 모르는 당황된 행동을 한다.
여섯째, 말을 잘하던 유아가 말을 잘하지 않으며 정적인 모습을 보인다.

이외에도 유아가 예전에 보지 못했던 행동을 자주 하게 된다면 원인을 찾아보고 이에 대처하도록 하는 것이 유아의 정신건강을 위해서도 바람직하다.

4. 스트레스의 해소방안

Brenner는 유아들의 스트레스 해소방안을 크게 회피기제와 성숙기제로 나누었다. 이를 간단히 살펴보면 다음과 같다(임갑빈, 2000, 재인용).

회피기제는 부정, 퇴행, 도피, 충동적 행동이라 하였다. 부정은 유아가 스트레스 없는 것처럼 행동하는 것이고 퇴행은 이전보다 어리게 행동하는 것이다. 도피는 백일몽에 몰두하게 되며, 충동적 행동은 사회적으로 용납할 수 없는 수치스런 욕구가 밖에 나타나지 않도록 욕구와 반대되는 행동과 태도를 보이는 것으로서 슬픈데도 웃는 행동이다. 즉 그들은 타인으로 하여금 그들에게 화를 내게 함으로써 그들의 슬픔을 숨긴다.

성숙된 기제는 이타주의, 유머, 억압, 승화 등이 있다. 이타주의는 남을 유익하게 함으로써 만족감을 느끼며 유머는 어려움을 극복하기 위해 그들의 분노와 고통을 해학을 통하여 표현한다. 억압은 일시적으로 그들의 근심을 미루어 두는 것이며 승화는 슬픔, 분노 공포 등을 스포츠하는 것에 몰두한다. 하지만 Brenner는 스트레스의 구체적인 대처 방안을 다음과 같이 실제적 활동과 관련하여 제시하고 있다.

놀이를 활용하는 방법으로서 놀이를 통하여 웃고, 즐기고 심신을 이완하게 한다. 감정을 표현하는 것으로서는 동물에 감정을 표현해 보거나, 다른 사람을 좋아한다는 것을 표현하고 사랑받을 수 있는 가치가 있음을 인식하게 한다. 자기표현 및 인식에 대한 활용으로서 자기를 가치있는 사람, 즉 긍정적 자아개념을 갖도록 하여야 한다. 좋은 친구를 사귀는 것도 스트레스 해소의 한 방법이다.

이 외에도 스트레스를 풀 수 있는 좋은 방법으로 명상이 있다.

제10절 대안교육과 유아교육

유아교육이 초 · 중등교육과 같이 기간학제가 아니고 상급학교 진학과 무관한 교육기관이지만 대부분의 학부모들은 초등학교 입학하기 전에 거쳐 가야 할 교육기관으로 유치원을 생각하게 되었다.

이러한 이유 때문에 유치원에서의 교육을 초등학교 전 교육으로서 초등학교에 필요한 국어, 수학, 영어 등의 교육을 더 많이 해 주기를 요구하고 있는 실정이다. 이는 유아들의 발달상태를 적절하게 이해하지 못한 상태에서 나타날 수 있는 학부모들의 과욕이라 할 수 있다.

유아교육은 무한한 발전가능성이 있는 유아들의 극히 기초적인 전인적 능력개발에 초점을 맞추고 있다. 특정 교육내용에 치우쳐 교육하는 곳이 아니다. 많은 영역이 있지만 나름대로 5개 생활영역으로 구룹화하여 지도하는 것도 유아들의 능력을 여러 분야에서 접근해 보도록 하는 취지에서이다.

그러함에도 때로는 유아들의 흥미나 요구가 무시되고, 유아들의 수준에서 이해되지 않은 교육이 진행되는 경우도 있는데 이럴 때 유아들은 적응하기 어렵게 되고 유치원 등원을 거부한다든지 유치원에서 다른 유아를 괴롭힌다든지 하는 행동을 하게 된다. 결국은 적응하지 못한 유아들은 유치원 교육을 포기하게 되는 경우가 있는데 이는 본인에게 있어서나 국가적 측면에서 크나큰 손실로 이어질 수 있다.

따라서 이러한 유아들이 일시적인 부적응 현상을 극복할 수 있는 대안 유아교육을 생각하여야 한다. 교육과학기술부에서 제시하고 있는 유치원교육과정 내용에만 치우칠 것이 아니라 부적응 유아나 자신의 능력을 또 다른 방향에서 신장시키고자 하는 유아들을 대상으로 하는 유아대안교육이 필요하며 이에 대한 행 · 재정적 지원이나 제도개선이 필요하다. 초 · 중등교육에서는 나름대로 대안교육체제가 강구되고 있지만 유아교육 분야는 그리 흔치 않다.

유아교육 분야도 대안교육이 정규교육으로 인정되고 행 · 재정적 지원이 이루어진다면 이는 적은 비용으로 더 많은 교육적 효과를 나타낼 수 있을 것이다.

제11절 자율 · 책임의 강조와 유아교육

민주주의는 개인의 의사를 존중하는 사회이다. 이러한 사회에 적응하기 위해서는 스스로 법을 지키고 법을 지키지 못했을 때는 이에 따른 응분의 책임을 져야 하는 사회이다. 앞으로 우리사회를 이끌어 갈 유아들은 우리사회의 구성원이기도 하지만 우리나라 민주주의의 역군으로 자라야 한다. 이러한 사회인으로 자라기 위해서는 유치원 교육부터 유아들이 자율과 책임이 생활화되도록 교육활동이 전개되어야 한다.

하지만 가정에서 일부 유아들이 부모나 조부모들에 의하여 양육되는 도중에 스스로 지켜야 할 규율들을 터득해 나가는 것이 아니라 과잉보호로 인한 자율성의 사각지대가 되어 가고 있다. 이러한 자율성이 빈약한 유아들은 책임감 또한 희박하다. 왜냐하면 내 스스로 일을 처리하는 것이 아니라 부모나 조부모들에 의하여 일이 처리되어졌기 때문이다. 이는 나는 책임이 없다는 뜻을 내포하고 있다.

이러한 유아가 유치원에 왔을 때 이 유아는 자율적 능력이 부족한 유아로 나타나게 된다. 이러한 유아를 교사는 자율적 태도를 기르고 책임감을 느끼는 민주인 양성교육을 시켜야 한다. 하지만 교사 혼자 교육하기에는 너무도 어려운 점이 많다. 따라서 학부모와 협조하여 유아가 이 사회에서 필요로 하고 이 사회가 요구하고 있는 사회적 인간으로 자라도록 연대적 책임의식을 가지고 교육하여야 한다.

제12절 예술과 유아교육

과거 우리사회는 의식주가 매우 중요한 시기였다. 먹고 사는 것이 중요했기에 여유 있는 생활을 하기가 어려웠다. 더더구나 일제 강점기와 6.25라는 전쟁을 겪으면서 우리의 삶은 피폐하기 그지없었다. 그러한 상황 속에서 예술은 호사에 불과했다.

하지만 이제는 선진국 대열에 접어들면서 먹고 사는 것 못지않게 예술이 우리사회에 중요한 위치를 차지하게 되었다. 더더구나 토요일 휴무제가 도입이 되면서 삶의 여유나 시간적 여유가 예술에 접근할 수 있는 계기를 만들고 있다. 우리들 스스로가 여가를 적절히 즐기는 방법을 모르는 입장에서는 오히려 이러한 휴무일이 부담이 되고 낭비가 될 수 있다. 앞으로 국민소득이 더욱 증가하고 시간적 여유가 더 많아질 수 있는 여건이 강화되고 있는데 이에 대한 준비가 갖춰져 있지 않는다면 삶의 의미는 점점 감소될 것이며 정서는 매말라 갈 것이다.

따라서 앞으로의 이러한 사회에 대비하여 유아교육 현장에서는 여가를 어떻게 보낼 것인가? 혹은 예술활동을 어떻게 누릴 것인가를 교육하여야 한다. 성악의 거장, 미술의 거장 작품들, 그 외의 많은 예술품을 보고 · 듣고 · 느끼면서 누릴 수 있는 능력을 어려서부터 길러 주어야 한다. 예술에 대한 능력은 하루아침에 이루어지지 않는다. 많은 시간과 노력을 통하여 감성이 길러진다. 물론 인간은 감성을 가지고 있다. 하지만 이러한 감성을 개발하지 않으면 퇴색될 수밖에 없다. 어려서부터 계획적으로 유아들에게 예술적 감성을 개발할 수 있는 기회를 제공하여 미래에 행복한 삶을 누리게 하여야 할 것이다.

예술적 능력은 단기간에 길러지는 것이 아니다. 장시간 동안 나도 모르게 몸에 배여 익혀져야만 가능하다. 그러기 위해서는 유치원 교실이 유명한 음악 감상실이 되기도 하고 오페라 무대가 되기도 하고, 유명 그림의 전시장이 되기도 하면서 예술의 눈과 귀가 활짝 열리는 교실현장이 되어야 한다.

제13절 통일과 유아교육

1. 통일에 대한 미래

세계에서 아직 통일이 안된 민족은 우리나라 뿐이다. 아직도 우리민족은 서로의 체제를 고수하면서 제 갈길을 가고 있다. 체육경기 종목을 한 팀으로 구성하여 참석하기도 했고 한반도기를 흔들며 운동경기에 입장하기도 했으며, 햇볕정책도 있었지만 하나의 민족이 되기까지는 시간이 더 필요할 것 같다.

북한의 유아교육은 그 목표가 두 가지이다. 하나는 북한 주도하의 한반도 공산화통일에 목표를 두고 있다. 조선노동당규약에 명시된 전국적 범위에 걸친 사회주의 혁명완수를 담당할 공산주의적 새 인간을 양성하는데 교육의 목표가 있다. 다른 하나는 김일성-김정일-김정은으로 이어지는 북한집권층의 체제 유지수단으로 교육이 활용되고 있다. 이것은 우리 교육이 산업화, 국제화하는 사회의 요구에 부응할 인간을 기르는데 목표를 두는 것과는 대조적이다(이영일, 1995).

남과 북이 '우리의 소원은 통일4)'이라는 동요를 1947년부터 부르고 있는데 정확한 시기는 알 수 없지만 이 동요와 같이 언젠가는 우리나라가 통일이 된다는 것은 거부할 수 없는 미래다. 따라서 국가나 교육현장에서 통일에 대비한 교육을 준비하여야 한다. 우리 유아교육도 통일에 대비한 교육을 준비하고 지금부터 기초작업을 하여야 한다.

2. 통일에 대비한 유아교육

통일에 대비한 교육은 우리가 추구하는 통일이 무엇인가?에 따라 유아교육 내용도 달라질 수 있으며 통일이 이루어지는 방식과 상황 예측에 따라서도 달라질 수 있다. 바꾸어 말하면 어떤 통일이냐가 분명히 정립되고 어떻게 이루어지는 통일이냐가 전망될 때 비로소 통일대비 유아교육은 그 논의를 현실화할 수 있다(이영일, 1995).

이러한 논리적 정리없이 분단되었기 때문에 통일되어야 하고 통일을 이루기 위해서는 통일에 대비한 유아교육을 유아기 때부터 해야 한다고 단순논리로 접근해서는 안 된다. 통일이 옛날 국토 분단이 없었고 갈등 · 긴장 · 눈물이 없었던 시절이나 상황으로 되돌아가는 과거 지향적 · 복고적 통일 관념보다는 시간적으로 미래에 이룩될 과제를 보아야 한다. 통일의 물리적 공간은 같겠지만 그 밖의 모든 것은 과거의 형태를 찾을 수 없는 만큼 변했기에 이제 과거로의 회귀하는 통일은 곤란하다(이영일, 1995).

우선적인 것은 우리 유아들이 북한의 유아들을 우리 민족으로 인식하도록

4) 이 동요는 소설가, 영화가, 삽화가인 안석주(1901~1950)가 작사하였고 그의 아들 안병윤씨가 곡을 붙여 1947년부터 '우리의 소원'으로 알려졌고 1948년 정부수립 후 '우리의 소원은 통일'로 바뀌었다 한다. 원래는 남한에서만 불렸는데 1989년 임수경이 북한을 방문해 불렀던 것이 남북이 같이 부르게 된 동기이다. 남한에서는 2절이 '이 정성 다해서 통일/통일을 이루자'인데 북한에서는 '이 목숨 다해서 통일/통일을 이루자'라고 부른다(위키백과 주석 : '전국 노래비를 찾아서-우리의 소원', 한국음악저작권협회보. 2007. 1. 1 작성. 35쪽. 2008. 5. 30에 근거함).

하는 것이 중요하다. 같은 민족으로서 북한의 현실을 알도록 하고 그들을 도울 수 있는 일이 무엇인지를 찾아 교육활동과 연계시키는 것이 무엇보다 필요하다. 그리고 이 유아들이 성인이 되었을 때 통일이 된다면 북한 동족을 어떻게 맞이해야 하는지, 그들과의 삶은 어떻게 살아가도록 하여야 하는지를 교육하여야 한다. 또한 앞으로 발전하는 사회에서 발전을 주도하고 발전에 공헌할 수 있는 인간의 기초와 심성을 확립하는 교육이어야 한다(이영일, 1995).

준비되지 않은 상태에서 통일이 된다면 우리 민족들도 북한으로 유입되는 문화적 충격을 감내하기가 힘들 것이며 북한 동포들도 마찬가지로 어려움이 클 것이다. 이러한 가정하에서 통일 이후에도 원만히 한민족으로서 삶을 살아가기 위한 사전 교육을 철저한 계획하에 진행하여야 한다. 그것은 우리민족의 대과제이다.

통일이 이루어지는 과정도 평화통일이 이루어지도록 할일이지 북한의 갑작스런 붕괴로 한국이 북한을 흡수하는 통일을 하거나 북한이 한국을 전복하여 적화통일하는 것이 되어서는 안 된다. 유아들에게 하는 통일관련 교육활동은 평화통일을 내면화시키는 과정으로 진행되어야 하며, 분단 이익과 통일 이익을 비교하여 통일 이익이 크다는 점을 인식시키는 교육이어야 한다(이영일, 1995).

동요에 우리의 소원은 통일이라는 구절이 있지만 이러한 추상적 통일은 희망적 · 소망적 메시지일 것이다. 우리교육에서 다루어야 할 통일에 대비한 교육은 보다 더 현실적인 상황들을 적나라하게 전달하고 그러한 상황에서 어떻게 준비하여 통일하여야 만이 민족적 갈등을 최소화하고 남과 북이 행복한 미래를 맞이할 수 있는지에 통일교육의 목표가 되어야 한다.

제 4 장

유아문화

제1절 놀이문화의 변화
제2절 다문화 친구들에 대한 태도
제3절 다문화의 이해
제4절 전통문화에 대한 이해
제5절 장애아에 대한 이해
제6절 유아의 행동특성과 문화

제1절 놀이문화의 변화

1. 문화의 의미

사전적 의미로 문화(Culture)란 어의적 입장에서는 자연에 반대되는 말로서 일반적으로 인간의 활동을 통해서 자연을 적극적으로 형성 개발하거나 순화하는 것 및 그 결과를 말한다. 그러나 사회학적 입장에서 문화는 비상하게 포괄적이고 전체적인 개념을 가지고 있다.

한 지역사회의 사회적 관습의 전체를 의미하며 사람이 사는 집단의 관습에 따라서 촉발되는 개인의 행위와 이 관습에 따라서 한정된 인간행동의 소산 전체를 말한다. 타일러(Tylor. E., 1832~1917)는 문화를 사회의 성원으로서의 인간에 의해서 획득된 능력과 관습이라고 규정하고 있다. 이 규정에 의하면 문화는 생물학적 유전에 의해서 획득된 관습이 아니고 사회적으로 획득된 능력의 총체를 의미한다.

린턴(Linton, R.)에 의하면 문화는 개개 인간 집단에 있어서 특정한 사회적 유전의 계보와 전체로서의 사회적 유전과의 이중적 의미로 정리하고 있다(교육출판공사, 1980). 이를 또 다른 측면에서 정의하면, 문화란 그들이 공유하고 있는 모든 도구, 모든 양식을 말한다.

2. 놀이문화의 변화

그렇다면 유아들의 대표적 활동인 놀이와 관련된 문화는 어떻게 변화되었을까? 전래적인 놀이로서는 돈이 들지 않은 자연에서의 놀이가 훨씬 많았다 할 수 있다. 꼰 뒤기, 자치기, 술래잡기, 깨끔뛰기, 얼음타기, 연날리기, 제기차기,

팽이치기, 과녁맞추기, 널뛰기, 공기놀이, 윷놀이 등이 그 대표적 놀이였다.

그러나 급격한 산업정보화 시대에 접어들고 컴퓨터가 보급되고, 아파트 생활로의 주거환경이 바뀌면서 놀이 공간이 협소해지고 자연과 접할 수 있는 기회가 줄어듬에 따라 컴퓨터 게임이 유아놀이의 중요 놀이로 자리를 잡게 되었다. 이로 인한 신체적 비만이나 소아당뇨 등 성인병의 유아화 문제까지 나타나고 있는 실정이다. 이러한 두려움 때문에 가급적 유아들을 자연과 함께하는 놀이로 끌어 내려는 각종 프로그램이 개발되고 있고 여기에 참여하는 가정들도 증가되고 있는 실정이다. 인간도 결국은 자연의 일부분이고 보면 자연과 함께하는 각종 놀이로의 복귀는 당연한 이치이기도 하다.

아울러 유아들이 놀이를 통하여 자신의 신체적 · 정신적 건강을 회복하고 유아 나름대로 행복한 생활을 하기 위해서는 유아들이 소화할 수 없는 많은 학원들을 보내는 것도 재검토하여야 한다. 일부에서는 학원을 보내지 않으니 놀 아이가 없다. 그래서 학원에 보내게 된다는 말이 있을 정도로 우리 유아들의 놀이문화는 비활동적으로 변화되었다.

유아들은 놀이의 천재이다. 그들이 소꿉장난하는 것을 보노라면 막대기나 보자기, 기타 다양한 자연물 등이 모두 놀이 도구로 활용되어지고, 음식이 되어지고, 조리기구가 되어진다. 농경사회에서 있었던 단순 자연놀이 등도 이제는 과학적으로 제작된 각종 유구들로 바뀌고 있다. 유아들의 5관을 발달시킬 수 있는 문화로의 변화가 이루어지고 있지만 자연성을 접하는 기회가 예전 같지 않다. 자연적 놀이 부족현상은 계속적인 아쉬움으로 남을 것이다.

따라서 유아 놀이문화는 현재 놀이나 과거 전통놀이 등을 적절하게 융합하여 유아들이 즐길 수 있도록 변화되어야 한다. 인간의 몸은 라마르크의 용불용설과 같이 쓰면 쓸수록 발달되도록 되어 있다. 유아들이 놀이를 통하여 전신이 발달될 수 있도록 부족된 놀이문화 개발에도 많은 노력을 기울려야 할 것이다.

이제는 교사들도 전통적으로 전수되어진 전래놀이에 대하여 보다 진지하게 연구하고 실제 활동에 활용할 수 있도록 많은 연수를 할 필요가 있다.

제2절 다문화 친구들에 대한 태도

1. 다문화란?

장영희(1997)에 따르면 다문화란 세계화로 인하여 서로 다른 문화가 부딪치고 영향을 주고받는 기회가 증가되면서 각 문화를 연결시키고 조화롭게 적용하고자 하는 사회적 필요성에 의해 생겨난 것이다라고 하였다. 즉, 서로 다른 여러 가지 문화가 밀접한 관계를 맺는 가운데, 주문화와 하위문화 간에 또는 하위 문화 간에 상충하면서 발생하는 여러 유형의 문제를 조화롭게 극복하고자 하는 의도에서 다문화라는 용어가 생겨난 것이다(한석실, 2008, 재인용).

2. 다문화사회

유교적 문화로 인하여 남성우위론이 강조되면서 결혼 적령기에 다달은 여성인구가 감소되고 또 3D업종을 싫어하면서 농어촌 남성들의 결혼이 매우 어려운 실정이 현재 우리나라의 모습이다. 이로 인하여 결혼을 하지 못하는 농촌 남성들은 타국의 여성들을 아내로 맞이하게 이르렀고 전국적으로 100만의 외국인이 우리나라 국적을 갖게 되는 다문화사회가 되었다.

이로 인하여 순수 혈통을 강조하던 단일민족의 의미는 점점 더 쇠퇴하고 있는 실정이다. 하지만 아직도 우리민족만의 혈통을 강조하는 풍습이 다수를 차지하고 있는 문화여서 다문화가정의 자녀들은 각 교육현장이나 사회에서 소외되고 있는 경우가 적지 않다. 더더구나 다문화가정의 언어소통 문제가 교육적령기에 들어있는 아동들에게는 큰 부담으로 남아 있다.

3. 다문화사회와 유아교육

이러한 다문화가정의 자녀들이 가장 먼저 접하는 교육기관이 유아교육기관이다. 이 유아교육기관에서 다문화가정의 자녀들에 대한 편견을 불식할 수 있는 각종 프로그램을 활용하여 다문화가정의 아이들도 우리나라가 전쟁이나 불행한 일이 닥치면 같이 나가 싸우고 불행을 같이 극복하며 우리나라가 잘살 수 있도록 경제적 역군이 될 우리와 똑같은 우리 국민이며 같이 어울려 성장할 수 있는 친구라는 점을 철저히 교육시켜야 할 의무가 있다.

유색친구라 하여 괴롭힌다거나 따돌림당하는 일이 없도록 그들 문화에 대한 편견 등을 바로잡고 우리문화가 중요하듯이 그들 문화 또한 매우 중요하다는 점을 강조해 주어야 한다. 유아기부터 이러한 교육이 강조될 때 이후의 다문화가정의 아동들은 보다 편안하게 동료의식을 가지고 우리나라 국민으로서 생활하게 될 것이다.

또한 다문화가정 유아들에 대하여 꾸준한 선생님의 격려와 배려가 뒤따라야 한다. 부족된 부분은 별도의 시간을 마련하여 문화적 충격을 줄이도록 하여야 하며 다문화가정의 유아들과 모든 유아들이 친구관계가 구축되도록 의도적 노력을 하여야 한다.

가능하다면 다문화가정 부모들에게 정기적 시간을 마련하여 우리 문화를 가르치고, 자녀교육 시 염두해 두어야 할 것 등을 교육시킬 필요가 있다.

제3절 다문화의 이해

이제 우리의 문화는 다른 나라의 문화의 독특성을 인정해 주면서 우리의 문화를 더욱 빛나게 해야 한다. 타 문화를 멸시하거나 무시하면서 우리의 문화를 빛나게 하는 것은 무의미하다. 교사들부터 다른 국가의 문화특성에 대하여 연구하고 확인하여 다문화가정의 유아들이 편안히 행하고 있는 문화활동에 대하여 이해와 협조를 해야 한다.

다문화가정은 부모들 나라 나름대로의 문화가 있다. 그 문화의 가치를 인정하고 수용하면서 같이 어울리고 세계는 하나라는 인식을 새롭게 할 필요가 있다. 더 나아가서는 우리의 문화와 그들 문화가 어울리고 각 장점을 살려서 새로운 문화를 창출할 수도 있다.

축제의 자리에 우리문화와 그들 문화가 한데 어울려 한 나라 국민으로서 같은 목표를 향하여 추구할 때 진정한 우리문화와 그들 문화는 하나로 뭉쳐질 수 있으며 세계를 하나로 연결할 수 있는 교두보가 될 수 있다. Molly는 서로 다른 문화배경을 가진 아이들 사이의 놀이가 매우 흡사하다는 것을 알고 있다. Molly는 아이들은 서로가 노는 것을 모방하거나 흉내내므로 만약 한 아이가 문화적 경험이 없어서 처음에 무엇을 가지고 어떻게 놀아야 할지 모를 때는 모방함으로써 배운다고 하였다(이은화 외 5역, 2003, 재인용).

그리고 다문화가정의 유아가 자기 부모의 문화활동에 대하여 이야기하거나 시연할 때엔 격려와 여러 친구들의 호의적인 반응을 불러일으킬 수 있도록 교사가 협조하여야 한다. 그렇다면 다문화가정의 유아는 자신이 하고 있는 문화활동에 대하여 자긍심을 가지게 될 것이며 친구들과의 관계에서 소외감도 감소되거나 사라질 것이다. 이 점은 교사의 노력이 매우 중요함을 의미한다.

제4절 전통문화에 대한 이해

인터넷, TV 등 매스메디어가 강화되면서 우리만이 강조되어 왔던 전통문화가 서구 문물의 유입과 함께 점점 퇴색되어지고 있다. 이러한 추세로 간다면 우리 전통문화에 대한 전수는 일부 무형문화재 등 특별한 사람들에 의한 전수에 머무르게 될 것이다.

이에 교육과학기술부에서는 유아교육에서 우리의 전통문화의 장점을 강조하고 세계문화를 이해하고 수용하는 방향으로 교육이 이루어지도록 교육과정을 설정하였다. 이로 인하여 유치원이나 초등교육기관 등에서 우리의 전통문화에 대한 교육을 강조하고 있고 교육과정의 일부분으로서 교육활동을 전개하게 하고 있다.

우리 유아들이 전통문화에 대한 이해가 부족한 데에는 교사나 학부모, 그리고 기성세대의 잘못이 있음을 주지하고 전통문화가 유아들의 중요한 문화로 정착할 수 있도록 유아교육과정 내용을 체계적으로 교육하고 지역사회의 전통문화 등을 적절히 반영하여 전통문화 교육이 이루어지도록 하여야 한다. 전통이 우리 고유의 독특성을 가지며 많은 변화 속에서도 면면히 이어져 오는 것은 교육의 역할임을 부인할 수 없다.

따라서 유아들의 내면 문화로 자리잡도록 의도적인 계획 활동과 체계적인 교육을 통하여 우리 전통문화가 계승, 발전되어질 수 있도록 하여야 한다. 우리 전통문화에 대한 확고한 이해와 사랑, 그리고 자긍심을 가짐은 우리나라 발전과 쏟아지는 정보화와 고도산업사회에 우리의 가치를 창조하는 밑거름이 될 수 있다(교육과학기술부, 2009).

제5절 장애아에 대한 이해

유아들은 청소년이나 성인들에 비하여 장애아를 대하는데 단순하다. 이는 비교적 장애아의 문제가 사회적으로나 대인관계에 어떠한 영향을 미칠 것인가에 대한 계산을 하지 않기 때문이다. 이들은 장애아가 신체의 일부분이 다소 부족하거나 불편하다고 보는 예가 더욱 많다.

이러한 관념에 대하여 교사가 어떻게 장애아에 대하여 교육하느냐에 따라 유아가 장애아에 대한 태도가 달라질 수 있다. 장애아가 정상적인 아이들의 배척대상이 아니라 불편함이 있는 도와줄 대상으로 생각하고, 또 하나의 다른 친구로 여길 수 있도록 하여야 한다.

정상적인 사람도 일순간에 장애가 발생할 수 있기에 교사는 유아들을 교육시킬 때 차후 성장하여 장애아에 대한 태도를 어떻게 가져야 되는지를 스스로 터득하도록 하여야 한다. 우리 사회에서 장애아에 대한 편견 문화는 많은 변화를 가져왔다.

장애아들의 성공담이 정상인의 감정을 뭉클하게 하는 예는 적지 않다. 이러한 좋은 예는 유아들이 장애아를 보는 문화를 긍정적으로 변화시키는데 기여할 것이다. 장애아의 귀가 되어 주고, 손발이 되어 주고 입이 되어 주고, 눈이 되어 주는 유아의 행동은 미래 우리 사회에서 장애아에 대한 문화를 바꾸어 주는데 결정적 역할을 할 것이다.

장애영 · 유아에 대하여도 법적인 교육지원이 있다. 특수교육대상자는 유치원 · 초등학교 · 중학교 및 고등학교 과정은 의무교육으로 한다라고 하고 있으며(장애인 등에 대한 특수교육법 제3조 1항. 2008. 2. 29. 법률 제8852호. 정부조직법), 보호자는 의무교육의 기회를 보호하고 존중하도록 되어 있다(장애인 등에 대한 특수교육법제 19조 1항. 2008. 2. 29. 법률 제8852호. 정부조직법). 교육과정에 있어서도 장애의 종별 및 정도를 고려하여 교육과학기술부령으로 정하도록 하고 있으며(장애인 등에 대한 특수교육법 제20조 1항. 2008. 2. 29. 법률 제8852호. 정부조직법), 동법 제22조에서는 특수교육대상자의 교육적 요구에 적합한 개별화 교육을 하도록 하고 있다.

종일제를 운영하는 유치원에 특수교육대상자가 배치되는 경우 해당 각급학교의 장은 특수교육대상자에 대한 종일제 운영을 담당할 인력을 학급당 1인 이상 추가로 배치할 수 있다(장애인 등에 대한 특수교육법 제26조. 2008. 2. 29. 법률 제8852호. 정부조직법). 담당교사는 유치원 교사자격증이나 보육교사자격증 소지자이어야 한다. 종일제를 운영하는 유치원교육기관의 장은 교육과 보육을 연계하고 정규교육과정을 포함하여 1일 8시간 이상으로 운영하도록 하고 있다(장애인 등에 대한 특수교육법 시행령 제21조 2. 2009. 12. 31. 대통령령 제21962호. 장애인고용촉진 및 직업재활법 시행령).

특수학급 설치는 유치원에서 특수교육대상자가 1인 이상 4인 이하의 경우 1학급을 설치하고 4인을 초과하면 2개 이상의 학급을 설치한다(장애인 등에 대한 특수교육법 제27조 1항. 2008. 2. 29. 법률 제8852호. 정부조직법). 이 학급을 맡은 교사는 특수학교 유치원 교사자격증을 가진자이어야 한다(장애인 등에 대한 특수교육법 시행령 제15조 2. 2009. 12. 31. 대통령령 제21962호. 장애인고용촉진 및 직업재활법 시행령).

교육장 또는 교육감은 장애아 조기발견을 위하여 관할 구역의 유치원 또는 유아를 대상으로 수시로 선별검사를 하여야 한다. 선별검사 결과 장애가 의심되는 영유아들을 발견할 경우에는 병원 또는 의원에서 진단을 받도록 보호자에게 안내하고 상담을 하여야 한다.

진단 · 평가결과 영유아 등에게 특수교육이 필요하다고 판단되면 보호자에게 그 내용과 특수교육대상자 선정에 필요한 절차를 문서로 알려야 한다(장애인 등에 대한 특수교육법 시행령 제9조. 2009. 12. 31. 대통령령 제21962호. 장애인고용촉진 및 직업재활법 시행령).

이와 같이 정부차원에서도 장애아 교육에 관한 내용들을 법률로 정하고 있는 만큼 교사는 유아들이 유치원에서 뿐만 아니라 이후에도 장애아를 돌보아 주고 지원해 주는 역할을 하도록 장애아에 대하 건전한 도움문화를 창출할 기회를 자주 제공하여야 한다.

제6절 유아의 행동특성과 문화

1. 호기심

유아는 호기심이 많다. 이상한 물건이 있으면 만져 보려하고 찔러 보기도 하고, 두드려 보기도 하고 밟아 보기도 하며 여러 반응을 살핀다. 이럴 때 비교육적이거나 위험한 행동이 아니라면 가급적 그러한 유아들의 호기심이 억제당하지 않도록 배려해 줄 필요가 있다. 이 때는 유아가 지적 호기심이 크게 발달되는 시기이기 때문이다.

이러한 호기심의 배려가 창의적 유아를 형성하는데 크게 도움이 된다.

2. 감정 굴곡

유아는 감정을 감추지 못할 정도로 사회적 관계가 단순하다. 즉, 유아들은 좋았던 다른 유아와의 사회적 관계도 일시적인 욕구 때문에 사회적 관계를 배척하기도 하며, 이러한 관계는 지속적이지도 않다. 그러한 관계 설정 과정을 거치면서 유아들은 자신들의 사회적 태도를 기르게 된다. 이 정도로 유아들이 감정 굴곡은 심하다.

자신에게 잘 대해 주면 좋아하고 그렇지 않으면 싫어한다. 그것도 오래가지 못하고 싫었던 또래와도 다시 금방 친하게 지낼 수 있다. 울면서도 먹고 싶은 것을 사주면 울음을 그치고 먹는게 유아이다.

3. 과장하는 태도

유아들은 친구들에게 지는 것을 싫어한다. 다른 친구가 어디 여행을 갔다 왔다고 하면 여행을 가지 않았으면서도 간 것처럼 혹은 갈 것처럼 예정에도 없는 거짓 과장을 한다. 집도 그렇고 옷도 그렇게 과장을 한다. 내 것이 더 크고 더 예쁘다고 강조한다. 이럴 때 유아들은 경쟁의식이 싹트게 되는데 이러한 태도를 협동적 태도로 전환하는 교육활동을 전개함으로써 유아들의 성격을 올바른 방향으로 변화시킬 수 있다.

4. 편식하는 태도

편식은 유아들이 음식의 호불호를 가릴 때 좋아하는 음식만 먹게 된다는 점이다. 이러한 식습관을 어렸을 때 고쳐 놓지 않으면 성장해서도 고치기 어렵다. 어른이 되어서 어렸을 때 음식의 추억을 잊지 못하는 것도 바로 어렸을 때 음식에 대한 경험이 있기 때문이다.

유아들은 어떠한 음식이 건강과 성장에 좋은지, 병에 이로운지, 면역성이 있는 음식인지 등을 알지 못한다. 당장 자신의 입에 맛있으면 그만이다.

따라서 유치원에서 편식의 바람직하지 않은 점과 건강에 어떠한 영향을 주는 지를 교육하고 가정에서 편식하는 유아가 있었다면 이를 고칠 수 있도록 하여야 한다. 유아는 의지가 약하기 때문에 다양한 방법을 통하여 유아 스스로 편식을 고치도록 프로그램을 마련하도록 한다. 즉, 강제적으로 먹인다거나 겁을 주거나 회유하는 등의 방법은 효과가 적절치 않다.

과거에는 다양한 음식을 접할 기회가 없어서 편식이 있었지만 근래에는 음식의 풍요 속에 오히려 편식이 증가하고 있다. 이는 우리주위에 쉽게 접할 수 있는 인스턴트 식품이 너무 흔하다는 점이다. 이로 인하여 유아들의 식성이 변하게 되고 심지어는 영양의 불균형으로 비만이나 소아당뇨 등 성인병이 유아들에게도 나타날 수 있는 원인이 되고 있음을 주지할 필요가 있다.

5. 몰려다님 문화

인간은 사회적 동물이다. 정상적인 인간이면 혼자 산다는 것은 외로운 일이다. 따라서 어울리려고 하고, 모임을 갖는 특성이 있다. 성인들도 모임 등에 가입하고 자신의 외로움을 해소하려는 노력을 기울이고 있다. 유아들도 마찬가지이다. 스스로 힘에 부침에도 불구하고 그 모임이나 놀이에 참여하려 하고 본인의 역할이 알려지기를 기대한다.

하지만 그 관심이 그리 오래가지는 않는다. 또 다른 장소나 놀이의 소재가 발견되면 유아들은 그 곳으로 몰리게 된다. 선생님이나 또 다른 유아들이 특이한 소재에 대하여 관심을 가지거나 관심을 유도하게 되면 유아들은 우르르 몰려와 그 활동에 동참하게 된다.

따라서 유아들의 활동은 별로 관심 없는 활동이나 싫은 음식 등을 먹게 할 때 등에도 몰려다니는 행동특성을 적절히 활용하면 유아들의 환기를 전환시킬 수 있음을 주지하여야 한다.

제 5 장

학급관리와 유아지도

제1절 학급관리의 의의

학급은 교육활동에 있어서 가장 기본이 되는 집단이며 유아의 활동 · 사회적 활동이 하나로 결속되고 응집되는 생활의 장이며, 유아가 자신의 개성을 발전시키는 사회적 환경으로서 중요한 의미를 지닌다(임창재, 1997). 또 학급은 영역별 구성이 있고 유아들의 작품이 게시되며, 각종 수업활동의 흔적들을 정리해두는 곳이다.

유치원의 관리는 유치원장이 중심이 되지만 학급관리는 학급담임이 중심이 된다. 학급관리에 대하여 뚜렷한 법규는 없지만 학급담임들은 자기 학급을 잘 관리하려고 많은 노력을 한다. 이러한 태도는 국가나 사회나 유치원에서 교육목표로 제시한 내용들의 실제적인 교육이 학급 내에서 이루어지기 때문이다. 또 학급은 유아들의 생활장소이기 때문에 생활지도의 구체적 지도가 이루어지는 중요한 장소이기도 하다. 즉 교사가 학급관리를 어떻게 하느냐에 따라 교육목표 달성이나 생활지도 효과 등은 매우 다양하다는 점을 깊이 인식할 필요가 있다.

제2절 학급관리 계획의 수립

1. 계획수립의 조건

학급관리를 잘하기 위해서는 우선 교육법에 명시된 교육목표나 시 · 도 장학방침, 유치원장의 교육방침이나 학급담임의 교육철학을 충분히 고려하여야 한다. 실제적인 학급관리 계획을 수립하는 당사자는 학급담임이기에 다음의 몇 가지 사항 등을 고려할 필요가 있다.

첫째, 자유선택놀이를 위한 활동영역을 어떻게 구성하느냐 하는 점이다. 이는 교실 구조나 교육적 활동, 채광, 조명, 소음 등을 고려하여 구성하여야 한다.

둘째, 유아의 각 생활영역별 발달사항 등을 어떻게 점검하는냐 하는 점이다. 초기 입학해서부터 졸업시까지 유아의 발달 사항을 정리할 수 있는 체계적인 준비가 필요하다. 즉 교사가 각 발달영역별 항목을 구체적으로 정리하고 이를 체크리스트화하여 유아들에게서 발달상황이 발견되어지면 이를 체크하고 이를 종합하고 통계화하여 최종 발달상황을 점검하여야 한다. 그러지 않고 탁상에서 막연하게 점검하는 것은 과학적이지 못할 뿐더러 교사의 개인적인 사견이 개입되고 객관성이나 신뢰성을 잃을 수 있다.

학급관리에 대한 계획은 주간, 월간, 연간계획 등으로 나누어 작성하여 두면 보다 체계적인 학급정리가 될 수 있으며, 이후 학급지도에 중요한 자료가 될 수 있으므로 가급적 학급관리 계획을 철저하게 정리해 둘 필요가 있다.

2. 학급실태의 파악

학급의 실태에 대해서는 여러 가지를 들 수 있으나 다음과 같은 사항을 미리 파악해 두면 학급관리에 도움이 된다. 총괄적인 학급특색과 관련해서 재적수, 가정실태, 남녀비, 신체상황, 학습준비도 검사를 통한 학습능력, 사회성, 장애아동수, 각 유아별 문제점 등을 파악한다.

가정실태에 대해서는 부모의 유무, 조손가정, 부모의 직업(맞벌이 등), 부모 및 가족의 건강상황, 가정경제 상황, 주택상황 등이다. 또 부모의 교육적 관심분야에서는 부모의 교육관이라든지, 유아 장래에 대한 희망, 유치원에 대한 요망이나 기대 등을 파악한다.

유아를 이해하는 차원에서 유아의 신체발달, 지적발달, 언어발달, 정서발달,

도덕성 발달, 사회성 발달 등을 파악한다. 이는 학습활동과 관련하여 학습과정에서 학습계획을 수립하는데 중요 요인이 된다.

또한 근래에는 장애아동이 증가하고 있는 실정이다. 중증 장애아동인 경우에는 특수학교에 보내게 되지만 중증이 아닐 경우에는 학급 정상아동과 교육활동을 통합적으로 진행하게 되는데 교사가 이러한 원생의 상태를 파악하고 따돌림을 당하지는 아닌지, 학습수행 활동에 선생님이나 친구들의 협조가 어느 정도까지 수행되어야 하는지 등을 파악하여 장애 원아의 유치원 생활이 차후 자신의 성장 · 발달에 도움이 되도록 한다.

자신의 자녀가 중증 장애아가 아니라고 생각하고 있는 대부분의 부모들은 자신의 자녀를 정상적인 유아들과 같이 어울리며 생활하기를 바라고 있기 때문에 교사는 입학할 당시에 장애유아 교육이 당해 유치원에서 가능한지 여부를 파악하여 입학여부를 결정하여야 한다. 만약 입학 당시 확인을 못하고 재원 중에 발견하였다면 수업 가능 여부를 판단하여 원장에게 보고하고 학부모와 상의하여 재원하게 할 것인지 아니면 특수학교에 보내야 하는지를 결정하고 통보하여야 한다.

장애 여부를 판단하는 데에는 교사의 임의적인 판단이 아니라 해당 지역 내 보건소와 병원 또는 의원에서 선별검사를 실시하여야 한다. 선별검사는 무상으로 실시되는데 이러한 선별검사가 효율적으로 실시되기 위하여 교육장이나 교육감은 지방자치단체 및 보건소와 병 · 의원 간에 긴밀한 협조체제를 구축하도록 하고 있고, 각급 학교장도 장애유아나 장애유아로 의심되는 유아를 발견한 때에는 교육장 또는 교육감에게 진단 · 평가를 의뢰하여야 하고 각급 학교의 장이 진단 · 평가를 의뢰한 경우에는 보호자의 사전 동의를 받도록 하고 있다(장애인 등에 대한 특수교육법 제14조, 2008. 2. 29).

정부에서는 특수교육과 관련하여 종일제를 운영하는 유치원 교육과정의 교육기관에 특수교육대상자가 배치되는 경우 해당 각급 학교의 장은 특수교육대상자에 대한 종일제 운영을 담당할 인력을 학급당 1인 이상 추가로 배치할 수 있도록 하고 있다(2007. 5. 25. 제정. 법률 제8483호, 장애인 등에 대한 특수교육법

제26조. 2008. 2. 29. 법률 제8852호, 정부조직법). 배치 교사는 유아교육법 제22조에 따라 유치원교사 자격증 소지자가 맡도록 하고 있으며, 종일제를 운영하는 유치원 과정의 교육기관의 장은 교육과 보육을 연계하고 정규교육과정을 포함하여 1일 8시간 이상을 운영하며, 그 밖에 운영에 필요한 사항은 교육감이 정하도록 하고 있다(장애인 등에 대한 특수교육법 시행령 제21조).

그리고 장애인 등에 대한 특수교육법 제27조에서는 특수교육대상자가 1인 이상 4인 이하인 경우 1학급을 설치하고 4인을 초과하는 경우는 2개 이상의 학급을 설치한다고 하여 특수아 교육을 체계적으로 수행하고자 하고 있다. 교육활동에 있어서도 교육과정의 조정, 보조인력의 지원, 학습보조기의 지원, 교원연수 등을 포함한 통합교육 계획을 수립 시행하도록 함으로써(장애인 등에 대한 특수교육법 제21조) 특수교육은 통합교육 이념을 실현하도록 하고 있다.

아울러 고려할 점은 장애아에 대한 효율적인 교육이 이루어지게 하기 위해서는 장애아를 담당한 유치원교사가 장애아 교육에 대한 연수를 받거나 추가적으로 특수교육을 전공할 수 있는 기회를 주어 장애아가 자신의 수준에서 적절한 특수교육을 받을 수 있게 하여야 한다.

3. 학급의 지도계획

학급의 지도계획은 학급집단에 대한 계획, 학습지도 계획, 생활지도 계획 등으로 나눌 수 있다.

학급집단은 바람직한 또래관계가 형성되도록 하여야 한다. 유아들 대부분은 가정이라는 울타리를 떠나 처음 이질집단에 소속되기 때문에 집단에 대한 개념이 형성되지 못하고 적응을 못하는 유아도 발생할 수 있다. 따라서 학급 또래간에 반발이 없이 친한 관계를 형성하게 하고 더 나아가 자기 학급에 대한 소속감이나 연대감 등을 기르도록 노력하여야 한다.

여기에서 강조되는 지도내용으로는 서로가 잘 소통하며 의사교환하는 능력을 기르고 집단의 자주성과 협력성이 길러지도록 하며 문제유아가 있으면 이를 학급구성원의 협동을 깨뜨리지 않은 범위에서 리더십을 발휘할 수 있게 계획을 수립하여야 한다.

학습지도계획은 일간, 주간, 월간, 연간 학습지도계획과 연관되어 작성되지만 유아의 특성이 다양하므로 이에 적합한 수업활동이 전개될 수 있게 지도계획이 마련되어야 한다.

생활지도 계획은 각 유아별 상황에 따라 지도되겠지만 지역여건이나 문화환경 등을 충분히 파악하여 이에 적합한 생활지도 계획을 마련하여야 한다. 여기에는 간식지도나 화장실지도, 점심지도, 안전지도 등도 중요하게 학급지도계획 속에 계획되어져야 한다.

4. 학급관리의 실제

학급관리에 있어서 중요한 것은 학급편성과 유아의 발달단계를 고려하여 지도하여야 한다는 점이다.

먼저 학급편성에 있어서는 학급의 학습효과를 높이는 문제와 생활지도상의 유익문제, 교사의 학급운영 철학을 살펴서 학급을 편성하는 것이 중요하다. 학급을 편성하는데 있어서는 유치원의 규모, 교직원의 구성 상태, 등원거리, 남녀의 비율, 유아의 연령구조, 유치원의 주위환경 등의 조건을 참작하여 구성하여야 한다.

다음으로 유아의 발달단계를 고려하여 지도하여야 한다. 교사는 유아들에게 언제나 가까이 있는 의지하고 싶고 같이 어울리고 싶어하는 존재가 되어야 한다. 선생님의 행동이나 언어 사용도 유아의 눈 높이에 맞춰야 한다. 그리고 교실이 유아들이 마음대로 내 방처럼 활동할 수 있는 공간이 될 수 있도록 세심한 배려를 하여야 한다.

학습활동과 관련해서는 학급 내 분위기가 즐겁고 자신의 의견을 자유롭게 발표하고 능률적인 수업이 될 수 있도록 하는데 주안점을 둔다. 어떤 내용을 누가 더 많이, 더 잘하느냐 보다는 아직은 유아이기 때문에 기초적인 활동을 철저히 하는데 초점을 맞춘다. 즉, 학습에 대한 올바른 태도를 기르도록 한다. 집중하지 못하고 일정시간 만큼 견딜 수 있는 인내가 부족하며 주의가 산만한 유아들의 태도를 학습할 수 있는 태도로 전환시켜 유아들이 적극적이고 자주적인 태도로 학습에 임하도록 하여야 한다. 학습활동에 흥미가 없는 유아는 선생님이 눈여겨 보았다가 차후 개별적인 지도를 하는 것도 필요하다.

생활지도는 기본생활습관 등을 교육할 수 있어야 한다. 때에 따라서는 생활지도가 필요한 유아들에게 생활지도 영역을 만들어 지도할 필요가 있다. 그리고 등원에서 귀가할 때까지 교통안전, 차안에서의 안전, 유치원이나 교실 내에서 지켜야 할 규칙을 잘 따르도록 반복적인 지도가 필요하다. 자기 사물함을 정리한다든지, 선생님이나 친구들에게 인사하기, 복장정리 잘하기, 간식시간이나 점심시간에 지켜야 할 규칙이나 예절 등에 대하여 바람직한 방향으로 습관화되기까지 담임교사는 꾸준한 노력을 기울려야 한다.

5. 학급환경의 정리

학급이 공동학습의 장이며 공동 생활의 장이면서도 생활지도 교육이 이루어지고 있는 장소이기 때문에 학급환경 구성은 매우 중요하다. 학급이 언제나 안정되고 즐거운 곳이 되어야 하며 특히 유아들에게는 자기 집의 안방같은 분위기에서 자유롭게 활동할 수 있는 공간으로 느낄 수 있도록 구성하여야 한다. 왜냐하면 유아들은 지금까지 가정이라는 친근한 생활공간에서 생활해 왔기 때문이다.

따라서 교사는 학급환경을 유아수준에 알맞고 또 편안하게 생활할 수 있도록 적절히 조성할 필요가 있다.

유치원의 학급환경은 공간환경 입장에서 실내환경과 실외환경으로 구분되고

시간환경 입장에서는 오전환경과 오후환경으로 구분되며 그 외에도 물리적 · 심리적 환경, 활동영역별 환경 등으로 구분되어질 수 있는데 학급 반운영이 반일제, 시간연장제, 종일제 중 어떻게 운영되는냐에 따라 차이가 있다(임채식 외, 2008).

실내환경은 달력판, 요일판, 개인사물함, 책상 · 의자 · 카펫 등의 규격이나 색상이 유아의 건강이나 위생적인 면을 고려해야 하며, 게시판, 알림판, 각 교구장이나 시설 · 설비 등도 유아들에게 유익한 정보를 줄 수 있으며 위험요소가 없도록 구성되어야 한다.

특히 영역별 환경을 구성할 때 교육과학기술부의 교육과정에 따른 5개 생활영역을 골고루 경험할 수 있는 교실 환경을 갖추어야 한다. 만일 교실이 비좁다면 활동영역 구성을 월별이나 분기별, 혹은 기별이라도 바꾸어야 한다. 단기적인 교실 영역별 환경을 구성하는 것은 그날 그날 수업계획안에 따라 환경을 구성하는 것인데 이것 또한 매우 중요하다. 유아들은 오늘의 교실환경을 보고 새로운 호기심이 일어날 것이며 이후에 있을 수업에서 보다 능동적이고 자발적인 수업활동을 할 가능성이 높다.

활동영역별 환경은 유치원 5개 생활영역에서 추구하고자 하는 목적을 달성하기 위하여 유치원 교실환경을 일부는 고정적으로 조성하고 일부는 학습활동과 관련하여 수시로 교환 · 보완하여야 한다. 일례로 사회생활영역 환경을 조성할 경우 기본생활습관과 관련하여 예절, 질서, 절약 등에 관련된 환경을 갖추고 그러한 시설에서 생활지도 등을 실시하여야 함을 말한다.

실외환경으로서는 바깥놀이에 적합하도록 면적이나 채광이 잘 될 수 있는 정남향인지 여부, 모래나 물 등을 잘 사용할 수 있을 뿐더러 배수가 잘 될 수 있도록 하며, 또한 위생적으로 관리하도록 되어 있는지 등을 살펴 보완할 곳은 보완하여야 한다. 실외놀이 바닥(운동장이나 잔디밭) 시설 등도 유아들이 다치지 않은 재료로 활용하도록 한다. 또 실외에서는 실내에서 공간이나 위험성 때문에 해 보지 못한 과학활동을 한다거나 목공활동을 하는 장소이기도 하기 때문에 이러한 학습활동이 이루어지도록 사전 환경을 갖추어 놓도록 한다.

오전환경은 처음 유아들이 등원해서 선생님과 친구들을 처음 만나는 시간이어서 서로간 인사로부터 일과를 시작해야 한다. 이는 유치원 내에서 사회적 관계를 형성하는 기본적인 활동이라 할 수 있다. 이어 오늘 수업과 관련되는 학습환경이 학습현장 곳곳에 마련되어 유아들이 자신도 모르게 오늘 수업활동에 젖어들도록 하는 일이 필요하다.

오후환경은 반일제냐, 시간연장제이냐, 종일제이냐에 따라 차이가 있다. 반일제는 내일 수업을 위한 정리 및 준비단계로서 교실을 청소하고 망가진 교구나 기구들을 수거하거나 수선하는 시간이 된다. 하지만 시간연장제반이나 종일제반은 예정된 특별프로그램을 운영하야야 한다.

결국 학급환경 정리는 유아들의 학습의 흔적을 정리하고 더 나은 내일 수업을 위한 준비단계라 할 수 있다.

물리적 · 심리적 환경도 매우 중요한데 물리적 환경은 유치원 교실 내의 채광, 환기, 온도, 습도, 소음, 조명, 상하수도, 화장실의 설치 및 관리, 세균, 먼지 등을 들 수 있으며, 고려해야 할 점은 영역별 환경을 구성할 때 채광 상태라든지. 조명상태, 수돗물의 위치, 소음의 강약 상태 등에 따라 적절한 영역별 환경을 구성하도록 해야 한다는 점이다. 즉, 소꿉놀이 영역은 어느 위치에 배치하여야 하고, 미술영역, 독서영역 등 유아의 시각적 요소나, 청각적 요소와 관련되어 어느 장소에 배치해야 할지를 고려해야 한다는 점이다.

이는 유아의 주의집중이나 교육효과와 관련이 있기 때문이다. 심리적 환경으로서는 교사의 유아에 대한 태도나 관심, 유아들 간의 심리적 갈등이나 또래간의 문화를 누리지 못함에서 오는 소외 등이라 할 수 있다. 교사는 유아들이 이러한 불안한 심리적 요소가 있는지 수시로 점검하여 유아들이 재미있게 유치원 생활이 이루어질 수 있도록 해야 한다.

제3절 학급담임의 자세

유치원에서 대부분의 교사들은 한 학급을 책임지는 담임의 역할을 하게 된다. 유치원별로 차이가 있고 학급구성 연령별로 차이가 있지만 한 학급에 반 구성원은 15~40명 사이로 다양하다.

담임은 구성된 학급인원을 책임지고 수업과 생활지도 등 등원에서부터 귀가할 때까지 모든 활동을 유아와 같이 하게 된다. 학부모는 이러한 담임교사에게 자신의 자녀를 맡기게 되고 원장도 교사에게 한 학급의 책임자로서 임무를 부여하게 된다. 따라서 학급 내에서 담임교사의 역할은 막중하다.

담임교사에게는 매우 중차대한 임무가 주어진 만큼 유아들이 등원할 때부터 유아들과 기분좋게 인사를 나누고 또 유아의 건강이나 기분상태를 점검하며, 학부모가 부탁한 유아에 대한 정보를 정확히 기억하거나 기록하여 유아가 유치원에 있는 동안 보람된 하루일과가 마무리될 수 있게 하여야 한다.

담임은 담임으로서 학급을 운영할 운영철학을 가져야 하며 차후 이 유아들이 이 사회에 중요 역할을 할 수 있다는 희망 아래 희망전도사로서의 역할을 수행하여야 한다. 20~30년 뒤에 우리 유치원 담임선생님 덕에 우리가 이렇게 건전하게 성장할 수 있었다는 평가를 받을 수 있도록 항상 담임으로서의 책무를 소홀히 해서는 안 된다.

일부 담임들은 자신의 학급운영 철학에 대한 신념을 학급 출입구에 부착하여 자신에 대한 다짐과 학부모나 유아들에게 약속의 의미를 제시하기도 한다.

제4절 담임교사의 자질

담임교사만이 아니라 모든 교사가 교사로서 갖추어야 할 자질을 다 갖추어야 하지만 특히 담임교사에게 강조된 점은 다음과 같다.

1. 책임감

유아들이 유일하게 학급 내에서 믿는 사람은 담임선생님이다. 따라서 담임선생님은 학급 구성원의 아버지로서, 어머니로서 혹은 교사로서 모든 역할을 다 수행하여야 하며 수업에 대한 책임이나 생활지도에 대한 책임, 건강에 대한 책임, 안전에 대한 책임 등 모든 것에 대하여 내 자녀를 대하듯 탁월한 책임감을 발휘하여야 한다.

어떠한 상황에서도 교사 자신보다는 학급 내의 자신의 제자를 더 아끼고 보살피며, 그들을 훌륭한 중요 인재로 육성한다는 강한 책임감을 가지고 교사로서의 직무를 수행하여야 한다.

2. 통솔력

유치원에서 유치원교사는 바깥놀이를 한다든지 견학을 간다든지, 캠프를 간다든지 유아를 인솔하고 학습과정을 수행하여야 할 기회가 많다. 이럴 때 유치원교사는 유아가 낙오되지 않도록, 그리고 위험에 노출되지 않고 선생님이 진행하고자 하는 수업활동이나 학습활동이 원만히 진행될 수 있도록 유아들을 통솔하여야 한다.

자기반의 유아가 어디 있는지 인원파악이 안 된다든지, 화장실이나 수면대 등에 유아들이 예고 없이 대오를 이탈하는 일이 발생하지 않도록 선생님이 다른 대상에 한눈파는 일이 있어서는 안 된다. 교사가 인솔하는 반 유아들이 출발부터 도착까지 아무 이상 없이 모든 활동을 원만히 마치고 돌아올 수 있도록 통솔력을 발휘하여야 한다.

따라서 교사는 어떤 활동의 시작부터 과정을 거쳐 마무리할 때까지 조금도

방심하여서는 안 되며, 그러한 일이 발생하지 않도록 평소에 선생님의 통솔에 잘 따를 수 있는 사전 교육이 이루어졌어야 한다.

3. 온정적 태도

유아들이 어떤 활동을 할 때에 두려움 없이 우리 선생님은 언제나 가까이 하고 싶은 선생님이다라는 생각을 가지고 접근할 수 있도록 따뜻한 마음을 가져야 한다. 선생님에게서 냉정한 모습이나, 냉정한 언어들이 사용된다면 유아들은 선생님을 두려워하게 되고 가까이 하지 않으려 한다. 심지어는 가정에 돌아가 우리 선생님이 다른 선생님이었으면 좋겠다 하는 의견까지 내놓게 된다.

포근하고 언제나 의지하고 싶고 마음으로부터 편안함이 느껴질 수 있는 선생님의 모습이어야 한다. 복장도 편안하고 선생님 냄새가 날 수 있어야 하고, 화장 또한 요란하지 않아야 한다. 더구나 선생님에게서 담배 냄새가 나거나 진한 화장품 냄새가 나는 것은 극히 조심하여야 한다.

아이들이 활동 중에 선생님! 선생님! 하고 자주 외치고, 선생님의 일거수 일투족을 흉내내며 적극적인 태도를 보이는 저변에는 선생님의 온정적 태도가 유아들에게 비쳐졌다는 점을 의미한다.

4. 유아 안전관리 능력

급격한 정보산업사회로 접어들고 인터넷문화가 보편화되면서 우리 주위에는 안전을 저해하는 환경들이 적지 않게 늘고 있다. 이러한 환경에서 신체적 · 정신적으로 미숙한 유아들에게는 모든 요소들이 위험요소로 작용하고 있다.

안전관리 요소로서 유치원 외에서는 공사장 주변의 각종 위험물, 교통사고, 화재, 지진, 수해 등을 들 수 있고, 유치원 내에서는 실외놀이 현장의 각종 놀이기구의 노후나 파손, 인근 불량주민들에 의한 깨진 유리병 등의 위험요소와 유치원 실내의 튀어나온 모서리나, 매끄럽지 않은 유구나 인체에 유해한 페인트 등이 있을 수 있다.

교통에 대하여는 일부 유아들이 통학버스를 이용하는 경우가 있는데 이 때에 지도 선생님은 유아가 유치원에 오고 갈 때 안전하게 안전띠를 매게 하거나 버스 안에서 장난치는 행동들에 대하여 민감하게 대처하여야 한다. 보행 유아들에 대하여도 담당교사를 배치하여 안전하게 횡단보도를 건너게 해야 한다.

그리고 가능하다면 차가 많이 통행하고 있는 유치원인 경우는 어린이 보호구역을 지정받도록 하여 유아의 안전보호에 노력하여야 한다. 어린이 보호구역의 지정 및 관리에 관한 규칙 제3조에는 보호구역 지정에 대하여 다음과 같이 명시하고 있다(2006. 5. 30. 행정자치부령 제330호, 교육인적자원부령 제881호, 건설교통부령 제513호).

① 특별시 또는 광역시에 있어서는 교육감이 관할 구역안의 초등학교 등의 장의 건의를 받아 관할 지방경찰청장에게, 시 또는 군에 있어서는 교육장이 관할 구역 안의 초등학교장 등의 건의를 받아 관할 경찰서장에게 각각 보호구역의 지정을 신청할 수 있다. 다만, 보육시설의 경우에는 시장 · 군수 또는 구청장이 초등학교장 등의 건의를 받아 관할 경찰서장에게 보호구역의 지정을 신청하여야 한다. ② 위의 항에도 불구하고 개교 또는 개원을 하기 전의 초등학교 등의 경우에는 초등학교 등의 건의 없이 보호구역의 지정을 신청할 수 있다(개정 2006. 5. 30).

5. 미래조망 능력

교사는 과거의 우리사회를 거울삼아 현재를 판단하고 미래사회를 조망할 수 있어야 한다. 앞으로의 사회가 정보산업사회라면 유치원 교육현장에서 어떠한 유아교육을 시행하여야 할 것인지를 미리 파악하고 교육계획에 포함시켜야 한다.

교사가 미래에 대한 조망능력이 부족하면 앞으로 20~30년 뒤에 이 나라를 책임질 유아들에게 유아의 교육권리를 빼앗는 일이 될 것이다.

눈 앞의 주어진 학습내용에만 초점을 맞출 것이 아니라 이러한 교육내용이나 생활지도가 차후 유아에게나 사회에 어떠한 영향을 미칠지를 사전에 면밀히 검토하여 미래사회의 바람직한 인간형성이 이루어지도록 교육활동을 펼쳐야 한다.

이러한 교사들의 미래조망 능력이 향상되기 위해서는 교사들의 꾸준한 자기 개발 과정이 필요하다. 즉, 각종 연수에 능동적으로 참가하거나 국내의 시사적인 내용에 적극 관심을 가지며, 전문서적 등을 꾸준히 섭렵하여야 한다.

6. 유아복지에 대한 전문지식

흔히 유아는 사고가 미숙단계에 있고 유약하며 자기의사를 충분히 피력하지는 못한다. 그렇다고 하여 교사가 유아를 하나의 인격체가 아닌 마음대로 취급할 존재로 여겨서는 안 된다. 유아는 유아 스스로 하나의 존엄한 생명체이며 그들 수준에서의 그들 나름대로의 삶이 있다. 이를 교사라 하여 무시하고 짓밟는 행위는 절대 바람직하지 않다.

종종 매스컴에 보도된 바에 의하면 교사가 혹은 원장 등 성인이 유아를 유아의 의사와 관계없이 어리니까 무얼 알겠어? 혹은 내 마음대로 해도 되는 존재 아니야? 하는 유아복지를 모르는 상식 이하의 행동을 하는 모습이 실리기도 한다. 유아들은 유아 나름대로 행복하게 생활할 권리가 있다. 이를 교사나 원장이 박탈할 아무런 이유도 근거도 없는 것이다. 교사나 원장 등이 유아복지나 유아권리를 유린함으로써 유아의 장래를 망치거나 건전하게 사고하는 능력을 미리 차단하는 일은 매우 위험한 일이다.

또한 유아들을 대상으로 하는 각종 연구에서도 유아의 인격을 충분히 고려하여 연구에 임하도록 한다. 유아니까, 혹은 어리니까, 내 반 유아니까 하는 생각에 유아에게나 그들 학부모들에게 충분히 설명하거나 알리지 않고 연구의 대상으로 삼는 행위는 유아의 존엄성을 무시하는 행위이다. 만약 유아에게 알리어 연구의 소기의 목적을 달성하는데 어려움이 뒤따른다면 적어도 부모님의 허락을 꼭 받도록 하여 유아들이 자기나 자신의 부모 몰래 연구대상이 되는 예가 없도록 한다.

유아들의 생활에서나 식사시간 등에도 유아가 인간으로 대접받을 수 있는 일이 무엇인지를 찾아서 유아의 인격에 손상이 가지 않도록 하는 것이 교사의 자질이다. 유아들이 행복해하고 즐거워하는 일이 무엇인지를 찾아 그에 합당한 교육활동이 전개되도록 교사의 능동적인 노력이 필요하다.

제5절 학급담임의 유아지도

학급에서 담임선생님은 우선적으로 일일교육계획안에 따라 학습지도면에서 이야기 나누기, 새노래 배우기, 동화, 바깥놀이지도, 작업활동 등을 체계적으로 수행하여야 하며 생활지도면에서 등원지도, 간식 · 점심지도, 자유선택놀이 지도, 귀가지도, 그리고 유아들 간에 상황상황 벌이지고 있는 각종 생활지도 등을 수행하여야 한다.

선생님이 자신의 학급에서 유아를 지도할 때에 특히 주의할 점은 유아들이 무얼 알겠느냐 하는 생각에 일일교육계획안과 다른 임의적인 수업을 진행한다거나 귀중한 수업시간을 선생님의 개인 활동이나 개인의 이익을 챙기는 수업으로서 성의없는 수업을 하여서는 안 된다.

하루하루의 일일교육 목표가 차근차근 쌓여져 주간교육목표가 달성되고 이 주간목표가 쌓여 월간목표가 달성되고 월간목표가 쌓여 연간교육목표가 달성되고 이러한 목표들이 쌓여 개인의 목표와 사회, 그리고 국가의 목표가 달성된다는 점을 감안한다면 한 시간의 수업이라도 유아들을 위하여 조금이라도 소홀함이 없이 수업의 신성성을 해치는 일이 없어야 한다는 점을 가슴깊이 새겨야 한다.

또 유아가 잘못을 저질렀을 때 적절한 질책을 하여야 한다. 선생님이란 우위의 직위를 이용하여 유아를 폭력으로 다룬다든지, 친구들 앞에서 견딜 수 없는 인격의 모독을 준다든지, 심한 두려움을 주는 질책을 하는 행위는 교사로서의 문제행동에 대한 지도라기보다는 감정에 따른 무분별한 질책이기 때문에 교육적인 차원에서 교사의 감화를 받아 행동이 조절되도록 훈계하여야 한다.

언론에 보도된 바 있지만 추운 겨울에 교사가 유아를 옷을 벗게 하여 밖에 세워 놓는다든지, 어린유아를 꼬집고, 상상 외의 체벌을 하는 행동은 극히 자제하여야 한다. 사랑으로 내 자녀같이 제자를 아끼는 선생님의 행동에 유아는 심리적으로 안정감을 느끼고 수업활동이나 문제행동 지도에 적극 호응할 것이다.

제6절 혼합 학급담임의 임무

학급을 구성할 때 일반적으로 성별 구분 없이 같은 연령별로 구성하는 것을 대부분의 유치원이 시행하고 있다. 하지만 유치원 일부에서는 연령의 많고 적음을 나누지 않고 혼합반을 구성할 때가 있다. 이럴 때 교사는 한 가지 방법만으로 획일적으로 수업을 해서는 안 된다. 공통관심사와 관련된 학습일 때는 동일한 수준의 교육을 할 수 있지만 개인차가 있음을 고려할 때 소수 그룹이라도 수준별 그룹을 구성해서 유아들이 수업에 손해를 보지 않도록 최대한 배려하여야 한다.

생활지도 면에서는 형과 아우, 혹은 언니와 동생, 오빠와 동생 등의 관계를 설정하여 좀더 경험이 있는 위 아동이 아래 아동을 돕고 협조하며 원만히 협동 학습을 하게 하는 방법도 좋은 방법이다. 이 점은 혼합연령으로 학급을 구성하는 최대 장점이라 할 수 있다.

또 하나의 혼합학급은 특수아가 있는 경우다. 이를 장애유아 통합교육이라 한다. 통합교육은 생물학적인 '손상'에도 불구하고 온전한 개성을 가지고 자신의 인식을 창출할 능력을 가지고 있는 발달지체 유아가 일반 유아의 인식을 확장하고 풍요롭게 하는 자극을 제공하는 온전한 환경이 통합교육이라는 것과 또한 그것이 21세기의 시대정신인 포스트모더니즘(postmodernism)이 지향하는 인간상을 형성하는 최적의 환경이라는 것을 강조한다. 뿐만 아니라 교육현장에 있는 모든 개인이 이질성을 가진 타인을 수용하고 자신의 이질성도 발견 수용하는 건강한 심신의 인간육성 현장도 포함한다는 점이다(김성애, 2007).

대부분의 학부모들은 자신의 자녀가 심한 장애가 있지 않을 경우 일반적으로 자신의 자녀가 정상적인 유아들과 같이 학습활동을 하기를 원하고 있다. 이러한 이유 때문에 학부모들은 자신의 유아의 장애를 사전에 유치원에 알리지 않고 입학시키는 경우가 있다.

담임교사의 입장에서도 심하게 장애가 아닌 상태에서 특수학교로 가야 한다고 판단하기가 어려울 때 할 수 없이 정상적인 유아와 같은 반에서 학습활동을 하게 할 때가 있다. 이럴 때는 담임으로서 정상유아와 장애유아간의 관계가 원만히 유지되도록 많은 노력을 하여야 한다. 정신적 · 신체적으로 부족한 유아는 다른 아이의 따돌림의 대상이 될 가능성이 크기 때문이다.

제7절 종일반 담임의 임무

종일반은 1일 8시간 이상 운영되는 유치원 학급이다. 이러한 종일반 운영은 오전부터 한 반을 운영하는 경우도 있지만 대부분의 종일반 운영은 오전반을 운영한 이후에 오전반 유아 중 종일반을 원하는 유아를 따로 학급을 편성하여 종일반 교사가 학급을 운영하는 경우다.

학부모들이 맞벌이를 하는 경우가 많기 때문에 구성된 학급으로서 종일반 학급 담임인 경우는 오전반에서 일정수업 활동이 끝난 유아를 받아 교육활동을 해야 하기 때문에 오전 중 다른 반에서 이미 어떤 학습활동이 끝난 내용인 경우는 종일반 담임의 교수-학습과정에 대하여 교사나 유아나 흥미를 잃을 가능성이 높다. 따라서 특별활동과 관련된 전통놀이, 음악활동, 과학활동, 요리활동, 외국어교육 활동 등으로 채워지는 경우가 많다.

종일반 담임인 경우 자기가 관리하는 반이라는 소속이 떨어지고 있으며 유아도 오전반 선생님, 오후반 선생님으로 2명의 선생님을 한 유치원 내에 두는 꼴이라서 학급활동에 적극적이지 않을 수도 있는 문제를 안고 있다.

하지만 종일반 교사는 여러 좋지 않은 교육 조건이지만 자신 나름대로 뚜렷한 교육계획안을 가지고 오전반 선생님과 교육내용에 대하여 충분히 조율한 다음 중복되지 않도록 차별화하여야 한다. 즉, 유아들의 입장에서는 종일반에서 또 다른 새로운 교육내용을 접할 기회를 갖고 유아들이 성장 · 발달될 수 있는 기회가 되도록 하여야 한다.

제8절 학급행사 관리

유치원에서의 행사는 유치원 전체적인 행사도 있고 학급별 행사도 있다. 전체적인 행사로는 입학식, 어린이날 행사, 학예회 성격의 발표회, 졸업식, 소풍, 캠프 등이 있으며 학급별 행사로는 생일잔치, 학부모 공개수업 등이 있다. 이러한 행사는 유치원 내부에서 이루어진 경우도 있지만 일부는 학부모가 참여하거나 관람하는 경우도 있다.

이때 유의할 점은 외부인을 초청하는 행사인 경우 지나치게 외부인을 의식하여 유아들의 수업시간을 외부인에게 보여주기 위한 준비에 할애하는 경우가 있다. 그럴 경우 반복적인 활동으로 유아들은 지치고, 있는 그대로의 유아들의 활동이나 작품이 아닌 전시적 행사가 될 가능성이 있다. 따라서 이러한 행사는 가급적 지양하고 유아들의 순수한 교육활동이나 교육결과물을 자연 그대로 보여줌이 바람직하다. 왜냐하면 행사의 주체는 유아가 되어야 하기 때문이다.

생일잔치도 모든 유아들이 생일을 맞이하는 친구를 진정으로 축하해 주고 혹시 생일을 맞이한 친구와 소원한 친구가 있다든지, 친구들에게 할말이 있다든지 한다면 생일잔치를 빌어 학급 유아들이 모두 한마음이 되고 서로 도우며 더욱 멋진 학급 친구들이 될 수 있는 계기를 만들 필요가 있다.

그리고 입학식이나 졸업식 등 의례를 갖추어야 할 행사에는 사회를 맡은 교사가 사전에 준비를 철저히 하여 공식행사로서 기본적인 의례에 손상이 가지 않도록 하여야 한다. 유아들에게도 공식행사의 중요성을 강조하고 때에 따라서는 절도있는 행동을 보여야 한다는 점을 교육하여야 한다. 이러한 행사는 차후 유아들이 초등학교 진학해서나 사회 구성원으로서 생활하는데 필요한 시민적 자질을 배운다는 점에서 유아들의 능력이나 수준을 생각하되 의식 절차를 알게 할 필요가 있다.

아울러 유치원에서 행하는 행사의 예를 다음과 같이 제시한다(J대학 부속유치원[1], 2010). 이 내용은 학급별 행사라기보다는 유치원 전체행사와 관련이 있다. 결국은 유치원 전체행사가 학급행사와 맞물려 있기 때문이다.

1. 봄 소풍

봄 소풍을 시행하는 유치원도 있고 그렇지 않은 유치원도 있으나 일반적으로

1) 여기서 J대학은 재능대학교를 말하며 제시된 내용은 재능대학 부속유치원의 자료임을 밝혀 둔다.

심신을 단련하고 자연관찰을 하는 야외활동 교육으로 봄 소풍을 시행하고 있다.
다음은 봄 소풍 안내문의 예이다.

안 내 문

안녕하세요?
0월 00일(수)에는 어린이들이 봄 소풍을 갑니다. 교사, 직원, 유아교육과 학생들이 함께 참여하여 안전하고 즐거운 봄 소풍이 될 수 있도록 준비하고 있사오니 가정에서도 아래의 사항에 대해 협조하여 주시면 감사하겠습니다.

1) 어린이 등 · 하원 방법 및 시간

- **유치원 통학버스는 운행하지 않습니다. 부모님께서 오전 0시 00분까지 유치원으로 데려다 주시고, 오후 0시까지 ○○ 지역으로 데리러 오시기 바랍니다.** 시간을 꼭 엄수해 주시고 문의사항이 있으시면 유치원으로 연락하여 주시기 바랍니다.
  ☎ ○○○) ○○○ - ○○○○
- 종일반 유아의 경우 유치원으로 데리러 오실 때에는 5시 30분 이후에 가능하며, 소풍날 귀가 장소와 시간을 미리 말씀해 주시기 바랍니다.

2) 어린이 준비물 및 복장

- 복장 : 유치원 체육복, 가방, 편안한 신발
- 점심 및 간식 : 점심 도시락, 물, 과자 1개
  (과자는 봉지를 뜯고 밀폐용기에 꼭 넣어서 보내 주시고 당일에 점검하여 이외의 물건들은 유치원에 보관 하겠습니다.)

3) 일정

시 간	활 동
8 : 50 ~ 9 : 30	등원 및 출석체크
9 : 30 ~ 11 : 00	유치원 출발 및 올림픽공원 도착
11 : 00 ~ 11 : 30	어린이 놀이터(영 · 유아반) / 올림픽 기념관 관람(유치반)
11 : 30 ~ 1 : 00	점심식사 및 공원 산책
1 : 00 ~ 1 : 30	올림픽 공원 음악분수 관람

1 : 30 ~ 2 : 00	코엑스 아쿠아리움 이동
2 : 00 ~ 3 : 30	아쿠아리움 관람
3 : 30 ~ 5 : 00	아쿠아리움 출발 ~ ○○○ 지역 도착

4) **출발 및 도착 위치(구체적 주소를 명기한다)**

약도를 제시하여 안내한다.

약도

○○ 유 치 원

2. 학부모 상담

학기 초에 학부모와 상담하게 될 경우 안내문의 예이다.

> **안 내 문**
>
> 0000 학년도 0 학기 학부모상담 일정에 대해 알려드립니다.
>
> ♣ 영아반(숲속사슴반, 숲속토끼반, 숲속다람쥐반)
> ♣ 상담 기간 : 0월 00일 (월) ~ 0월 0일 (금)
> ※ 종일반(햇살반)은 반일반 담임교사와 함께 상담합니다.
>
> ♣ ○○○ 어린이의 학부모님 상담일은 일( ) 시 분입니다.
> ♣ 날짜와 시간을 꼭 엄수하여 주시기 바라며, 정해진 면담일에 참석이 불가능한 경우 전화 상담도 가능하오니 유치원(☏ ○○○-○○○-○○○○)으로 미리 연락주시기 바랍니다.
> ♣ 원활한 상담을 위하여 어린이들은 데리고 오지 않도록 부탁드립니다.
>
> **○○ 유 치 원**

3. 참관실 개방 수업참관

학부모의 자녀들에 대한 학습과정을 참관하고져 하는 욕구를 충족시킬 뿐더러 유치원 시설 · 설비 등에 대하여 신뢰를 가질 수 있는 계기가 마련된다. 참관실이 있으면 유아들의 수업활동에 방해되지 않게 참관할 수 있다.

유치원에서는 학부모 참관일을 정하여 참관시키게 되는데 이에 대한 안내문의 예이다.

안 내 문

참관실 개방 수업참관에 대하여 알려드립니다.

참관은 식당참관과 수업참관으로 이루어집니다. 참관신청을 원하시는 학부모님께서는 아래의 참관신청서에 체크 하시어 보내 주시기 바랍니다. 참관신청은 1학기에 한번만 가능하오니 한번만 체크하여 주십시오.

참관인원은 학급당 월 4명이며, 신청자가 4명을 초과할 경우에는 추첨으로 4명만 선별합니다. 추첨에서 탈락된 학부모님들은 자동으로 참관자가 미달된 달로 신청이 됩니다. 참관은 당일 10시 20분까지 유치원으로 와 주시고 동생들은 데리고 오지 않도록 부탁드립니다.

♥ 참관시간 : 10시 30분 ~ 10시 40분 - 식당참관
10시 40분 ~ 11시 20분 - 수업참관

* 문의사항은 유치원으로 연락주시기 바랍니다. (☎)

○○ 유 치 원

참관신청서

* 참관을 원하시는 날짜에 체크하시어 유치원으로 보내 주시기 바랍니다.

반　　　이름 :　　　　　　　　　학부모 :　　　　　　　　　(서명)

0월 00일(금)	0월 00일(수)	0월 00일(수)

4. 여름캠프

캠프는 유아들이 호연지기를 키우며 다른 동료들을 이해하고, 부모님의 지원에 대한 고마움을 느끼는 활동이기도 하다. 독립심과 협동심을 키우기도 하며 많은 추억과 폭넓은 경험을 하는 활동이다. 캠프는 반드시 계절에 관계 있어야 하는 것은 아니며 임의적으로 언제든지 시행할 수 있다.

여기에서는 여름캠프 안내문을 한 예로 제시한다.

0000 학년도 여름캠프 안내문

안녕하세요?

우리유치원에서는 어린이들에게 교육의 연장으로 폭넓은 경험과 좋은 추억을 남겨주고자 여름캠프를 실시합니다.

각종 입장료, 교통비 및 기타 비용 등은 일체 유치원에서 부담하며, 본 대학 유아교육과 학생들로 구성된 도우미교사들이 여름캠프에 참여하여 원아관리에 만전을 기하고자 합니다. 여름캠프 행사에 부모님은 참여하지 않습니다. 즐겁고 안전한 캠프가 될 수 있도록 아래 사항을 꼭 읽어 보시고 **캠프에 참여하고자 하는 어린이는 동의서를 반드시 ○○월 ○○일(화)까지 유치원으로 보내 주시기 바랍니다.**

♣ 일 시 : 20○○년 ○○월 ○○일(요일) ~ ○○일(요일)

- ○○일(요일) : 8시 45분까지 유치원으로 데려다 주시기 바랍니다. 9시 출발 예정이오니 늦지 않도록 꼭 부탁드립니다.
- ○○일(요일) : 10시 30분까지 유치원으로 오셔서 어린이를 데리고 가시기 바랍니다(차량운행은 하지 않습니다). 또한 ○○일(요일) 종일반은 정상적으로 운영됩니다. 단, 원하시면 일찍 데려가셔도 됩니다.

※ 우천시에도 정상적으로 운영되며, 캠프장에서 대체 프로그램을 운영합니다.

♣ 장 소 : ○○○ 지역

♣ 준비물 : 이불, 베개, 여벌옷 2벌, 속옷 2벌, 양말 1켤레, 수건, 지퍼백이나 비닐봉투

♣ 복 장 : 노란색 유치원 반팔티, 편한 바지, 샌들, 수영복은 당일 입혀 보내 주시기 바랍니다.

※ 수영복 안내 ※

- 여자 어린이 : 투피스 수영복(상하가 떨어져 있는 옷, 비키니)이 있는 어린이는 화장실 사용시 입고 벗기 편리하도록 가능하면 투피스 수영복을 입혀 보내 주시기 바랍니다. [원피스 수영복을 입힐 경우는 수영복 위에 원피스(치마)를 입혀서 보내 주시기 바랍니다. 이때 노란색 유치원 반팔티는 가방에 넣어 보내 주시기 바랍니다.]
- 남자 어린이 : 바지 속에 수영복을 입혀 주시기 바랍니다.

♣ 안내사항

어린이들이 사용하는 모든 용품(가방, 이불, 베개, 여벌옷, 속옷, 수건, 신발 등)에는 분실예방을 위하여 지워지지 않도록 이름을 꼭 써 주시기 바라며, 값이 비싸거나 소중한 물건은 보내지 마시기 바랍니다.

- 준비물 중 여벌옷 1벌, 속옷 1벌, 양말 1켤레는 지퍼백에 넣어서 2세트로 만들어 보내 주시기 바랍니다.
- 위에서 안내해 드린 캠프에 필요한 모든 준비물(이불, 베개, 여벌옷 2벌, 속옷 2벌, 양말 1켤레)은 정해진 날짜에 유치원으로(차량을 이용하는 어린이들은 등하원 차편으로, 자가등 · 하원을 하는 어린이들은 등하원시) 보내 주시기 바랍니다.

00일(수)	00일(목)	00일(금)
해오름반, 달오름반, 별오름반	솔향기반, 풀향기반, 꽃향기반	숲속사슴반, 숲속토끼반, 숲속다람쥐반

- 00일 중식, 석식 및 간식, 00일 조식은 유치원에서 준비합니다.
- 캠프 기간 동안 부모님께서는 유치원 방문을 삼가해 주시기 바랍니다. 또한 문제가 있을시 직접 가정으로 연락드리겠사오니, 유치원으로의 전화도 삼가 주시기 바랍니다. 유치원 도착 후 저녁 9시 이후에 SMS문자로 어린이들의 상황을 발송해 드리겠습니다.

※ **야뇨증**이 있는 어린이는 미리 상담해 주시기 바라며, **감기 증상이 있거나 과다한 활동이 어려운 어린이는 의사와 상담 후 캠프 참여를 결정하여 주시기 바랍니다.**

※ 일정 및 프로그램 ※

시 간	첫째날 (○○일)	활 동
~ 9 : 00	등원 및 출석체크	
9 : 00 ~ 10 : 40	유치원 출발 및 ○○ 캠프장 도착 (오전간식)	
10 : 40 ~ 12 : 00	튜브썰매, 나무놀이터	
12 : 00 ~ 13 : 00	점심식사	
13 : 00 ~ 17 : 00	수영, 에어바운스놀이, 3D입체영상(오후간식)	
17 : 00 ~ 18 : 00	저녁식사 및 레크리에이션	
18 : 00 ~ 19 : 00	숲 체험길 산책하기	
19 : 00 ~ 20 : 30	○○ 캠프장 출발 및 유치원 도착	
20 : 30 ~ 21 : 30	간식 및 씻기	
21 : 30 ~ 22 : 00	유아반 및 유치반 목욕 영아반 귀가지도	
22 : 00 ~	취 침	
시 간	**둘째날 (○○일)**	**활 동**
~ 7 : 00	기 상	
7 : 00 ~ 8 : 00	세면 및 짐 정리	
8 : 00 ~ 8 : 30	아침산책 및 체조	
8 : 30 ~ 9 : 10	유아반 아침식사 (유치반 그림그리기)	
9 : 10 ~ 9 : 50	유치반 아침식사 (유아반 그림그리기)	
10 : 00 ~ 10 : 30	정리정돈 및 귀가	

* 활동순서는 상황에 따라 달라질 수 있습니다.

* 식단 *

시 간	첫째날 (○○일)	
10 : 00 ~ 10 : 30 오전간식	후레시번 빵, 야쿠르트	
12 : 00 ~ 13 : 00 점심식사	잡곡밥, 무채국, 후르츠 탕수 (계 : 국내산), 햄감자채볶음, 잔멸치땅콩볶음, 콩나물삼색무침, 백김치, 방울토마토	
15 : 00 ~ 15 : 30 오후간식	초코머핀, 수박	
17 : 00 ~ 18 : 00 저녁식사	잡곡밥, 미소된장국, 미니돈까스 & 데미소스(돈, 계 : 국내산), 토마토스파게티, 브로컬리볶음, 줄무늬감자튀김, 오이피클, 백김치	
20 : 30 ~ 21 : 30 저녁간식	증편, 야쿠르트	
시 간	**둘째날 ○○일)**	
8 : 30 ~ 9 : 50 유아반 · 유치반 아침식사	기장밥, 우렁된장찌개, 메추리알조림, 멸치볶음, 김치, 요플레	

여름캠프 참여 동의서

반 : 이름 : 학부모 : (서명)

어린이는 0000 학년도 여름캠프에

참여합니다.	참여하지 않습니다.

* 0월 00일(화)까지 기일을 엄수하여 보내 주시기 바랍니다. 기일 내에 동의서를 제출하지 않을 시 참여하지 않는 것으로 간주하겠습니다.

○○ 유 치 원

5. 가을 소풍(1)

봄에도 소풍을 갈지만 행사가 있을 때는 언제라도 행사 있을 때마다 안내문을 발송하는 것이 바람직하다. 학부모도 이러한 안내문에 따라 행사에 적절한 준비를 하게 된다.

가을 소풍 안내문(1)은 소풍계획에 대한 안내문이다.

안 내 문

안녕하세요?

○○○○ 학년도 유치반 가을 소풍을 아래와 같이 계획하오니 참여를 원하는 어린이는 아래의 동의서를 ○○ **월** ○○ **일(요일)**까지 유치원으로 보내 주시기 바랍니다.

각종 입장료, 교통비 및 기타 비용 등은 유치원에서 부담하며 소풍 당일 어린이 도시락과 간식은 가정에서 준비해 주시기 바랍니다.

어린이의 안전을 위하여 우리대학 유아교육과 학생들이 도우미 교사로 참여합니다. **소풍행사에 부모님은 참여하지 않습니다.**

* 일 시 : ○○○○ 년 ○○ 월 ○○ 일(요일), 8:40 ~ 17:00
* 장 소 : 국립과천과학관

○○ 유 치 원 장

……………………………절……………………………취……………………………선……………………………

가을 소풍 참여 동의서

______ 반 ______ 의	가을 소풍 참여에 동의합니다. (　　　　) 가을 소풍 참여에 동의하지 않습니다.(　　　　)

년　　월　　일

보호자 :　　　　　(인)

○ ○ 유치원장 귀하

6. 가을 소풍(2)

가을소풍 안내문(2)는 학부모의 동의를 받고 참여하는 유아들을 대상으로 소풍갈 때 필요한 구체적 안내사항이다.

안 내 문

안녕하세요?
○○월 ○○일(요일)에는 유치반 어린이들이 가을 소풍을 갑니다. 교사, 직원, 유아교육과 학생들이 함께 참여하여 안전하고 즐거운 가을 소풍이 될 수 있도록 준비하고 있사오니 가정에서도 아래의 사항에 대해 협조하여 주시면 감사하겠습니다.

1) 어린이 등 · 하원 방법 및 시간

- **유치원 통학버스는 운행하지 않습니다. 부모님께서 오전 8시 40분까지 유치원으로 데려다 주시고, 오후 5시까지 출발 장소로 데리러 오시기 바랍니다.**
  시간을 꼭 엄수해 주시고 문의사항이 있으시면 유치원으로 연락하여 주시기 바랍니다. (☎)
- 종일반 유아의 경우 유치원으로 데리러 오실 때에는 5시 30분 이후에 가능하며, 소풍 전날 귀가 장소와 시간을 미리 말씀해 주시기 바랍니다.

2) 어린이 복장 및 준비물

- 상의 : 유치원 반팔티, 하의: 체육복 또는 편한 바지, 유치원 가방, 편안한 신발
- 점심 및 간식 : 점심 도시락, 물, 과자 1개(과자는 봉지를 뜯고 밀폐용기에 넣어 주시고, 물은 새지 않는 용기에 넣어 주시기 바랍니다.)

3) 일정

시 간	활 동
8 : 40 ~ 9 : 00	등원 및 출석체크
9 : 00 ~ 10 : 40	유치원 출발 및 국립과천과학관 도착
10 : 40 ~ 11 : 00	도착 및 참여준비
11 : 00 ~ 3 : 00	유아과학 탐구교실 참여
3 : 00 ~ 3 : 30	마무리 및 출발준비
3 : 30 ~ 5 : 00	국립과천과학관 출발 ~ 유치원 도착

4) **도착장소**(구체적인 주소)

약도를 첨부합니다.

약도

○○ 유 치 원

7. 가족운동회

안녕하세요?
0000 학년도 가정연계 행사로 어린이와 가족이 함께 하는 재능가족운동회를 다음과 같이 실시하고자 합니다. 당초에는 우리대학 운동장에서 실시할 계획이었으나 대학입시(수시면접)와 일정이 겹치는 관계로 부득이 타기관의 운동장을 대여하게 되었습니다. 학부모님들의 양해를 부탁드립니다.

참여를 원하는 가족은 아래의 동의서를 작성하시어 ○○월 ○○일(월)까지 유치원으로 보내 주시기 바랍니다.

- 다 음 -

* 일 시 : ○○년 ○○월 ○○일(요일), 10:00 ~ 15:00
(행사준비를 위해 15분 전까지 와 주시기 바랍니다.)
* 장 소 : ○○ 지역(구체적인 주소)
* 준비물 : 도시락(취사 불가능), 간식, 돗자리, 편안한 복장, 운동화

………………………………절…………취……………선……………………………………

재능가족운동회 참여 동의서

<table>
<tr><td colspan="3">운동회 참여에 동의 합니다.( )
__________ 어린이는
운동회 참여에 동의하지 않습니다.( )</td></tr>
<tr><td rowspan="3">함께 참여하는 가족
(함께 참여하는 가족의 인원수를 기재하여 주시기 바랍니다.)</td><td>할아버지</td><td>할머니</td></tr>
<tr><td>아빠</td><td>엄마</td></tr>
<tr><td>형제</td><td>기타</td></tr>
</table>

년 월 일

보호자 : (인)

○ ○ 유치원장 귀하

8. 학부모 참여수업

부모들의 참여수업은 자녀들의 수업상태나 생활모습 등의 장·단점을 발견·점검하여 학부모와 유치원이 협력적으로 유아의 학습활동에 도움을 주고자 하는 과정이다. 학부모에 대한 유치원 공개수업이라고도 칭하고 있다.

안 내 문

안녕하세요?
댁내에 건강과 행복이 가득하길 기원합니다. 본 원에서는 부모님을 모시고 부모참여수업을 하고자 합니다. 원의 교육 활동과 어린이들의 생활모습을 직접 경험할 수 있는 좋은 기회가 되리라고 생각합니다. 바쁘시더라도 꼭 참석하셔서 어린이와 즐거운 시간을 보내시기 바랍니다.

♣ 부모 참여수업 안내 ♣

* 주　제 : 신나는 자석나라
* 일　시 : ○○○○년 ○○월 ○○일 ○요일
* 시　간 : 오전 10시 30분, 오후 2시

오전 10시 30분
김서연, 박상진, 서태정, 김성운, 나호정, 서지혜, 안예원, 오건우, 윤일량, 전민재,
오후 2시
권나영, 김건호, 도서희, 박시현, 박진아, 송제찬, 윤예지, 이승민, 정하윤, 한상민, 윤현빈, 이채원,

※ 알리는 말씀
· 공개수업이 이루어지므로 활동시간 15분 전까지 유치원으로 꼭 오시기 바랍니다.
· 공개수업 당일에는 차량 운행을 하지 않습니다.

○○ 부 속 유 치 원

제9절 국경일과 명절

국경일은 국가의 경사스러운 날로서 우리나라의 국경일은 다음과 같다(국경일에 관한 법률 제2조. 2005. 12. 29. 법률 제7771호).

1. 3.1절 : 3월 1일
2. 제헌절 : 7월 17일
3. 광복절 : 8월 15일
4. 개천절 : 10월 3일
5. 한글날 : 10월 9일

위와 같은 국경일을 기념하기 위하여 유치원 교육과정에 적기에 수업활동과 연계하여 애국의식이나 우리나라 국민으로서 자긍심을 갖도록 하는 교육활동을 마련하여야 한다. 즉, 국경일 중에는 쉬는 날도 있고 그렇지 않은 날도 있으나 수업 중에 국경일의 의미와 한국인으로서 긍지를 느낄 수 있는 교육활동을 전개할 필요가 있다.

명절은 조선시대나 대한제국시대까지는 거의 다달이 있었으나 일제강점기 이후 많이 잊혀져 지금은 다음과 같은 명절들이 남아 있다. 명절은 24절기와 연관이 많으며 계절별로 의미 있는 날을 정하여 기념하는 날이다. 국민정서와 관련하여 각종 절후별 명절을 살펴보면 다음과 같다.

1) 설날 : 음력 1월 1일이며 새로운 한해의 시작이다. 나이를 한 살 더 먹고 떡국을 먹으며 조상에게 차례를 지낸다. 4대 명절 중의 하나이다.
2) 정월대보름 : 음력 1월 15일이며 지역마다 차이가 있지만 오곡밥 먹기, 쥐불놀이(농경사회에서 병충해를 방지하기 위하여 논두렁 등을 태움), 부럼깨물기, 지신밟기, 달집태우기(소원을 적어 달집에 매달고 태움), 귀밝이 술마시기, 더위팔기(해가 뜨기 전 한 여름의 더위를 팔고 시원하게 여름을 지내고자 하는 심리적 의도),

고싸움 등이 있다.

3) 한식(寒食) : 동지로부터 105일째 되는 날로 대개 4월 5일경이다. 한식에는 조상묘의 헐은 부분을 보수하였는데 이를 개사초(改莎草 혹은 莎草)라 하고 성묘를 하며 묘 주위에 나무 등을 심으면서 조상의 묘를 돌보았다. 4대 명절 중의 하나이다.

4) 초파일 : 석가 탄신일이다. 고려 때는 불교가 국교가 되면서 이날을 기리게 되었다. 초파일은 명절로 이미 정하였기 때문에 근래의 성탄절은 명절에 포함되지 않았다. 하지만 민족적 좋은 날을 명절로 본다면 국민 모두가 호응하는 연례적인 날로서 성탄절을 명절에 포함해도 좋을 것이다.

5) 단오 : 음력 5월 5일이며 4대 명절 중의 하나이다. 여자들은 귀신을 쫓기 위하여 청포에 머리를 감는다. 일부지역에서는 단오날 널뛰기나 그네타기, 사자춤, 씨름 등을 한다.

6) 유두(流頭) : 음력 6월 6일이며 유월 유둣날에는 흐르는 맑은 개울물에 가서 목욕을 하고 머리를 감는다. 대개 양력으로 7월에 해당하기 때문에 더위를 쫓는 행사로 볼 수 있다. 유둣날 먹는 음식으로는 유두면이나 수단, 그리고 건단과 연병이 있다.

7) 칠월칠석 : 음력 7월 7일이다. 까마귀와 까치가 만든 은하수의 오작교 다리에서 1년에 한번 부부인 견우와 직녀가 만나 부부간의 정을 나누는 날이라고 전해지고 있다. 주요 놀이로는 바느질, 수놓기, 농악, 씨름, 새끼꼬기 등이 있다.

8) 백중 : 음력 7월 15일로서 농촌에서는 벼농사를 지으면서 3벌 김매기가 끝나고 농민들이 휴식을 취하며 농악이나 씨름 등을 즐기며 음식을 해먹는 시기이다. 동네 공동우물 청소를 하고 여름과일과 술 등을 먹는다. 지방마다 각기 다른 축제행사가 있다.

9) 추석 : 중추절이다. 한가위라고도 한다. 햇곡식을 수학하여 차려놓고 조상에게 차례를 지내며 송편을 만들고 성묘를 한다. 4대 명절 중의 하나이다.

10) 동지 : 음력 12월 22일로서 팥으로 만든 동지죽을 먹으며 붉은색의 팥죽

이 액운을 막고 귀신을 쫓는다 하여 집 주위의 곳곳에 뿌리기도 한다.

새알심은 나이대로 먹는다.

이러한 날들도 유치원 교육과 관련하여 각종행사의 한 부분으로서 활용 관리하는 것이 민족의 역사나 풍습을 기억하는데 도움이 될 것이다.

참고로 각종 기념일을 보면 〈표 5-1〉과 같다(각종 기념일 등에 관한 규정 제2조 제1항 관련).

표 5-1

각종 기념일표

번호	기념일	월일	주관부처	행사내용
1	납세자의 날	3. 3	기획재정부	국민의 납세정신을 계몽하고 세수 증대에 관련된 행사
2	상공의 날	3월 셋째 수요일	지식경제부	상공업의 진흥을 촉진하는 행사
3	향토예비군의 날	4월 첫째 금요일	국방부	모든 예비군이 참가하여 향토방위의 임무를 새롭게 다짐하는 행사
4	식목일	4. 5	농림수산식품부	국민식수에 의한 애림사상을 높이고 산지의 자원화를 위한 행사
5	보건의 날	4. 7	보건복지부	국민 보건향상을 위한 관련 분야의 각종 행사
6	대한민국 정부수립일	4. 13	국가보훈처	3.1운동으로 건립된 대한민국임시정부의 법통과 역사적 의의를 기리는 행사
7	4.19혁명기념일	4. 19	국가보훈처	4.19혁명을 기념하는 행사
8	장애인의 날	4. 20	보건복지부	국민의 장애인에 대한 이해를 깊게 하고 장애인의 재활의욕을 고취하기 위한 행사

번 호	기 념 일	월 일	주 관 부 처	행 사 내 용
9	과학의 날	4. 21	교육과학기술부	과학기술의 중요성을 높이고 모든 국민생활의 과학화를 추진하는데 관련된 행사
10	정보통신의 날	4. 22	지식경제부 · 방송통신위원회	정보통신의 중요성과 의의를 높이고 정보통신사업의 발전을 다짐하며 관계 종사원들의 노고를 위로하는 행사
11	법의 날	4. 25	법무부	국민의 준법정신을 앙양시키고 법의 존엄성에 관련된 행사
12	충무공탄신일	4. 28	문화체육관광부	충무공의 높은 충의를 길이 빛내는 행사
13	근로자의 날	5. 1	노동부	근로자의 노고를 위로하고 근무의욕을 더욱 높이는 행사
14	어린이 날	5. 5	여성가족부	어린이들을 옳고 슬기롭게, 씩씩하게 자라도록 하기 위한 행사
15	어버이 날	5. 8	여성가족부	조상과 어버이에 대한 은혜를 헤아리고 어른과 노인에 대한 보호에 관련된 행사
16	스승의 날	5. 15	교육과학기술부	교권존중의 사회적 풍토조성과 스승 공경에 관련된 행사
17	5.18민주화운동 기념일	5. 18	국가보훈처	5.18민주화 운동을 기념하는 행사
18	부부의 날	5. 21	여성가족부	건전한 가족문화의 정착과 가족해체 예방을 위한 행사
19	성년의 날	5월 셋째 월요일	여성가족부	국가와 민족의 장래를 짊어질 성인으로서의 자부심과 책임을 부여하는 행사
20	바다의 날	5. 31	국토해양부	바다 관련 사업의 중요성과 의의를 높이고 국민의 해양사상을 고취하며 관계 조사원들의 노고를 위로하는 행사
21	환경의 날	6. 5	환경부	국민의 환경보전의식 함양과 실천의 생활화를 위한 행사

번 호	기 념 일	월 일	주 관 부 처	행 사 내 용
22	현충일	6. 6	국가보훈처	호국영령의 명복을 빌고 순국선열 및 전몰장병의 숭고한 호국정신과 위훈을 추모하는 행사
23	6.10민주항쟁 기념일	6. 10	행정안전자치부	6월 민주항쟁을 기념하는 행사
24	6.25사변일	6. 25	국가보훈처	6.25를 상기하여 국민의 안보의식을 고취하는 행사
25	철도의 날	9. 18	국토해양부	기간 교통수단으로서의 철도의 의의를 높이고 종사원들의 노고를 위로하는 행사
26	국군의 날	10. 1	국방부	국군의 위용 및 전투력을 국내외에 과시하고 국군장병의 사기를 높이기 위한 행사
27	노인의 날	10. 2	보건복지부	경로효친의 미풍양속을 확산시키기 위한 행사
28	세계한인의 날	10. 5	외교통상부	세계 각지에 거주하는 재외동포의 민족적 의의를 되새기는 행사
29	재향군인의 날	10. 8	국가보훈처	재향군인 상호간의 친목을 도모하고 국가 발전에 관련된 행사
30	체육의 날	10. 15	문화체육관광부	국민체력 향상을 위한 각종 체전과 아울러 올림픽 이상을 구현하는 행사
31	문화의 날	10월 셋째 토요일	문화체육관광부	방송 · 잡지 · 영화 등 대중매체의 사회적 가치를 새롭게 하고 문화예술진흥에 관련된 행사
32	경찰의 날	10. 21	행정안전부	모든 경찰공무원 및 관계관이 참석하여 민주경찰의 사명감 고취에 관련된 행사
33	국제연합일	10. 24	외교통상부	국제연합 창립과 한국동란 등 국제연합군이 참전한 뜻을 기념하는 행사
34	교정의 날	10. 28	법무부	교정관련 종사자들의 사기를 높이고 재소자의 갱생의지를 촉진하는 행사

번 호	기 념 일	월 일	주 관 부 처	행 사 내 용
35	저축의 날	10월 마지막 화요일	금융위원회	국민 저축정신을 앙양시키고 저축 · 보험 및 증권사업의 증진을 위한 행사
36	학생독립운동기념일	11. 3	교육과학기술부	학생독립운동의 정신을 계승 · 발전시켜 학생들에게 자율역량과 애국심을 함양시키기 위한 행사
37	농업인의 날	11. 11	농림수산식품부	농업이 국민경제의 근간임을 국민들에게 인식시키고 농업인의 긍지와 자부심을 고취시키며 노고를 위로하는 행사
38	순국선열의 날	11. 17	국가보훈처	국권회복을 위해 헌신하신 순국선열의 독립정신과 희생정신을 후세에 길이 전하고 선열의 위훈을 기리는 행사
39	무역의 날	11. 30	지식경제부	무역의 균형적 발전과 무역입국의 의지를 다짐하는 행사
40	소비자의 날	12. 3	공정거래위원회	소비자의 권리의식을 신장시키고 소비자보호에 대한 인식을 제고시키기 위한 행사

제10절 국기에 대한 교육

올림픽이나 세계적인 체육행사 등에 있어서 우리의 국기가 계양되고 애국가가 울려퍼질 때 그 감동은 대한민국 국민으로서의 긍지를 느끼게 한다. 이러한 국기의 의미를 알고 또 후대에 교육하는 일은 매우 의미있는 일이다.

그러한 의미에서 우리는 국기를 존중하고 애호하여야 하며 국기의 존엄성이 유지되도록 노력하여야 한다.

국기에 대하여 경례를 할 때는 선채로 국기를 향하여 오른손을 펴서 왼편 가슴에 대고 국기를 주목하거나 거수경례를 한다(대한민국국기법 제6조. 2007. 1. 26. 제정. 법률 제8272호).

제복을 입지 않는 경우는 주목을 하지만 제복을 입은 경우는 거수경례를 한다. 제복을 입지 않고 모자를 쓴 경우는 모자를 벗어 왼쪽 가슴에 댄다. 부득이 모자를 벗지 못할 경우는 오른손을 왼쪽 가슴에 대고 국기를 주목한다.

국기에 대한 경례를 할 때는 다음의 맹세문을 낭독하되 애국가를 연주할 때는 낭송하지 않는다(대한민국국기법 시행령 제4조. 2007. 7. 27. 제정. 대통령령 제20204호).

> **"나는 자랑스러운 태극기 앞에 자유롭고 정의로운 대한민국의 무궁한 영광을 위하여 충성을 다할 것을 굳게 다짐합니다."**

국기의 계양 위치는 단독주택의 대문과 공동주택 각 세대의 난간에는 중앙이나 앞에서 바라보아 왼쪽에 국기를 계양한다. 건물 안의 회의장 · 강당 등에서는 그 내부의 전면을 앞에서 바라보아 그 전면의 왼쪽 또는 중앙에 국기가 위치하도록 한다(대한민국국기법 시행령 제18조. 2007. 7. 27. 제정. 대통령령 제20204호). 가로변의 국기계양은 특별한 계양 위치가 없으며 국가 하강은 임의적이다. 24시간 365일을 계양하여도 무방하지만 훼손되거나 더러워졌다면 교체하여야 한다.

국기의 계양방법은 경축일이나 평일에는 깃봉과 깃면의 사이를 떼지 않으며 현충일이나 국장일, 또는 국빈장일 등 조의를 표하는 날은 깃봉과 깃면의 사이를 깃면의 너비만큼 떼어서 조기를 계양한다(대한민국국기법 제9조. 2007. 1. 26. 제정. 법률 제8272호).

제11절 교실환경 구성 및 관리의 실제

인간의 능력신장은 유전도 중요하지만 환경이 매우 중요하다. 인간이 환경에 의하여 형성되어진다는 말에 이의를 제기할 수는 없다. 유아들이 등원하게 되면 자기반에 들어가 귀가할 때까지 생활한다. 매일 등원하여 생활하는 교실 환경은 그만큼 유아에게는 중요하다.

교실이 과학적 활동을 체험할 수 있고 인성이 길러질 수 있는 환경으로 구성되어 있다면 유아들은 생활의 과정을 통하여 자신의 능력을 신장시킬 수 있다. 학습환경이 잘 갖추어져 영역별 활동을 할 수 있다거나 자신의 작품들이 걸려 있어 성취동기를 부여할 수 있는 교실 환경이라면 유아들은 더욱 역동적으로 유치원 생활을 할 수 있다.

유아들은 많은 활동을 하기 때문에 유아들에게 유해한 환경 요소가 있으면 이를 적절하게 개선하여야 한다. 유아들이 수업하는 공간의 각종 유구나 카펫 등도 위생관리를 철저히 하여 질병의 감염으로부터 보호되도록 하여야 한다. 그리고 세탁을 한다거나 정기적인 소독을 실시하여야 한다.

또한 유치원의 영역별 환경은 한번 제작된 환경을 한 학기나 1년간 그대로 두어서는 안 된다. 수시로 영역별 환경을 개선하고 수업내용과 관련되는 내용들이 추가되거나 바뀌어야 한다. 환경과 관련하여 위험요소가 있으면 수업 전후에 수시로 점검하여 수업에 지장이 없도록 하고 유아들도 안전하게 생활할 수 있도록 한다.

통행이 많은 차로변에 위치한 교실인 경우는 소음을 줄일 수 있는 방음시설을 할 필요가 있으며, 새로운 유구나 교구함인 경우는 포름알데히드나 휘발성 유기화합물 등의 화학약품으로 인한 아토피성 질병이 발생할 수 있으므로 방출량을 점검하여 위생적이 되도록 한다.

제12절 유아지도의 실제

1. 수업활동 지도

수업활동은 교사로서 제일 중요한 활동이다. 수업활동이 효과적으로 진행되기 위해서는 교사가 사전에 교육계획안이나 유아 지도에 대한 세심한 준비와 연습이 필요하다. 특히 새로운 주제에 대하여는 더욱 그러하다. 보다 효율적인 수업이 전개되게 하기 위하여 교수매체의 개발과 각종 메스컴의 교육 관련내용, 인터넷 등 컴퓨터 활용 교육 등이 연구되어야 한다.

교육활동은 어느 특정 분야만의 교육이 아니라 통합교육이 이루어지도록 한다. 여기서의 통합교육은 장애유아와의 통합교육을 의미하지 않는다. 우리나라 국가수준의 유치원 교육과정은 1969년 제 1차 유치원 교육과정부터 2007년 개정유치원 교육과정에 이르기까지 통합교육과정으로 운영하여 왔다고 할 수 있다.

통합교육의 논의에 있어서는 사람의 감각, 느낌, 판단, 상상, 직관 등은 분리되어 기능하는 것이 아니라 통합적으로 기능하므로 이들을 통합할 수 있는 교육이 이루어져야 한다는 것에 중점을 둔다. 감각적 체험은 이성과 결합하고, 상상은 실제와 연결되며, 직관과 지성이 짝을 이루고 가슴 속의 열정이 머릿속의 열정과 연합하고, 한 과목에서 습득한 지식이 다른 교과목으로 가는 문을 열어젖힌다는 것이다(Root-Bernstein, R. & Root-Bernstein, M., 2007).

이와 같이 유아교육에서의 교육의 의미는 통합교육과 열린교육을 통하여 이루어짐에 있다 할 것이다. 학습자 중심, 놀이활동 중심의 교육접근을 통해 열린교육을 실천하고, 유아 발달과 생활 경험 간의 유기적 관련, 활동 영역들간의 연결, 교육 내용간의 연계 등을 통해 통합교육을 실천하고 있다(박낭자 · 양승희,

2002). 교사는 유아들이 수업활동에 모두 참여하도록 교수 역량을 발휘하여야 하며 수업의 결과가 유아의 행동변화에 도움이 되도록 하여야 할 것이다.

2. 등원 지도

등원은 유아와 교사가 그날 하루를 시작하는데 있어서 처음 만나는 시간이다. 따라서 교사는 유아와 반갑게 인사하고 유아들의 건강상태나 기분상태 등을 세심히 살펴야 하며 기본적인 인사를 나누어야 한다. 유아들은 교사와의 인사뿐만 아니라 원장이나 원감, 그리고 친구들과도 인사를 나누도록 하여야 한다.

등원 후 자신의 신발을 신발장에 넣고 사물함에 필요한 물건을 넣고 그날 일과 계획에 따라 수업할 수 있는 준비를 하도록 한다. 다소 부족한 부분이 있는 유아는 교사가 돕도록 한다.

3. 화장실 지도

유아는 대사조절 기능이 어른과 같이 원만하지 못하며 때에 따라서는 교실에서 생리적 문제로 곤란을 겪는 경우가 있다. 이때 교사는 유아가 심리적 충격을 받지 않도록 적절한 조치를 취하고 다른 친구들로부터 놀림을 당하지 않도록 배려하여야 한다.

유치원에서의 화장실은 유아수준에 알맞은 화장실이어야 하며 교사는 화장실 이용에 있어서 질서와 용변볼 때 지켜야 할 점 등을 교육하여야 한다. 물론 처음 유치원에 입학하였을 때는 화장실이나 기타 유치원 시설에 대한 철저한 오리엔테이션을 실시하여야 한다.

4. 낮잠 지도

유치원의 일과는 교육을 받는 시간수에 따라 오전반, 연장반, 종일반으로 구분하는데 종일반인 경우 낮잠을 자는 경우가 있다. 교사는 종일반이 처음부터 한반으로 구성되는 경우도 있지만 대부분의 종일반이 혼합연령반으로 구성되거나 각반 희망자를 한반으로 모아 구성되기 때문에 지도에 많은 애로가 있는 실정이다. 하지만 저령 아동이나 피곤한 유아들은 낮잠을 자도록 하여야 한다.

뿐만 아니라 교사는 유아들이 잘 잘 수 있도록 주위 환경을 조용히 하고 조명등도 밤과 같이 조성해 주어 유아들이 편안하게 잠을 잘 수 있도록 한다. 이부자리는 청결한 것으로 준비하고 수시로 점검하여 빨래 등도 철저히 하도록 한다. 유아들이 잠을 잔다고 하여 교사가 자리를 이탈하거나 유아관찰에 소홀히 해서는 안 된다. 잠자는 시간도 유치원 일과이며 수업의 일환이기 때문이다.

5. 간식 지도

성장기에 있는 유아들은 활동량이 많아 금방 에너지가 소모되므로 수시로 점심 먹기 전 등 적절한 시간에 간식을 먹여야 한다. 이후에 점심을 먹기 때문에 너무 많은 양을 먹여서는 안 된다. 너무 많이 먹으면 점심시간에 유아들이 집중하여 식사하는 것을 소홀히 할 수 있으며 수업 중에도 과식으로 인하여 수업활동에 지장이 초래될 수 있다. 간식할 때에는 손씻기나 줄서기, 다른 친구 배려하기 등 기본적인 식습관 교육도 이루어져야 한다. 편의상 종이수건을 사용하는 경우도 있는데 가급적 사용하지 않도록 한다. 이는 인내심이나 질서교육, 환경교육의 일환이기 때문이기도 하다.

여기서 교사가 중요하게 생각할 부분은 식품위생과 관련하여 유아들이 먹는 음식재료들에 대한 충분한 사전검사와 사후검사를 통하여 유아들이 상한 음식을 먹지 않도록 하는 것이 매우 중요하다.

기준치 이상의 농약이 검출되거나 유해물질이 함유된 식품 등을 철저히 점검하여야 한다. 유치원별로 영양사가 있어 이를 점검하는 경우가 있겠지만 교사 또한 유아들이 음식을 먹기 전에 음식에 대한 시식을 통하여 유아의 건강에 이상이 없는 음식을 먹이도록 노력하여야 한다.

유아는 앞으로 정신적으로나 신체적으로 크게 성장할 가능성이 매우 높은데 유치원에서의 잘못된 식재료 선택이나 식재료의 영양에 대한 잘못된 정보전달로 인하여 유아의 성장에 영향을 주어서는 안 된다는 점이다.

6. 점심 지도

연장제 반이나 종일제 반 유아들은 점심을 먹게 되는데 집에서 싸와서 먹는 경우도 있고 유치원에서 점심을 제공하여 먹는 경우도 있다. 교사는 유아들이 행복하게 점심을 먹을 수 있도록 사전에 손을 깨끗이 씻는 버릇부터 가르치도록 한다. 식사 전에 손을 씻은 후 순서에 의하여 밥을 배식받고 순서대로 잘 앉아서 밥을 먹도록 한다.

밥을 먹을 때는 먹기 전에 밥을 먹을 수 있게 해 주신 분에 대한 감사의 인사를 하고 먹는 것이 좋다. 영양관리 측면에서 유아의 발육과 건강에 적절한 영양을 공급하도록 하고 교사는 유아가 편식하지 않도록 지도하여야 한다. 식단 자체가 편식하지 않도록 짜여져야 하는 것도 중요하다.

유아들에게 효율적인 영양을 공급하기 위하여 영양사와 사전에 충분히 논의하여 주간 식단을 짜도록 하되 곡류 및 전분류, 채소류 및 과일류, 어육류 및 콩류, 유유 및 유제품 등 다양한 종류의 식품을 사용하여야 하며, 염분이나 유지류, 단순당류나 식품첨가물 등을 과다하게 사용하지 않도록 하여야 한다.

또 가급적 자연식품이나 제철 채소나 제철 과일을 먹이도록 하고 유기농 식품을 사용하여 농약 등 유해물질이 함유된 식품으로부터 유아들의 건강을 보호하도록 하고, 조리법도 다양하게 활용하도록 한다. 때에 따라서는 이러한 건강식품 공급으로 인하여 식대가 증가될 수 있는데 여기에 대해서는 학부모에게 충분히 설명하여 자신의 자녀들이 건강하게 자랄 수 있도록 함이라는 점을 충분히 홍보하도록 한다.

식사지도는 영양보충과 위생적인 식사습관을 기르는 것도 중요하지만 식량 생산과 소비 및 우리나라 전통 식문화의 계승 · 발전을 위한 지도도 중요하다. 근래 인스턴트 식품을 선호하는 유아가 적지 않은데 유치원에서 이들에 대한 체계적인 전통 식문화나 전통음식에 대한 교육을 강조함도 매우 중요하다.

교사가 유아들과 식사를 같이 하는 것이 좋으며 그룹을 정하거나 특별히 이야기 나눌 유아들을 정하고 일자별로 돌아가며 유아와 식사하는 것도 유아와 대화하고 이해하는 차원에서 매우 바람직한 방법이다. 이 때에 교사가 수업 중에 하지 못했던 생활지도를 개인별로 만나서 식사 중이나 식사가 끝난 직후에도 할 수 있다.

식사가 끝나면 잘 먹었다는 인사를 하고 식판을 들고 나와 반납하고 손을 깨끗이 씻은 후 모두 함께 반으로 돌아오도록 한다. 물이 식당에 있는 경우는 식당에서 먹고 오도록 하고 학급에 물이 있는 경우는 학급에 와서 순서대로 물을 먹는다. 특히 교사는 유아들이 밥을 먹기 전 음식이 상했는지를 맛보고 상한 음식이 있다면 즉각 음식 먹기를 중지하여 유아가 식중독 등 위생상의 문제가 발생하지 않도록 한다.

7. 놀잇감 정리

자유선택놀이 시간이 끝나면 유아들은 자기가 가지고 놀았던 놀잇감들은 제자리에 놓을 수 있도록 교육한다. 또한 선생님은 수업이 끝난 후에 놀잇감이 정상적인 위치에 정리되었는지 확인하여 잘못되었으면 바로잡고 다음 수업에 지장이 없도록 한다.

놀잇감은 고정된 몇 가지만 항상 그 자리에 있으면 유아들이 지루해 할 수 있으므로 수업에 지장이 없고 놀잇감 배치에 객관적으로 문제가 되는 위치가 아니면 바꾸어 볼 수도 있다 또 놀잇감도 수시로 다른 것으로 교환하거나 추가하여 새로운 환경에서 많은 경험을 해 보도록 한다.

유아들이 놀잇감을 가지고 놀이하는 카펫도 위생상 매우 취약한 지역이므로 교사가 수시로 점검하여 빨래를 한다거나 소독을 하여야 한다. 이에 대한 판단은 그 학급을 책임지고 있는 교사가 행하여야 할 책무이다. 이러한 일에 무관심하다면 교사로서 심각한 책임 회피가 될 것이다. 또 놀잇감을 가지고 장난을 친다거나 던지거나 하여 상처가 나지 않도록 교사는 사전 주의사항 등을 유아들에게 사전에 숙지시킨다.

8. 건강 지도

근래 유아들은 체격은 많이 성장하고 있지만 체력이 극히 저조하다. 이러한 유아들의 체력을 증진시키기 위하여 건강증진 계획을 마련하고 체계적으로 체육활동을 실시하여야 하며 그 결과를 평가하여야 한다.

지역의사(한의사와 치과의사 포함)와도 연계하여 유아의 기본적인 건강검진을 받도록 하여야 하며 교사나 유치원 관련자 등도 건강검진을 계획적 · 정기적으로 진행하여 필요하다면 교직원에 대하여 치료와 근무여건 개선 등 필요한 조치가 이루어져야 한다. 신종플루 등 새로운 질병 등이 많이 발생하고 있으므로 정기적인 예방접종 실시를 하도록 하고 건강검진에 이상이 있는 유아는 학부모와 상의하여 등원 관리나 병원 입원 등의 조치를 하도록 하여야 한다. 또 전염성이 강한 질병이 있을 경우는 다른 유아를 생각하여 등원 중지를 하도록 하는 일도 필요하다. 단 유치원장이 등원 중지를 명할 때는 그 사유와 기간을 구체적으로 명시하여야 한다. 다만 질환증세 또는 질병 유행의 양상에 따라 필요한 경우에는 그 기간을 단축하거나 연장할 수 있다(학교보건법 시행령 제22조 2항. 2008. 8. 4. 전부개정, 대통령령 제20949호).

건강상황에 대하여는 사전에 병의 이력에 대하여 조사해 두어 유아의 건강을 관리하도록 하고 생활기록부 특기사항난에도 건강검진과 관련된 신체검사 내용을 기록해 두도록 한다.

9. 실외 지도

유아들이 교실 밖에서 활동할 때에는 열린 공간으로서 유아들의 임의적 활동이 많아지게 된다. 구룹별 활동도 많아지며 교사가 유아들의 행동을 일거수일투족 관리하기가 어렵게 된다.

따라서 사전에 충분한 주의사항을 전달하고 실외에서 이루어지는 교육내용이 어떠한 내용인지를 설명하도록 한다. 실외공간이 넓은 경우는 유아들 간에 구룹이나 짝을 맺어 주어 어떤 일이 발생할 경우 즉각 담임교사에게 알릴 수 있는 전달체계를 교육해 두도록 한다.

10. 귀가 지도

귀가시에 일부의 유아들은 마음이 들떠 있어 선생님의 통제권을 벗어나는 일도 있다. 교사는 처음 등원했던 순서와 방법에 따라 유아가 정상적으로 귀가할 수 있도록 철저한 인원 점검을 한다. 유치원 통학 차량을 이용할 경우 원아와 학부모가 확실히 만날 수 있도록 하고 학부모가 유아를 만나지 못했을 때는 학부모에게 전화를 하여 유아의 교통사고나 유괴 등 불의의 사고를 예방하도록 한다.

만약 차량 고장으로 귀가가 늦은 경우는 통신수단을 이용하여 학부모에게 즉각 상황을 알려주어 학부모들이 걱정하지 않도록 한다. 유아가 선생님과 헤어질 때는 적절한 작별인사를 하도록 하고 유아도 학부모에게 잘 다녀왔다는 인사를 하도록 한다.

제13절 방학 중의 학급관리

방학에는 유아들이 유치원에 등원하지 않지만 교사는 미리 정리하지 못한 교수 자료나 유아들의 학습물들을 체계적으로 정리한다. 또 자기 학급에 있는 교구나 시설 · 설비 등을 수시로 점검하고 다음 학기 수업에 지장이 없도록 준비를 철저히 하여야 한다.

담임교사로서 해결하기 어려운 시설이나 설비 등은 원감이나 원장에게 보고하여 방학 중 수리가 되도록 함으로써 다음 학기 수업 중 수업에 방해가 되지 않도록 한다.

지난 학기 동안 사용하였던 환경게시물이나 교구 · 교재 등을 재점검하고 시일이 지났거나 퇴색되어 있는 게시물 등은 과감히 폐기한다. 방학 중에 교사는 자기가 맡은 반을 깨끗하고 아름답고 활기찬 신선한 환경을 구성하여 유아들이 개원하면 산뜻한 환경에서 생활할 수 있도록 교실 학습 환경을 개선한다.

방학이면 교사가 쉬고 유치원에 아예 나오지 않은 것이 아니라 자기연수나 다음 학기 수업을 준비하는 시간이 되어야 한다. 또 학기 중 챙기지 못했던 건강이 있다면 방학을 이용하여 다음 학기에 수업활동에 무리가 없도록 건강한 몸을 만들도록 하여야 한다.

제 6 장

교사양성

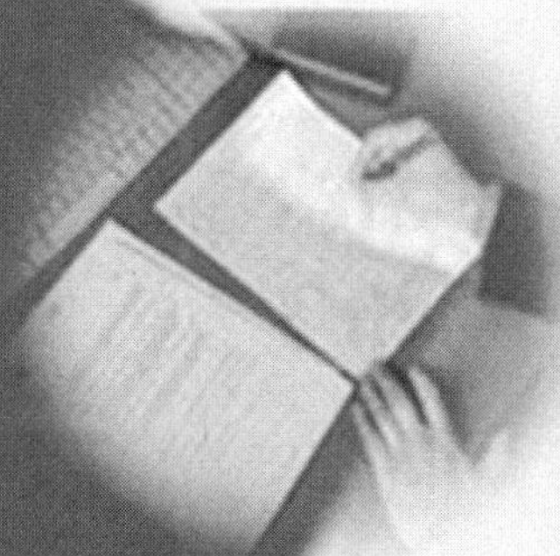

제1절 교사양성기관

유치원 교사를 양성하는 기관은 교사자격 무시험 검정을 통하여 교사자격증을 취득하는 2~4년제 전문대학교 유아교육과, 4년제 대학 유아교육과, 교육대학원 교육학과 유아교육전공, 교육대학 심화과정 등과 시험검정인 유치원교사 검정시험으로 교사가 되는 준교사가 있다.

제2절 교사양성과정

1. 전문대학교 유아교육과

유치원 교사를 양성하는 과정은 2~3년제 전문대학교 유아교육과에서 이루어지는데 대개 3년제 유아교육과이고 2012년부터는 전공심화 과정을 통하여 일정기준이 충족되면 1년 이상의 현장경험이 없이도 연속 학업을 계속하여 학사학위를 취득할 수 있다. 교사 양성에 있어서 학제상 4년제와 교육대학원이 있지만 2급 유치원 정교사를 양성하는데 있어서는 교직과목 이수 과목이나 학점이 4년제와 동일하게 적용되며, 전공교과에 있어서도 기본이수영역이나 이수해야 할 과목과 학점이 4년제 대학교와 같다. 전문대학교마다 다소의 차이가 있지만 전문대학교 3년제 졸업시 필요한 120학점 중 교양 14~20학점을 뺀다면 근 100학점이 전공과 관련된 교과목이라 할 수 있다.

2. 4년제 대학 유아교육과

4년제 유아교육과는 전문대학교에 비하여 졸업 학점이수 범위가 140학점 이상이고 교양학점이 학교마다 차이는 있지만 교양학점이 약 30% 정도를 차지하고 있기 때문에 약 40학점이 교양학점이라 할 수 있다. 전공과 관련된 학점이 100학점 정도되는데 4년제 대학은 복수전공이나 부전공(2008년부터 폐지됨)의 길이 열려져 있다.

부전공의 경우 교과교육영역 8학점 이상(3과목) 학점 이수와 교과내용 영역 30학점 이상(기본이수 영역 14학점 이상 포함)을 취득하게 되면 교사자격증을 취득하기 때문에(교원자격검정실무편람, 2010. 252쪽) 부전공자는 자신의 교사자격증과 관련된 주전공의 최대 과목이수가 72학점 이상이 될 수 있다.

2009년도부터 주전공 자격 취득의 경우 교직과목 22학점(교직이론 14학점, 교직소양 4학점, 교육실습 4학점) 이상을 취득하여야 하고 전공과목은 50학점(기본이수과목 7과목 이상, 21학점 이상 포함) 이상 취득하여야 한다.

비사범계열 4년제 일반학과에서 교직이수를 통하여 유치원교사자격증을 취득할 수 있는데 대상은 동계열 전공자로서 2학년 중에 학교의 장에 교직과정 이수신청을 하며 학교의 장은 교직과정 신청자를 인성 · 적성 · 성적을 고려하여 당해학년도 입학정원의 30%범위 내에서 선발하여 교직과정을 이수하게 하고 있다(교육과학기술부, 교원자격검정 실무편람, 1010. 3). 이는 교사수급상의 문제 때문에 제한하고 있으며 교직이수 학과 선정에도 교육과학기술부의 승인이 있어야 한다. 실제적으로 적은 인원을 대상으로 교직이수과정을 개설해야 하는 어려운 여건 때문에 점차 교직이수과정 지원이 줄고 있다.

3. 교육대학원 교육과 유아교육전공

교육대학원 또는 교육과학기술부장관이 지정하는 대학원 교육과에서 교육과학기술부장관이 정하는 학점 및 과목을 이수하고 석사학위를 받으면 해당 교사자격증을 취득할 수 있다. 유치원 교사자격증을 취득하고자 하는 자는 4년제 대학을 마치고 교육대학원 교육과에서 유아교육을 전공하고 4년제 대학에 가서 일부 부족 기본이수 영역을 이수하고 석사학위 논문을 통과하게 되면 유치원 2급 정교사자격증을 받을 수 있다.

4. 교육대학 유아교육 심화과정

교육대학에서 유아교육 심화과정을 신청하여 일정 과목을 이수하게 되면 유치원 2급 정교사를 받을 수 있다. 이럴 경우 초등교사 2급자격증과 유치원 2급 정교사 자격증을 받을 수 있다. 교과교육영역은 6학점 이상(2과목 이상)을 이수하여야 한다(유치원 및 초등·중등·특수학교 등의 교사자격 취득을 위한 세부기준, 2008. 1. 8제정, 2009. 7. 13. 교육과학기술부고시 제2007-161호).

5. 준교사

준교사는 교사양성이라기보다는 검정시험을 통하여 교사자격을 주는 과정으로서 과거 교사가 부족할 때 실시되었던 제도이다. 고등학교 졸업 이상의 학력이 있는 사람에게 응시자격이 주어지며 시험관련 과목으로서는 사회정서·발달영역·언어발달영역·신체발달영역·건강영역과 관련된 전과목 시험을 보게 된다. 시험 출제 수준은 전문대학 졸업 정도이고 시험시간은 120분이다(교원자격검정령 시행규칙 제20조 제4항). 합격자에게는 유치원 2급준교사 자격증이 수여된다. 이후 유치원 임용시험에 합격하거나 사립유치원에서 유치원 교사로서 2년 이상 근무한 후 일정기간 동안 연수를 마친 후 일정시험에 합격하면 유치원 2급 정교사가 된다.

6. 유치원 교원의 자격기준

1) 유치원 원장·원감 자격기준(교원자격검정실무편람, 2010. 3. 10쪽)

유치원 원장·원감 자격기준은 [별표 1]과 같다.

[별표 1] 유아교육법(법률 제8676호, '07. 12. 14) 제22조 제1항 관련

종별＼자격	자 격 기 준
원장	1. 유치원 원감자격증을 가지고 3년 이상의 교육경력과 소정이 재교육을 받은 자 2. 학식 · 덕망이 높은 자로서 대통령령이 정하는 기준에 해당한다고 교육과학기술부장관의 인정을 받은 자
원감	1. 유치원 정교사(1급)자격증을 가지고 3년 이상의 교육경력과 소정의 재교육을 받은 자 2. 유치원 정교사(2급)자격증을 가지고 6년 이상의 교육경력과 소정의 재교육을 받은 자

※ 비고 : 1. 원장 · 원감, 초 · 중등교육법의 규정에 의한 교장 · 교감, 교육장 · 장학관 · 장학사 · 교육연구관 · 교육연구사의 경력연수는 교육경력 연수로 볼 수 있다.

2) 유치원 교사 자격기준(교원자격검정실무편람, 2010. 3. 10쪽)

유치원교사의 자격기준은 [별표 2]에 구체적으로 제시하고 있다.

[별표 2] 유아교육법(법률 제 8676호, '07. 12. 14) 제22조 제2항 관련

급별＼자격	자 격 기 준
정교사(1급)	1. 유치원 정교사(2급)자격증을 가진 자로서 3년 이상의 교육경력을 가지고 소정의 재교육을 받은 자 2. 유치원 정교사(2급)자격증을 가지고 교육대학원 또는 교육과학기술부장관이 지정하는 대학원의 교육과에서 유치원 교육과정을 전공하여 석사학위를 받은 자로서 1년 이상의 교육경력이 있는자
정교사(2급)	1. 대학에 설치하는 유아교육과 졸업자 2. 대학(전문대학 및 이와 동등 이상의 각종학교와 「평생교육법」 제31조 제3항에 따른 전문대학 학력인정 평생교육시설을 포함한다) 졸업자로서 재학 중 소정의 보육과 교직학점을 취득한 자 * 산업대학 포함 3. 교육대학원 또는 교육과학기술부장관이 지정하는 대학원의 교육과에서 유치원 교육과정을 전공하고 석사학위를 받은 자 4. 유치원 준교사자격증을 가진 자로서 2년 이상의 교육경력을 가지고 소정의 재교육을 받은 자

* 2012년부터 5세반을 담당할 교사는 1급, 2급 정교사이며, 어린이집 5세반도 1급, 2급, 3급(1급, 2급 교사가 없는 특별한 경우에만 가능) 보육교사가 교육하게 된다.

급별\자격	자 격 기 준
준교사	1. 유치원 준교사 자격검정에 합격한 자
강사(유아교육법 시행령 별표)	1. 전문대학 졸업자 또는 이와 동등 이상의 학력이 있는 자로서 유아교육과 관련되는 분야를 전공한 자 2. 전문대학 졸업자 또는 이와 동등 이상의 학력이 있는 자로서 유아교육과 관련되는 분야에 2년 이상 실무경력이 있는 자 3. 제 1호 내지 제2호 외의 자로서 교육감이 따로 정하는 자격기준에 해당되는 자
명예교사(유아교육법 시행령 별표)	유치원 규칙 또는 법인의 정관 등이 정하는 자격기준에 해당하는 자

※ 비고 : 1. 원장 · 원감, 초 · 중등교육법의 규정에 의한 교장 · 교감, 교육장 · 장학관 · 장학사 · 교육연구관 · 교육연구사의 경력연수는 교육경력 연수로 볼 수 있다.
2. 이 표 중 전문대학에는 종전의 초급대학 · 전문학교 및 실업고등전문학교를 포함한다.

* 유아교육과 졸업자 중 성적 미달로 정교사(2급)를 취득하지 못하는 경우 초 · 중등교육법 제21조 2항 1호에 의거 실기교사(보육) 자격증 부여

7. 교사자격증의 재교부(교원자검정실무편람, 2010. 3)

교원자격증 재교부는 최초 발급기관에서 담당하는 것이 원칙이나 현직 교원은 대학에서 교사자격증을 취득한 경우에도 소속 시 · 도 교육청에서 교부할 수 있다.

교사자격증 발급이 대학의 장에게 위임되기 전 문교부(또는 교육부)에서 교원자격증을 발급함으로 인하여 대학에 '교원자격증 발급자 명부'가 없더라도 '교원자격증 발급 신청 대상자 명부' 등 관련 서류를 참고로 NEIS에서 확인하여 대학에서 발급이 가능하다(국립사범대학은 1981년부터, 사립 사범대학은 1989년부터 대학에서 발급하였다). 출신대학에 발급관련 서류가 없어 재교부 등이 불가능한 경우 민원인의 거주지와 가까운 시 · 도교육청이 재교부 및 정정 업무를 담당하고 있다(교원자격검정실무편람, 2010).

8. 교사자격증의 박탈

허위 기타 부정한 방법으로서 자격증을 받은 자로서 예를 들면 교육실습을 실제로 하지 않고 교육실습 결과서를 제출한 경우, 논문 표절로 인하여 대학원의 졸업이 취소된 경우, 무시험검정 합격기준에 미달되었음에도 불구하고 업무 담당자가 고의로 합격상정을 한 경우 등이다.

제3절 교사양성에 있어서 필요한 교직과목과 전공이수 영역 교과목 및 학점

유치원교사 자격 취득은 대학, 산업대학(전문대학 및 이와 동등 이상의 각종학교 포함), 방송통신대학 졸업자로서 소정의 보육과 교직학점을 이수한 자로 한다고 하였다.

무시험검정으로 자격을 취득할 수 있으며 중요기준은 2009년부터 전공과목은 50학점 이상 이수하여야 하고 교직과목은 22학점 이상 이수하여야 하며, 졸업 평점 환산 점수는 100분의 75점 이상 취득하여야 한다고 하였다.

구체적 내용은 다음과 같다.

1. 교직과목

교직과목명 및 이수학점은 다음 표와 같다(교원자격검정실무편람, 2010).

* 교직과목 이수학점 “2009학년도 입학자(2011학년도 이후 편입학자 포함)

구 분	최저이수 기준		
	정교사(2급) 및 교사(2급)	준교사	실기교사
교직이론	○ 14학점 이상 (7과목 이상) -교육학개론 -교육철학 및 교육사 -교육과정 -교육평가 -교육방법 및 교육공학 -교육심리 -교육사회 -교육행정 및 교육경영 -생활지도 및 상담 -그 밖의 교직이론에 관한 과목	○ 10학점 이상 (5과목 이상) -교육학개론 -교육철학 및 교육사 -교육과정 -교육평가 -교육방법 및 교육공학 -교육심리 -교육사회 -교육행정 및 교육경영 -생활지도 및 상담 -그 밖의 교직이론에 관한 과목	○ 4학점 이상 (2과목 이상) -교육학개론 -실기교육방법론
교직소양	○ 4학점 이상 - 특수교육학개론 (2학점 이상) * 영재교육 영역(단원) 포함 - 교직실무(2학점 이상)		
교육실습	○ 4학점 이상 - 학교현장실습 (2학점 이상) - 교육봉사활동 (2학점 이내 포함가능)		
합계	총 22학점	총 10학점	총 4학점

2. 전공이수 영역 교과목 및 학점

자격종별	학 과	기본이수과목(또는 분야)	비 고
유치원정교사(2급) Kindergarten Teacher	유아교육과	유아교육론, 유아교육과정, 영유아발달과 교육, 유아언어교육, 유아사회교육, 유아과학교육, 유아수학교육, 유아미술교육, 유아음악교육, 유아교사론, 유아동작교육, 유아놀이지도, 유아교육기관운영관리, 아동복지, 유아건강교육, 유아관찰 및 실습, 부모교육	기본이수과목 7과목 이상, 21학점 이상 포함

교과교육영역 : 2009년 이전의 교직과목을 전공과목으로 전환하여 이수하도록 하였다. 즉 2009년부터는 유아교과교육론, 유아교과교재연구 및 지도법, 유아교과논리 및 논술에 관한 교육, 기타 교과교육영역 중 3과목 8학점 이상을 전공과목에서 반드시 이수하도록 하여 교과영역을 강화하였다.

위 표들에서 알 수 있듯이 2009년 입학생부터 달라진 점은 교사자격증을 취득하고자 하는 자는 교직을 22학점 이상을 이수하여야 하고 전공에서 이수하여야 할 기본이수영역은 50학점 이상을 이수하여야 한다. 성적은 졸업평점 환산점수 100분의 75점 이상이어야 한다(교원자격검정령 제19조 3, 항개정 2007. 12. 30, 유치원 및 초등 · 중등 · 특수학교 등의 교사자격 취득을 위한 세부기준 2008. 1. 8. 제정, 교육인적자원부고시 제2007-161호).

2009년 이전 교사자격증 소지자인 경우는 교사자격종별에 관계없이 교육실습을 인정받게 된다. 아울러 과거 교직과목에 포함되었던 교과교육론이나 유아논술 및 교재연구 및 지도법 등은 전공영역에서 다루도록 했고 교직과목에는 봉사활동과 특수아교육을 필수로 다루도록 추가하였다. 또 이수해야 할 교직과목이나 전공과목 이수교과 및 학점을 상향 조정하였다. 이는 교사의 질적 개선을 도모한다는데 그 의의를 두고 있다.

즉, 교사자격증을 취득하는 데는 전문대학이나 4년제대학이나 교직교과와 전공교과 모두 이수과목이나 학점에 차별을 두지 않겠다는 의미이다. 이로써 대한민국의 무시험교사자격증 취득은 4년제 대학교나 전문대학이나 모두 똑같은 기준에서 취득되어진다.

제4절 상급자격 취득을 위한 재교육

교육공무원의 재교육과 연수를 위하여 연수기관을 둔다(교육공무원법 제39조, 2008. 3. 14. 법률 제8889호). 상급자격증의 취득을 위한 재교육 또는 강습에 대하여는 교원자격검정령 21조(개정 1987. 9. 17, 1991. 2. 1) 1에 명시되었는 바 교육공무원 39조의 규정에 의한 연수기관에서 15학점 이상의 학점을 취득하고 총학점 평균 성적이 60점 이상이어야 한다고 하였다(개정 2006. 4. 6). 또 교원자격검정령 21조 2에서는 교육과학기술부장관이 지정하는 연수기관에서 상급자격증의 취득을 위한 연구과정을 180시간 이상 이수하고 총평균 성적이 60점 이상이어야 한다(호개정 2001. 1. 29, 2008. 2. 29)고 하였다.

연수에 있어서 연수기관은 교육연수원, 교육행정연수원, 종합교육연수원, 원격교육연수원 등이 있다. 이 연수기관 중 교육연수원은 유치원에 근무하는 교원을 대상으로 하는 연수원이며 교육행정연수원은 원장 · 원감 및 교원자격검정령 제23조에 제시한 원장 자격인가와 관련한 자격인정기준에 해당하는 자를 연수하는 곳이다.

연수기간 및 이수시간은 [별표 1]과 같다(교원 등의 연수에 관한 규정 제7조(개정 2000. 2. 28, 2008. 2. 29).

[별표 1] 자격연수의 기간 및 이수시간(신설 2008. 2. 19)

구 분	교사 1급, 원감 · 교감	원장 · 교장
연수기간	30일 이상	50일 이상
이수시간	180시간 이상	360시간 이상

제5절 유치원에서의 장학활동

1. 장학의 개념

유치원 생활을 하는데 있어서 유치원 행정이나, 유아들과 관련한 생활지도, 유아들의 학습태도를 어떻게 길러야 학습효과를 높일 수 있을까? 하는 어려움에 봉착할 때가 적지 않다. 더 나아가 교수방법을 활용하는데 있어서 효율적인 방법은 어떤 것일까?, 교육과학기술부에서 강조한 교육내용과 지역사회에 적합한 교육내용은 어떠한 것인가?, 유치원 조직 내에서 원장이나 원감, 그리고 다른 선생님 하고는 어떠한 인간관계를 맺어야 하는가?를 배워야 한다.

이와 같이 교사가 어려움에 놓이게 될 때 개인적 역량이나 집단적 활동을 통하여 교사 자신이 문제를 해결할 능력과 실력이 필요하게 되는데 이러한 능력을 보조하고 조언하는 것이 장학이다.

장학의 어원을 살펴보면 Supervision은 “Superior”과 “Vision”의 합성어로서 “Superior”는 높은 곳 혹은 우수한을 뜻하고 “Vision”은 “본다” 혹은 “감시한다”로 보기 때문에 장학은 우수한 사람이 위에서 본다라고 할 수 있다. 그렇게 본다면 Supervisor는 높은 곳에서 우수한 눈으로 보는 사람이라 할 수 있다. 그래서 이전에는 장학을 감시 · 감독하는 것으로만 생각하였으며 이로 인하여 일제시대에는 시학관 · 시학으로 불려지기도 하였다.

하지만 실제로 장학은 민주적인 교육에서는 지도 · 조언이란 말로 정의되어지고 있다. 즉 교사의 능력과 실력을 향상할 수 있는 지도 · 조언이 장학이라 할 수 있다.

과거에는 감독자적 입장에서 교사의 능력을 수준이 낮다고 보고 교사를 지도 · 감독하려는 장학이 있었는데 이는 바람직한 장학이라고 보기는 어렵다. 일례로 예전에 장학사가 온다하면 학교가 긴장하는 경우가 있었는데 이는 장학사의 감독적 · 관료적 태도 때문이다. 하지만 지금의 장학은 서로 협조적인 분위기에서 지도 · 조언하는 형태로 바뀌어지고 있다.

장학은 교육 전반에 관한 사항을 발전시키고자 함이며 여기에는 교육목표를 달성하기 위한 협력적 활동을 한다든지, 교육방법의 향상을 도모한다든지, 교육활동을 향상시키기 위한 교육행정, 환경, 설비 등의 개선에도 도움을 준다든지 하는 지원을 말한다.

따라서 장학의 주체는 교사가 된다고 할 수 있다. 즉 장학은 교사들이 그들 나름대로 주도권을 가지고 교육활동을 원할히 할 수 있도록 도와주는 것이며 교사와 장학담당자 간에 협력적 관계를 구축하여야 한다. 그러기 위해서는 장학담당자가 관리적 차원이 아니라 인간적 · 인격적 차원에서 장학이 이루어지도록 하여야 한다.

2. 장학의 종류

장학의 종류로는 중앙장학, 학무장학, 임상장학, 동료장학, 자기장학, 자체장학(원내연수), 인간자원장학 등이 있다. 이를 간단히 설명하면 다음과 같다(임채식 외, 2002).

1) 중앙장학

중앙장학은 종래의 문교장학을 의미한다. 교육과학기술부 내에서 이루어지는 모든 장학행정을 말한다. 중앙장학은 교육활동의 전반적인 기획, 조사, 연구, 관리, 지도, 감독을 통해 중앙의 교육행정업무를 보좌하는 참모활동을 주축으로 하고 있다.

교육과학기술부의 장학 행정은 특정부서에서 담당함이 아니라 각 관할부서에서 분산적으로 그 고유 업무와 관련되어 장학활동을 수행하고 있다. 중앙장학업무는 부서별의 장학관, 교육연구관, 장학사, 교육연구사에 의하여 이루어지고 있다(한공우 · 임창원, 2006).

2) 학무장학

학무장학은 시 · 도 교육청과 그 하급교육행정기관(하급교육지원청)에서 이루어지는 장학행정을 말한다. 이는 교육활동을 위한 장학지도, 교원의 인사관리, 유아의 생활지도, 교육기관의 감독을 통해 지방의 교육행정업무를 관할하는 행정활동으로 규정할 수 있다.

지방장학행정은 주로 시 · 도 교육청의 교육정책국의 각과별 부서에서 고유업무와 관련되어 장학활동을 수행하고 있다. 지방장학업무는 교육정책국의 장학관, 교육연구관, 장학사, 교육연구사에 의하여 이루어진다. 이는 교육청을 중심으로 이루어지는 장학 활동으로 과거보다는 민주적인 장학이 이루어지지만 아직까지 계선조직의 특징을 무시할 수는 없다. 즉, 이론적으로는 전문적 조언을 주로 하는 역할을 해야 하지만 실제로는 지도, 감독, 명령하는 권한이 주어지는게 현실이다(한공우 외 1, 2006).

3) 임상장학

임상장학이란 장학담당자와 교사가 일대일의 관계를 이루며 이루어지는 장학이다. 즉, 장학 담당자와 교사가 합리적인 수정에 관심을 두고 수업의 계획, 참관, 수업에 대한 집중적인 분석의 3단계의 체계적 순환방법으로 수업개선에 초점을 맞춘다.

4) 동료장학

동료장학이란 교사들이 수업에 관한 자신의 성장을 위해서 협동하는 형태의 장학을 말한다. 즉, 교육활동의 개선을 위하여 모임이나 짝을 이루어 상호간에 수업연구, 공개활동의 추진, 공동과제 및 관심사의 협의, 연구 추진 등을 공동으로 노력하는 과정을 의미한다. 여기에는 동료임상장학, 전문서적읽기 및 세미나 등이 있다.

이러한 동료장학이 인간관계가 좋지 않은 상황에서는 반목의 요소가 될 수 있지만 유치원 실정을 잘 알지 못하고 원칙적인 입장에서 장학지도를 하는 장학사의 지도보다는 거부감이 적고 좋은 인간관계가 구축되고 있는 유치원 내에서는 동료간 부족한 점을 보완하고 지원하는 차원에서 하는 것이 바람직한 장학이라 할 수 있다.

같이 교사활동을 하면서 지역여건이나 유아들의 특성들을 공유하며 바람직한 교육활동이 어떠한 것인지를 서로가 비교적 잘 아는 상태에서 이루어지는 장학활동이기 때문에 수업개선 전략을 짜거나 유치원 실정을 감안한 최선의 교육활동을 찾는데 공감대 형성이 빠르며 모든 교사에게 도움이 될 수 있는 장학이 될 수 있다.

5) 자기장학

자기장학이란 교사가 내적 동기를 가지고 스스로의 성장과 발전을 위하여 자신을 계발하는 자발적인 방법이다. 자기임상장학, 대학 및 대학원 등록 자격연수, 전문단체 참여 등의 다양한 방법으로 자기장학에 임할 수 있다. 이윤식(1996)은 자기장학의 구체적인 방법을 다음과 같이 설명하였다(임채식 외, 2002, 재인용).

(1) 스스로 자신의 수업을 녹음 또는 녹화하고 이를 분석하여 자기반성, 자기발전의 자료로 삼는 방법
(2) 스스로 교사 평가 체크리스트를 이용하여 자신의 교육활동을 평가 분석하여 자기반성, 자기발전의 자료로 삼는 방법

(3) 1인 1과제 연구 혹은 개인현장연구 등을 통하여 자기발전을 도모하는 방법
(4) 교직활동 전반에 관련된 전문 서적이나 전문 자료를 탐독 · 활용하여 자기발전의 자료로 삼는 방법
(5) 전공 교과영역, 교육학영역 또는 관련 영역에서의 대학원과정(4년제 대학과정, 방송통신대학교 과정 등) 수강을 통하여 자기발전을 도모하는 방법
(6) 교직 전문단체, 연구기관 , 학술단체, 대학 또는 관련사회기관이나 단체 전문기관을 방문하거나 전문가와의 면담을 통하여 자기발전의 자료를 수집하는 방법
(7) 교육활동에 관련이 되는 현장에 대한 방문이나 견학 등을 통하여 자기발전의 자료를 수집하는 방법
(8) 각종 연수회, 교과연구회, 학술발표회, 강연회, 시범연수 공개회 등에 참석하거나 학교 상호 방문 프로그램에 참여하여 자기발전을 도모하는 방법
(9) TV와 라디오 등의 방송매체가 제공하는 교원연수 프로그램이나 교원연수와 관련된 비디오테이프 등의 시청을 통하여 자기발전을 도모하는 방법

6) 자체연수

자체연수는 지식, 정보, 경험 등을 나눌 수 있는 좋은 방법 중의 하나로 유아교육기관 현장에서 많이 활용되고 있다. 자체연수는 원 자율장학의 한 형태로 교육활동 개선을 위해 교사들의 요구에 의하여 유아교육기관의 인적 · 물적 자원을 활용하여 유치원 자체에서 실시하는 연수활동이다.

외부와 전문단체 연수에 참여한 교사가 연수받은 후 유치원 내에서 전달연수를 하는 경우도 있으며, 외부강사를 원내로 초빙하여 교사들을 대상으로 연수하는 경우도 있다. 원내장학은 원장을 중심으로 교육과정 운영이나 교수-

학습과정 및 교육환경을 개선하기 위하여 교사를 지도 · 조언하는 장학인데 유치원이 소규모인 곳이 많기 때문에 원장 이외에 원감, 주임교사, 동료교사들이 장학에 참여하는 경우가 많다. 이러한 원내의 자율장학이 매우 바람직한데 그 이유는 다음과 같다(조부경 · 백은주 · 서소영, 2001).

첫째, 교사의 발달을 돕는 장학의 출발은 교사에 대한 이해를 전제로 이루어져야 하는데 이러한 교사 개개인의 요구를 외부 장학사가 모두 파악한다는 것은 쉬운 일이 아니기 때문이다.

둘째, 세부적인 수업에 대한 협의는 장학요원과 교사 간의 상호 신뢰와 친밀함이 전제되어야 효과적인데 외부 장학사와 교사가 이러한 관계를 단기간에 형성한다는 것은 쉽지 않다. 관계형성이 제대로 이루어지지 않은 상황에서의 세부적인 장학협의는 오히려 부작용을 초래할 수 있다는 점이다. 이는 대부분의 교사들은 장학을 부담스러워하고 거부감을 갖는 교사들이기 때문이며 교사들 대부분이 장학사와의 신뢰로운 관계를 경험하지 못해서 일어나는 일이라 할 수 있다.

셋째, 유아교육기관의 특성이 매우 다양하며 각 기관별로 독특한 프로그램 운영이 권장된다. 따라서 장학사가 각 기관의 특성에 대해 깊이 있게 이해하지 못한 상태에서의 세부적인 협의와 개입은 자칫 잘못된 방향을 제시하는 것이 될 수 있다는 점이며 협의하는 데도 어려움이 뒤따른다. 따라서 원내에서의 개별 교사의 특성이나 기관의 특성이 충분히 고려된 상태에서의 자율적인 장학 형태가 가장 효과적일 것이다.

이렇게 자체연수가 효과적이라 할지라도 자체연수가 빈번하게 실시되므로서 교사들에게 심한 심적 · 정신적 부담을 주거나 교사들의 자율업무를 수행하는데 많은 시간을 소비하게 한다면 오히려 자체연수를 부담스러워하고 외적인 형식적 참여로 끝남으로써 자체연수의 역효과가 발생할 수도 있음을 경계하여야 한다.

결국 이러한 장학 활동은 교사들이 교사로서 자신의 부족한 점을 보충하는 길이 될 것이며, 교사로서 홀로 설 수 있는 능력의 향상 과정이라 할 수 있다.

즉 자신의 부족된 점이 어떠한 점인지 원인을 파악하고 이를 수정하며 이후에는 실수를 저지르지 아니하고 교육활동에 임하게 하는 것이다. 이러한 장학 활동은 교사 자신에게나 유치원 전체의 발전을 위한 긍정적 활동으로 자리하게 되며, 유아들에게도 학습해야 할 학습권을 보장해 준다는 차원에서 꼭 필요한 활동이라 할 수 있다.

7) 인간자원장학

인간자원장학은 인간관계론을 강조하는 협동장학에 가깝다. 그러나 협동장학이 참여를 통해 교사들의 직무만족을 높이고 그 결과로서 학교효과성의 증대를 목표로 하는 반면, 인간자원장학은 참여를 통해 학교효과성을 증대시키고 그 결과로서 교사들의 직무만족을 목표로 한다는 특징을 가지고 있다.

따라서 이 장학 개념은 기본적으로 인간의 가능성을 신봉하며 인간이 안락만을 추구하는 존재가 아니라 일을 통한 자아실현을 추구한다는 기본가정하에 학교과업의 성취를 통한 직무만족에 초점을 둔다는 인본주의적 특징을 보여주고 있다. 특히 자발적 참여를 통한 학교효과성과 직무만족 증대를 동시에 이끌어 낼 수 있는 지도성이 강조되고 있는데 이는 최근 장학론의 추세가 지도성을 강조하는 방향으로 흐르고 있는 것과 무관하지 않다(한공우 외 1, 2006).

3. 장학의 기능

장학활동은 교육현장에서 교육활동의 향상과 발전을 위하여 불가분의 요소이다. 그렇다면 장학을 통하여 어떠한 것을 얻을 수 있을까?

Gray는 장학의 기능을 교수개선, 좋은 일의 격려와 비효과적 노력과 오용되고 있는 에너지의 적극적인 제지라고 말한다(W. H. Burton, 1927). Hicks는 장학의 기능을 진단적, 평가적, 개선적 기능이라고 하였다(H. J. Hicks, 1960). Adams

와 Dickey는 장학기능을 다음과 같이 정리하고 있다(H. P. Adams, F. G. Dickey, 1960).

첫째 교사가 자주성을 함양하도록 도와주어야 한다.

둘째, 교사들이 그들의 문제를 분석처리할 수 있는 힘을 길러 주어야 한다.

셋째, 교사들의 안전감과 문제해결에 있어서 그들의 능력에 대하여 신뢰감을 발전시키는데 있다.

넷째, 교사와 더불어 건전한 교육철학을 발전시키는데 조력하는 것이다.

이상의 장학지도 기능을 보면 다음과 같은 원리를 종합하여 발견할 수 있다(조성일, 1986).

1) 장학은 선도권, 자기신념, 의무에 관한 책임을 자극시켜야 한다.
2) 장학은 창조정신을 작용시킬 수 있는 안정감을 발전시키고 고무시켜 주어야 한다.
3) 장학지도자는 교수-학습의 효과를 증진시키기 위하여 타인과의 활동을 책임져야 한다.
4) 장학평가는 계속적 과정이며 분석과 진단을 선행하며 범위와 기술을 내포하며, 개선을 위한 중요한 기준이며 수단이다.
5) 장학개선은 항상 변화를 내포하고 보다 나은 욕망과 계획된 이론, 연구와 실험, 지적인 방법과 수정, 교수-학습 상황의 제 요소를 포함하고 효과적이고 계속적인 평가의 과정이다.

4. 장학지도자의 역할

장학지도자는 그 대상이 되는 교사들에 대하여 자신의 능력을 최대한 발휘하고 훌륭한 교사로서 성장할 수 있는 기회를 갖도록 여러 여건을 감안하여 지도하여야 한다. 장학지도를 받는 교사가 장학지도를 받음으로써 오히려 교직에

회의를 느끼고 비적극적이며, 자포자기한 교사생활이 되게 해서는 안 된다. 따라서 장학지도자는 다음과 같은 점을 염두해 두고 장학지도를 하여야 한다(조성일, 1986).

첫째, 민주적 지도가 이루어지도록 한다. 민주적 지도는 교사와 유아의 성장발달에 주안점을 두어야 한다. 창의적 지도성 발휘, 교직원이 안정감 · 소속감을 갖도록 하여야 하며 교직원의 의견 존중, 교사의 장점을 찬양하고, 책임을 분담하며, 의사를 전체적 합의에 의하여 결정하여야 한다. 또 집단계획 활동에 따르는 창의적 아이디어, 직원의 인화단결에 바탕을 둔 지도능력을 발휘하도록 분위기 조성에 총력을 기울인다.

둘째, 조사연구 기능을 강화한다. 장학이 효과적 성과를 올리려면 모든 장학활동은 과학적인 조사연구의 방안을 고안하여 전문화 내지는 과학화를 이루어야 한다. 장학의 기본 기능은 유아를 위하여 학습의 환경을 개선하고 교사들이 일을 잘 할 수 있게 해 주기 위해 존재하는 봉사활동이다. 장학을 맡아보는 사람들의 역할은 교사들의 능력을 충분히 발휘시켜 주는 것이다.

셋째, 현장중심의 장학강화이다. 장학의 필요는 학습현장으로부터 생기는 것이다. 원장이 장학지도자로서의 역할과 책임을 수행하기 위해서는 장학의 목표와 방침을 올바로 이해하고 유치원의 특성에 맞추어 장학지도계획을 수립하여야 할 것이다. 현장과 격리된 장학계획이나 장학활동은 시간낭비며 인력낭비이다. 현실성이 있고 실현 가능한 장학이 이루어지도록 하여야 한다.

아울러 장학담당자들이 관심을 가져야 할 구체적 영역을 살펴보면 다음과 같다(한공우 외 1, 2006, 재인용).

1) 교육과정 및 교수목표
2) 교육프로그램의 내용과 범위 그리고 조정
3) 대안과 그 선택
4) 교육과정과 교수의 혁신
5) 지식의 구조화

6) 학습집단의 조직과 시간계획
7) 학습주제의 계획
8) 학습자료의 선정과 평가
9) 교사의 유형에 따른 학습효과
10) 교육적 경험의 개발과 평가
11) 교수법과 수업진행 절차
12) 교실의 학습 풍토
13) 교사와 학생 및 프로그램의 평가

제6절 현장연구

1. 현장연구의 중요성

현장연구는 유치원현장에서 실시되며 현직 교사들이 행하고 있는 활동이 효과적인가 그렇지 않은가를 알아보는 연구이다.

교사들은 교육의 현장에서 많은 상황에 접하게 된다. 교수-학습활동에서 문제점이나 유아 생활지도에서 나타나는 문제점 등에 대하여 어떻게 대처하여야 할 것인가 매우 고민할 때가 많다. 이럴 때 현장연구를 통하여 얻어진 정보는 상황에 따라 적절한 행동과 실천을 할 수 있는 중요한 자료가 된다는 점이다.

즉, 현장연구는 교육의 현실을 개선하기 위한 현장의 문제해결에서부터 시작된다는 점이다. 따라서 현장연구의 결과는 교육현장의 교육활동 향상이나 개선을 위하여 즉시 이용할 수 있다.

다음은 현재 우리나라에서 실시되고 있는 현장연구의 실례이다.

2. 현장교육 연구운동[1)]

현장교육 연구운동은 한국교원단체총연합회가 주관이 되어서 시행되고 있다. 연구대회는 교육현장에서 연구, 자료개발, 제도개선, 교수활동 성과 등의 실적을 대상으로 공정한 경쟁을 통해 연구실적으로 인정되는 대회이다.

이러한 연구대회는 매년 개최되고 있으며 연간 1만 여 명의 유 · 초 · 중등교원이 참여하고 있다. 구체적 내용을 요약하면 다음과 같다.

1) 전국현장교육연구대회

2011년도로 55회를 맞이하고 있으며 시 · 도 현장교육연구대회는 매년 1~2월 중에, 전국현장연구대회는 3~4월 중에 있다. 따라서 현장교육연구대회에 출품하고자 하는 교원은 연구계획서를 당해연도 3~4월에 시 · 도 한국교원단체총연합회로 제출하고, 12월~1월 중 완성된 연구보고서를 제출한다.

전국대회에 출품된 연구보고서는 5단계의 엄격한 심사과정을 거친다. 예비심사단계에서 보고서의 표절 · 모작 여부를 확인하고 있으며 본심사에서 선정된 1등급 후보작에 대해 공개적으로 발표심사를 거쳐 최종 입상등급을 부여한다. 이 정도로 철저하게 심사를 하는 것은 교사들이 제출한 연구보고서이기도 하지만 좋은 연구보고서를 작성해야 하는 것이 교사의 소명이기도 하기 때문이다.

이러한 현장연구를 하고자 하는 교원은 먼저 시 · 도교원단체총연합회에서 주최하는 시 · 도 현장교육연구대회에 출품하여야 하며 동 대회에서 소정의 심사를 거쳐 1등급 · 2등급으로 입상하여야만 한국교원단체총연합회에서 주최하는 전국현장연구대회에 출품하게 된다.

---

1) 한국교원단체총연합회 (http : //www.kfta.or.kr. 2010.

2) 전국교육자료전

전국교육자료전은 우수한 교육자료를 교육현장에 소개하고 교육자료 제작에 대한 교사들의 관심을 유발하며 교육방법 개선과 교육자료 개발을 촉진시키기 위하여 1970년부터 개최하고 있는 대회이다.

교육자료전은 한국교원단체총연합회와 시 · 도 교육과학(정보)연구원 및 시 · 도 교원단체총연합회가 연대하여 주관하고 있으며 광주, 충북, 전북, 전남, 제주 등 5개 시 · 도는 해당 시 · 도 교원단체총연합회가 주관하고 나머지 11개 시 · 도는 해당 시 · 도 교육과학(정보)연구원에서 주관하고 있다. 시 · 도 교육자료전은 매년 7~8월 중에, 전국자료전은 10월 중순경에 개최한다.

교육자료를 출품하고자 하는 교원은 시 · 도 단위 주최 · 주관처별로 연구 · 제작에 필요한 제작비용 등을 지원하고 있다.

3) 연구대주제

연구대주제는 2년 주기로 설정하고 있다. 연구대주제는 학교교육에 대한 현실 과제와 미래지향적 지표를 제시하고, 이에 대해 교육전문가에 의한 대주제 해설집을 간행하고 있다. 주제해설 내용은 주제에 대한 개념, 이론적 배경, 연구활동 내용, 연구방향, 구체적인 연구과제 등을 담아 제시하고 있다.

4) 응모자격

(1) 유아교육법 제22조(교원의 자격), 초 · 중등교육법 제16조(교원 · 조교의 자격기준 등)에 규정된 자격이 있는 교원과 교육기관, 교육행정기관 및 교육연구기관의 장학직, 연구직(단, 전국초등교육연구대회의 경우는 초등교원과 전문직에 한함)으로 한다.

(2) 시 · 도 교원단체총연합회에서 주최하는 현장연구대회에 출품하여 입상

한 연구보고서(전국현장교육연구대회)로 한다.

(3) 시 · 도 교원단체총연합회 및 시 · 도 교육과학(정보)연구원에서 주최하는 교육자료전에 출품하여 입상한 작품(전국교육자료전)을 출품할 수 있다.

5) 심사기준

교육자료전의 심사기준 및 배점과 내용을 보면 〈표 6-1〉과 같다.

표 6-1

심사기준 및 배점

심사기준 및 배점	내 용
자료의 적절성(20점)	① 교육과정 및 교육활동과 직접 연관성이 없는가? ② 자료의 제작목적이 명확하고 타당한가? ③ 교수-학습활동에 효과적으로 이용될 수 있는가?
창의성(20점)	① 자료가 참신하고 독창적인가? ② 본인이 직접 구상하여 제작한 작품인가?
완성도(20점)	① 자료가 기본목적과 설계에 따라 제작되었는가? ② 자료제작기술은 정밀한가? ③ 자료가 매체의 특성을 적절하게 살리고 있는가? ④ 자료가 견고하고 사용이 편리한가? ⑤ 자료를 체계적으로 조직 · 정리하였는가?
교육에 기여도(20점)	① 교육문제 해결을 위한 접근 방법이 타당한가? ② 교육효과 증진에 도움이 되는가? ③ 현장교육 개선에 기여도가 높은가?
일반화 가능성(20점)	① 제작에 소요된 경비는 적절한가? ② 교육현장에 보급이 용이하고 경제성이 있는가? ③ 제작자료의 재료구입과 제작방법이 용이한가.

6) 시상

입상편수는 전국현장연구대회 최종 출품 연구보고서에 대하여 1 · 2 · 3등급이 1 : 2 : 3의 입상비율이 유지되도록 하다. 1등급은 한국교원단체총연합회 푸른 기장증 및 교육과학기술부장관상을 수여하고 2 · 3등급은 한국교원단체총연합회장상을 수여한다.

최고상 심사를 거쳐 선정된 최우수작품 2편에 대하여 대통령상(1편), 국무총리상(1편)을 수여한다(단, 정부포상지침(행정안전부)에 따라 대통령상과 국무총리상 수상자가 공동출품 또는 공동수상의 경우 대표 수상자 1인 또는 단체(팀) 명의로 상장이 발급된다).

7) 연구실적 평정

교원단체총연합회의 현장연구 입상실적에 대한 평정을 교육공무원승진규정 제34조, 제35조, 제36조, 제37조에 따라 요약 발췌하여 정리하여 보면 다음과 같다(교육공무원승진규정, 2008. 2. 29. 대통령령 제20740호, 교육과학기술부와 그 소속기관 직제).

제34조에 교육공무원의 연구실적 평정은 연구대회입상실적과 학위취득실적으로 나누어 평정한 후 이를 합산한 성적으로 한다고 하였다.

제35조는 연구대회입상실적평정 내용이다. 입상실적평정은 국가 · 공공기관 또는 공공단체가 개최하는 연구대회로서 교육과학기술부장관이 인정하는 전국규모의 대회나 특별시 · 광역시 또는 도의 교육청 · 지방공공기관 및 공공단체 등이 개최하는 교육에 관한 연구대회로서 시 · 도교육감이 인정하는 시 · 도 규모의 연구대회에서 입상한 실적으로 한다. 연구대회 입상실적이 2인 공동작일 경우는 각각 입상실적의 7할로 평정하고 3인 공동인 경우에는 입상실적의 5할로 평정하며 4인 이상 공동작일 경우에는 입상실적의 3할로 인정한다.

제37조에는 연구실적 평정점이 제시되었는데 그 내용은 〈표 6-2〉와 같다.

표 6-2

연구실적평정점(개정 2007. 5. 25)

입상등급	전국규모연구대회	시 · 도 규모연구대회
1등급	1.50점	1.00점
2등급	1.25점	0.75점
3등급	1.00점	0.50점

* 단, 연구실적 평정점은 3점을 초과할 수는 없다.

석사 및 박사학위 취득 평정점은 〈표 6-3〉과 같다. 이 경우 직무와 관련있는 학위의 인정기준은 승진후보자명부작성권자가 정한다.

표 6-3

석박사학위취득 실적 평정점(개정 2002. 6. 25, 2007. 5. 25)

구분	평정점
박　사	직무와 관련이 있는 학위 3 점 기타의 학위 1.5점
석　사	직무와 관련이 있는 학위 1.5점 기타의 학위 1점

따라서 한국교원단체총연합회에서 실시하는 전국자료전이나 전국현장연구대회에서의 입상실적은 연구대회관리에 관한 훈령(교육과학기술부훈령 제155호)에 따라 위의 규정을 적용받게 된다(한국교원단체총연합회, 2011년 제55회 전국현장교육연구대회, 재인용).

이러한 평정점은 상급자격 취득시 활용되므로 교사는 꾸준히 연구하고 교수-학습자료 개발에 노력하여 보다 효율적인 학습활동이 전개되도록 하여야 한다.

8) 불공정행위에 대한 유의사항

교사로서 불공정행위를 하는 것은 매우 바람직하지 않다. 「연구대회관리에 관한 훈령」(교육과학기술부훈령 제155호, 2009. 12. 20) 제21조(불공정행위의 관리 및 보고) 및 제22조(불공정행위의 제제)에 따라 연구대회 출품과정에서 자유롭고 공정한 경쟁을 저해하는 불공정 행위를 한 때에는 입상취소, 징계 등의 제반 불이익을 당할 수 있음을 제시하고 있다.

9) 표절 및 모작 판단기준 예시

표절 및 모작으로 연구보고서를 작성하거나 교육자료를 출품하는 일은 유아들을 가르치는 교사로서 용납되기 어려운 일이다. 이는 자신을 속이는 일이며 교육을 속이는 일로써 극히 조심하여야 하며, 진실되게 자기의 능력을 발휘하도록 하여야 한다. 표절 및 모작 판단기준의 예시를 들면 다음과 같다.

(1) 인용표시를 하지 않고 각종 선행연구물의 대부분 또는 상당부분을 그대로 옮기거나 문장을 일부 변형하여 쓴 경우

(2) 인용표시를 하지 않고 선행연구와 다른 연구과정을 거치기는 하였으나 목적 및 가설(중점), 결론 또는 제언의 대부분 혹은 상당 부분이 선행연구와 같은 경우

(3) 연구의 과정에서 선행 연구보고서의 절차 또는 특수한 모형을 그대로 혹은 일부분을 바꾸어 적용하고도 그 출처를 밝히지 않은 경우

(4) 각주를 달았으나 선행연구의 각주와 비교해 볼 때 동일자료(단행본, 논문, 기타 자료)의 동일한 문장이 여러 곳에서 발견된 경우

(5) 이미 발표된 이론 또는 문장, 도표, 삽화, 통계 등을 각주 없이 활용한 경우

(6) 선행연구의 특수한 모형(또는 도표, 삽화, 통계)을 문장으로 바꾸거나 도표로 정리해 놓고 그 출처를 밝히지 않은 경우

(7) 연구자(본인) 또는 타인이 이미 발표하여 사회에 알려지거나(석 · 박사 학위 논문 등) 입상한 논문을 부분 변용 · 기술한 경우

(8) 선행연구와 외형적인 구조 · 구성은 다르나 전체적인 흐름에서 상당 부분

유사한 점이 여러 곳에서 발견되는 경우

(9) 시범학교 운영연구, 시 · 도 교육청의 정책적 연구결과를 개인연구로 변형하여 제출한 경우 등이다.

교사는 위와 같은 표절 모작으로 승진에 이용하거나 자신의 연구실적을 쌓는 부도덕한 연구활동을 하지 않아야 한다. 근래 각종 연구물이나 조형 작품 등에 있어서 모작 문제를 연구윤리 차원에서 접근하기 때문에 더더욱 교원으로서 품위가 손상되지 않도록 하여야 한다.

위의 현장연구운동 관련 내용은 학국교원단체총연합회에서 주관하여 실시된 공고 내용을 중심으로 정리하였다. 이외의 전국교직원노동조합 등 다른 교직단체에서도 교사 현장연구와 관련된 공고 및 승진 관련사항이 있을 것으로 판단되나 이들 내용에 대하여는 차후 수록할 계획이다.

제 7 장

교원의 임용과 복무

제1절 임용시험과 배치

1. 교육공무원의 정의

교육공무원(사립학교 교원은 국·공립 교육공무원의 규정에 의함, 사립학교법 제52조)이라 함은 교육기관에 근무하는 교원 및 조교, 교육행정기관에 근무하는 장학관이나 장학사, 그리고 교육기관·교육행정기관에 근무하는 교육연구관이나 교육연구사를 말한다(교육공무원법 제2조). 이 법에 따라 유치원에서의 교원은 원장, 원감, 교사를 말하며 직원으로서는 촉탁의사, 영양사, 간호사나 간호조무사, 행정직원과 기타 필요에 의하여 채용된 자를 말한다.

2. 임용의 정의

임용이라 함은 신규채용, 승진, 승급, 전직, 전보, 겸임, 파견, 강임, 휴직, 직위해제, 정직, 복직, 면직, 해임 및 파면을 말한다(공무원임용령, 2009. 대통령령 제21716호).

이를 간단하게 용어만 설명하면 다음과 같다.

① 신규채용 : 시험에 의하여 새로이 임명됨을 말한다. 신규채용은 제1절 4에 구체적으로 제시한다.

② 승진 : 직위가 오르는 것을 말한다.

③ 승급 : 급수나 등급이 오르는 것을 말한다.

④ 전직 : 공무원의 직렬을 변경하여 임명하는 것이다. 예를 들면 시·도교육감이 교원 수급상 필요한 경우 교원이 희망하는 바에 따라 당해 인이 소지하고 있는 교원자격증과 관련 있는 학교급의 교원으로 전직 임용한

다는 경우다(교육공무원 인사관리규정 제13조, 2008. 교육과학기술부 훈령 제56호). 추가 내용은 제4절에 제시한다.

⑤ 전보 : 다른 직에 보임됨을 말한다. 전보 계획에 있어서 임용권자는 소속 공무원에 대한 동일 직위에 있어서 장기 근무로 인한 침체를 방지하기 위하여 매년 전보 계획을 수립하도록 하고 있다(교육공무원인사규정 제18조 ①, 2008. 7. 28). 공무원 인사관리 규정으로서는 전보구역(제19조), 정기전보(제20조), 비정기전보(제21조), 전직 · 전보의 제한(제22조), 전보의 특례(제23조) 등이 있다.

⑥ 겸임 : 겸임은 여러 가지 직무를 겸하는 것을 말한다. 구체적 내용은 제3절에 제시한다.

⑦ 파견 : 임무를 맡겨 사람을 보내는 것을 말한다.

⑧ 강임 : 임무를 내리는 것을 말한다. 구체적 내용은 제4절에 제시한다.

⑨ 휴직 : 공무원이 그 신분을 유지하면서 일정기간 직무를 쉬는 것을 말한다.

⑩ 직위해제 : 일정관직이나 직책에서 물러나게 하는 것을 말한다. 구체적 내용은 제3절에 제시되어 있다.

⑪ 정직 : 일정기간 직무를 정지시키는 것을 말한다. 1개월부터 3개월까지가 있다.

⑫ 복직 : 휴직했던 자가 본디 직으로 돌아옴을 말한다. 구체적 내용은 제11장 교원의 복직에 정리되어 있다.

⑬ 면직 : 일정한 직업에서 물러나게 하는 것이다. 구체적 내용은 제3절에 제시한다.

⑭ 해임 : 어떤 직위나 임무를 내놓게 하는 것을 말한다. 관련 내용은 제 3절에 제시한다.

⑮ 파면 : 직무를 면제시키는 것을 말한다.

3. 임용의 원칙

교육공무원의 임용은 자격임용주의와 성적주의가 있는데 그 자격 · 재교육 성적 · 근무성적 · 기타 능력의 실증에 의하며, 교원으로서의 자격을 갖추고 임용을 원하는 모든 자에게 대하여 능력에 따라 균등한 임용의 기회기 보장되어야 한다고 하였다(교육공무원법 제10조 1).

승진임용에 있어서는 연수 및 근무성적의 평정을 토대로 하는 승진후보자 명부 순위에 따라 임용하게 된다. 법적 결격 사유에 해당된 자에 대하여는 임용을 금지한다. 즉, 금치산자 혹은 한정치산자, 파산자로서 복권이 되지 아니한 자 등이다. 금고 이상의 형을 받고 그 집행의 유예기간이 완료된 날로부터 2년이 경과되지 아니한 자, 금고 이상의 형의 선고 유예를 받고 그 선고유예 기간 중에 있는 자, 징계에 의하여 해임의 처분을 받고 3년을 경과하지 아니한 자 등도 포함한다.

4. 교원의 신규채용

교원의 신규채용은 공개전형에 의하며, 공개전형에 있어서 담당할 직무수행에 필요한 연령, 기타 필요한 자격요건과 공개전형의 절차 · 방법 및 평가요서 등 공개전형의 실시에 관하여 필요한 사항은 대통령령으로 한다고 하였다(교육공무원법 제11조, 개정 2004. 10. 15).

유치원 교원임용시험은 매년 유치원 수급상황에 따라 10월경 공고를 내고 11월 말이나 12월 초순경에 시험을 치루게 된다. 접수는 현장접수나 인터넷 접수로 이루어진다. 채용인원은 각 시도별 수급상황에 따라 다르나 시험 날짜는 같다. 시험과목에 대한 배점 비율이나 가산점 등은 각 시 · 도별로 차이가 있기 때문에 응시하고자 하는 응시지원자는 사전에 각 시 · 도 홈페이지나 순위고사 전문학원 등에서 정보를 입수하여야 한다. 응시지원 자격은 유아교육과 졸업예정자나 졸업자, 유치원 2급 준교사 자격시험 합격자이다. 2013년부터는 한국사능력검정시험 3급 이상의 능력을 갖추어야 지원이 가능하다.

응시시험은 3차까지 실시되며 제 1차시험은 선택형의 필기시험으로, 제2차 시험은 논술형의 필기시험으로, 제 3차시험은 교직적성 심층면접과 수업능력(실기·실험을 포함한다) 평가로 한다. 다만 응시자가 채용예정 인원수에 미달되거나 시험실시 기관이 필요하다고 인정할 때에는 시험의 일부를 면제할 수 있다(교육공무원 임용후보자 선정경쟁시험규칙 제7조 ①).

제1차 시험에서는 교육학과 전공(교과내용학과 교과교육학을 말한다)을 평가하고 제2차 시험에서는 전공에 대한 종합적인 이해와 교직수행 능력을 평가하되 각각 채용예정직에 상응하는 학력과 능력을 평가한다. 실기·실험은 예·체능 과목, 과학교과 등 실기·실험이 필요한 경우에 실시하며 채용예정직에 상응하는 실기·실험 능력을 평가한다.

교직적성 심층면접 시험은 교사로서의 적성·교직관·인격 및 소양을 평가한다. 이 경우 시험실시기관은 교직 부적격자를 확인할 수 있는 평가지표를 개발하여 활용하여야 한다. 수업능력 평가는 수업의 실연 등을 통하여 교사로서의 의사소통 능력과 학습지도 능력을 중점 평가한다(교육공무원 임용후보자 선정경쟁시험규칙 제7조 2007. 10. 1, 교육인적자원부령 제914호). 유치원 채용 예정직도 피아노, 동화능력 등 유치원 교사로서 필요한 실기·실험 능력을 평가한다.

시험공고는 시험기일 20일 전까지 공고하여야 하며 공고내용을 변경할 경우에는 시험기일 7일 전까지 이를 다시 공고하여야 한다(교육공무원 임용후보자 선정경쟁시험규칙 제9조, 조개정 1990. 12. 26).

합격자의 결정은 제1차 시험 및 제2차 시험 합격자의 결정은 시험단계별 매 과목 4할 이상을 득점한 자 중에서 시험성적의 다득점자 순으로 하되 제1차 시험 합격자는 임용예정인원의 2배수 이상으로, 제2차 시험 합격자는 임용예정인원의 1.5배수 이상으로 한다. 최종합격자는 제1차 시험·제2차 시험 및 제3차 시험의 성적을 각각 100점 만점으로 환산하여 합산한 시험성적의 다득점자 순으로 결정한다(교육공무원 임용후보자 선정경쟁시험규칙 제17조).

부정행위를 한자에 대한 조치(교육공무원령 제11조의 4)로서는 당해 시험을 저지 또는 무효로 하고 그 처분이 있은 날로부터 2년간 이 영에 의한 시험에 응시하지 못하도록 하고 있다.

합격자는 신규채용시 대통령령에 의하여 신체검사를 시행하여야 하며 임용권자 또는 임용제청권자는 신체검사의 합격기준에 미달하는 자를 임용하거나 임용제청하여서는 안 된다(교육공무원법 제 16조)고 함으로써 유아를 대상으로 교육하는 교사의 건강이 얼마나 중요한가를 가늠할 수 있다.

5. 원장의 임용

공립유치원장의 임용에 있어서 단설유치원은 교육감이 임용하고 병설유치원은 초등학교 교장이 겸임한다. 사립 유치원에서의 임용은 법인이나 사립유치원 경영자가 임용한다. 유치원 원장의 임기는 국 · 공립유치원은 신규임용이나 중임시 4년의 범위 안에서 임기를 정하여 임명하며 사립유치원은 법인이나 사립유치원 경영자가 일정기간을 정하여 임용한다.

6. 교사 · 강사의 임용

교사의 임용후보자 채용순위(교육공무원임용령 제10조)는 ① 교사임용후보자 선정 공개전형에 합격한자에 대하여 교육과학기술부령이 정하는 바에 따라 임용후보자 명부를 작성 · 비치하여야 한다. ② 신규교사를 채용할 때에는 제1항의 작성된 임용후보자명부의 고순위자순으로 그 채용예정인원의 3배수의 범위 안에서 임용 또는 임용제청하여야 한다.

국 · 공립에 있어서 신규임용시에는 임용후보자 고순위자순으로 임용하며 사립유치원인 경우는 법인이나 사립유치원 경영자가 자체기준에 의하여 임용한다. 사립유치원의 경우 교사 임용예정과 관련된 교사채용 예정공고는 유치원의 홈페이지나 유치원 채용 Syte(고가네 등)를 통하여 하게 되고 응시를 원하는 자는 그 조건에 맡는 준비를 하여 응시하여야 한다.

유치원 교원의 임용보고는 가급적 빠르게 처리하도록 하되 적어도 7일 이내 서류를 갖추어 임용 결과를 보고하도록 한다.

교육공무원 신규임용 또는 임용 제청할 때에는 [별표 1]과 같은 서류를 구비하여야 한다(교육공무원 인사기록 및 인사사무 처리규칙 제11조).

[별표 1] 인사발령을 위한 구비서류(개정 1994. 5. 12, 2003. 3. 6, 2006. 6. 26)

발령구분	구비서류	비 고
신규채용	인사기록카드 1통(대통령이 임용하는 경우에는 2통) 최종학력증명서 1통 경력증명서 1통 채용신체검사서 1통 신원조사회보서 1통 신원진술서 3통(대통령이 임용하는 경우는 4통) 자격증사본 또는 자격인정조서 1통 호봉획정표 1통 사진(명함판 상반신 탈모 3매)	공무원채용신체검사규정 제3조의 규정에 의한 신체검사실시 의료기관 발행

임용시 임용제청권자는 소속 교직원에 대한 인사발령 사항을 기재하기 위한 인사 발령대장을 비치 보관하여야 한다. 그리고 소속 교직원에 대한 인사기록을 작성 유지 · 보관하여야 한다. 또한 임용권자가 교원 임용시에는 임용장을 수여한다.

강사의 임용에 있어서는 국 · 공립의 경우 유치원 교육과정상 강사 필요시 교원 외에 강사, 기간제교사, 명예교사를 둘 수 있다(강사 등의 자격기준 유아교육법 제27조 관련). 강사의 자격으로는 (1) 전문대학 졸업자 또는 이와 동등 이상의 학력이 있는 자로서 유아교육과 관련된 분야를 전공한 자, (2) 전문대학 졸업자 또는 이와 동등 이상의 학력이 있는 자로서 유아교육과 관련이 있는 분야에서 2년 이상 실무 경력이 있는 자, (3) 위의 (1), (2)외의 자로서 교육감이 따로 정하는 자격기준에 해당하는 자이다. 사립유치원은 법인의 정관이나 자체기준에 의하여 임용한다. 또 명예교사임용 제도가 있는데 이는 유치원 규칙 또는 법인의 정관 등이 정하는 자격기준에 해당하는 자를 임용한다.

유치원 교원 임용시 지켜야 할 사항으로서는 첫째, 무자격 교원을 임용하여서는 안 되며, 둘째, 공무원 보수규정에 준한 적정보수를 지급하여야 한다. 셋째, 교원의 장기근속을 권장하여야 하고 넷째, 유치원교사를 교육자로서 우대하여야 한다. 예전에는 유치원 교사를 보육을 담당하는 보모로서의 지위를 가지는 경우도 있는데 이는 적절하지 않다.

일부 사립유치원에서 임으로 계약제로 교사를 채용하는 경우가 있는데 이를 교사를 내보내기 위한 수단으로 활용하여서는 안 된다. 교사를 계약제로 채용하기 위해서는 사전에 임용조건을 고시하거나 알려야 하며 이를 어기고 일방적으로 계약을 해지하는 일은 관례상이나 법적으로 옳지 못하다.

7. 퇴직

퇴직이란 면직, 사직, 그 밖의 사망 외의 사유로 인한 모든 해직을 말한다. 다만 공무원의 자격이 소멸된 날 또는 그 다음 날에 다시 자격을 취득하고 이 법에 따른 퇴직급여 및 퇴직수당을 받지 아니한 경우에는 예외로 한다(공무원연금법 제3조 4).

8. 교원의 배치

원장 · 원감 외에 학급당 교사 1인 이상을 배치한다. 단 2학급 이하인 경우는 원장 · 원감이 교사를 겸할 수도 있다. 종일제 운영 유치원은 학급 담당교사 외에 종일제 운영을 담당할 교사 1인 이상을 둘 수 있다. 또 다음과 같은 경우는 학급 수에 따라 보직교사수를 추가로 더 둘 수 있다.

(1) 3학급 이상 5학급 이하의 유치원에는 1인
(2) 6학급 이상 11학급 유치원에는 2인
(3) 12학급 이상의 유치원에는 3인

단, 11학급 이하의 유치원으로서 교육과학기술부장관이 지정하는 연구학교에서는 위의 보직교사 수보다 보직교사 1인을 더 둘 수 있다. 보직교사의 명칭은 관할청이, 유치원별 보직교사의 종류 및 업무분장은 원장이 정한다.

제2절 교원의 복무

1. 교원의 의무

인간은 누구나 조직에 소속되고 있다. 가정, 사회, 국가의 크고 작은 조직에 소속되어 있음은 마땅히 그 조직에서 요구하고 있는 의무 또한 지켜야 함을 의미한다.

서재복 외(2010)는 교원의 의무를 적극적 의무와 소극적 의무로 구분하였다. 적극적 의무는 교육 및 연구 활동의 의무, 선서 · 성실 · 복종의 의무, 품위유지의 의무를 제시하였으며, 소극적 의무는 정치활동 금지의 의무, 영리 및 겸직 금지의 의무, 집단행위의 제한, 영예 등의 제한 등이 있다고 하였다. 이를 구체적으로 정리하면 다음과 같다.

1) 성실의 의무

교원은 국가공무원법과 사립학교법이 정한 의무를 지켜야 한다. 국 · 공립학교의 교원은 공무원으로서 국가공무원법과 교육공무원법을 지켜야 하며, 사립학교 교원도 사립학교법에 의하여 국 · 공립에 준한다는 내용이 있으므로 공 · 사립교원은 모두 국가공무원법이나 교육공무원법을 적용받는다.

교원의 성실의 의무에 대해서는 헌법 제7조 ①에 '공무원은 국민전체에 대한 봉사자이며 국민에 대하여 책임을 진다'라고 하였고, 국가공무원법 제56조(성실의무)에서 '모든 공무원은 법령을 준수하며 성실히 직무를 수행하여야 한다'(개정 2008. 3. 28)고 하였다. 또 공무원의 선서문에서도 '나는 국민의 편에 서서 정직과 성실로 직무에 전념한다(공무원 인사기록 · 통계 및 인사사무 처리 규정 제12조 1항 별표 1)'고 함으로써 이러한 성실의 의무는 모든 공무원의 기본적인 의무라 할 수 있다.

교원의 의무는 직무상의 의무는 물론이고 직무 이외의 기품 유지 의무도 강조하고 있는데 이에 대해서는 교육기본법 14조 ②에서 '교원은 교육자로서 갖추어야 할 품성과 자질을 향상하기 위하여 노력하여야 한다'고 밝히고 있다(개정 2008. 3. 21). 이는 교원에게 있어서 인성적 요소가 무엇보다도 중요하다는 점을 명시하였다고 할 수 있다.

이러한 교원의 의무에 근거하여 교원은 교육 및 연구활동의 의무 또한 성실의 의무에 해당하는 것으로서 교원은 학습자를 가르치는 데 필요한 전문적인 지식을 쌓아야 할 뿐만 아니라 꾸준한 연찬이나 연수 과정을 거치면서 전문가로서 필요한 능력을 신장시키는데 노력하여야 함을 의미한다. 즉, 유치원 교사는 유아를 성실하게 교육하고 유아들이 올바른 방향으로 성장할 수 있도록 최선의 노력을 기울여야 한다는 점을 강조한다.

2) 직무상의 의무

(1) 법령 준수 의무

국가공무원법 제56조에서 '모든 공무원은 법령을 준수하며…'(개정 2008. 3. 28)와 공무원의 선서문의 나는 상사의 법령을 준수하고…(공무원 인사기록 · 통계 및 인사사무 처리 규정 제12조 1항 별표 1)'의 조항은 공무원의 법령 준수 의무를 규정하고 있다 할 수 있다.

교원이 법령에 따르지 않고 임의로 행정을 하거나 교육기본법 제14조 ③에서 제시한 '교원은 교육자로서의 윤리의식을 확립하고 이를 바탕으로 학생에게 학습윤리를 지도하고 지식을 습득하게 하며 학생 개개인의 적성을 계발할 수 있도록 노력하여야 한다.'라고 한 내용을 위배하거나 ④에서 제시한 '교원은 특정한 정당이나 정파를 지지하거나 반대하기 위하여 학생을 지도하거나 선동하여서는 아니 된다.'고 한 정치적 중립성을 의무로 정한 내용을 위배하여서는 안 된다. 이와 같이 교원은 자신의 자기관리가 매우 중요하다는 것을 법적으로 규정하고 있다.

이는 공무원은 법치주의에 의거하고 법령에 따라 행정을 하여야 함을 의미한다. 만약 교원이 법령에 따라 행정을 하지 않고 법령에 위배된 행정을 할 경우는 당해 행정행위에 대한 하자가 있을 뿐만 아니라 교원 자신은 징계책임이나, 형사 · 민사책임이 있다.

(2) 복종의 의무1)

국가공무원법 제 57조와 공무원 인사기록 · 통계 및 인사사무 처리 규정 제12조 1항 별표 1의 선서문에서 공무원의 복종의 의무를 제시하고 있다. 즉 '국가공무원법 제 57조에서는 공무원은 직무를 수행할 때 소속 상관의 직무상 명령에 복종하여야 한다'(개정 2008.3.28)고 하였고 공무원 선서에서는 '나는…… 직무상 명령에 복종한다'라고 하였다.

여기서 직무상 명령이란 상관이 직무에 관하여 부하에게 발하는 명령을 말한다. 직무명령의 형식이 결정되어 있는 경우에는 그 형식을 갖추어야 하지만 그렇지 않은 경우에는 서면 · 구술의 어느 형식에 의하여도 직무명령이 가능하다.

---

1) 한국교원단체총연합회(2000), 교원과 법률, 서울 : 대한교과서주식회사.

여기서 소속상관이란 그 기관이 관청 또는 보조기관인지의 여부에 관계없이 당해 공무원의 직무에 관하여 지휘 · 감독권을 가진 자를 총칭한다.

복종의 의무를 인정한 것은 공무원 관계의 질서를 유지하고 행정의 능률성과 통일성을 확보하기 위한 것이다. 직무명령에 대한 위배는 위법은 아니나 공무원 관계에서의 의무위반으로 징계사유가 된다(국가공무원법 제78조). 직무명령은 일정한 요건을 갖추어야 하는데 정당한 권한을 가진 자가 발하여야 하고 직무에 관한 명령이어야 하며, 그 내용이 법령에 위배되는 것이 아니어야 한다.

그러므로 부하는 상사의 명령에 대하여 의견을 진술할 수 있고 위법한 직무명령에는 복종할 의무가 없다. 즉 '상급자가 자기 또는 타인의 부당한 이익을 위하여 공정한 직무수행을 현저하게 해치는 지시를 하였을 때에는 그 사유를 그 상급자에게 소명하고 지시에 따르지 아니하거나 지정된 공무원 행동 강령에 관한 업무를 담당하는 공무원과 상담할 수 있다(공무원 행동 강령 제4조 ①)'고 하여 무조건 어떤 업무나 복종하여야 한다는 의미는 아니다.

그러나 하자가 있더라도 단순히 법령해석상의 견해 차이에 불과하다든지, 직무명령이 부당하다고 인정되는데 불과한 경우에는 그에 대한 최종 판단권은 상사에게 있는 것이므로 그러한 직무명령에는 복종하여야 하다. 이는 다음의 공무원 선서 [별표 1]에 나타나 있다(공무원인사기록 · 통계 및 인사사무 처리 규정 제12조 제1항 별표 1). 이 선서문은 2부를 작성하여 날인하고 1부는 개인별 인사기록으로 분류하여 보관하고 1부는 본인이 소지하여야 한다.

이 외에도 공무원은 소속상관의 허락없이 근무지(유치원)를 이탈하지 못하며(국가공무원법 제58조 1항, 개정 2008. 3. 28), 국가공무원법 제64조(개정 2008. 3. 29), 지방공무원법 제56조에서는 영리 및 겸직 금지의 의무를 제시하고 있다. 공무원은 영리를 목적으로 하는 업무에 종사할 수 없을 뿐더러 기관장 허가없이 다른 직무를 겸할 수 없다. 영리를 목적으로 하는 업무의 한계는 국회규칙, 대법원규칙, 헌법재판소규칙, 중앙선거관리위원회규칙, 대통령으로 정하고 있다. 그리고 공무원(교원)은 영리 및 겸직을 금하도록 하고 있다. 이는 공무원은 당연히 국민의 봉사자로서 공무에 충실해야 함을 의미한다.

[별표 1] 선서문(제12조 제1항과 관련)

선 서

나는 공직자로서 긍지와 보람을 가지고 국가와 국민을 위하여 신명을 바칠 것을 다짐하면서 다음과 같이 선서합니다.

1. 나는 법령을 준수하고 상사의 직무상 명령에 복종한다.
1. 나는 국민의 편에 서서 정직과 성실로 직무에 전념한다.
1. 나는 창의적인 노력과 능동적인 자세로 임무를 완수한다.
1. 나는 재직 중에는 물론 퇴직 후에라도 업무상 알게 된 기밀을 절대 누설하지 않는다.
1. 나는 정의의 실천자로서 부정을 뿌리 뽑는 데에 앞장선다.

위에서 선서한 사항에 대하여 끝까지 국가와 국민에게 책임을 질 것을 서약합니다.

년 월 일

(직급) (성명) (인)

3) 신분상의 의무

(1) 품위유지의 의무

국가공무원법 제63조, 지방공무원법 제55조에서 품위유지의 의무는 공무원이 직무의 내외를 불문하고 그 품위가 손상되는 행위를 하여서는 안 된다고 하였다. 특히 교육공무원에게는 다른 공무원에 비하여 품위유지 문제가 더욱 강하게 요구된다.

교사가 되어 가지고 어찌 저런 모습인가? 사표가 되어야 할 사람의 태도가 아니다 등의 빈축을 사고 있다면 이는 교사로서의 품위유지가 적절치 못함을 의미한다. 행동에서도 품위 문제가 제기되지만 언어나 외적인 복장 등도 품위와 연관됨을 항상 염두해 두어야 한다. 즉, 금연구역에서 흡연, 음주운전, 도박,

추태, 주위 의식없이 자기 마음대로 하는 행위 등을 들 수 있다.

특히 유치원 교사는 흡연하지 않도록 하여야 한다. 다른 교육 대상에 비하여 유아들과의 스킨십 등이 많은 데 흡연으로 인하여 유아에게 피해를 주거나 유아들이 선생님을 멀리하게 해서는 안 된다.

(2) 비밀엄수의 의무

국가공무원법 제60조에서 '공무원은 재직 중은 물론 퇴직 후에도 직무상 알게 된 비밀을 엄수하여야 한다(개정 2008. 3. 28)'고 하였고, 공무원 인사기록 · 통계 및 인사사무 처리 규정 제12조 1항 별표 1의 선서문에서는 '나는 재직 중에는 물론 퇴직 후에라도 업무상 알게 된 기밀을 절대 누설하지 않는다'고 하였다. 국가공무원 복무규정 제4조 2에서도 비밀 엄수를 강조하고 있는데 이는 직무상 알게 된 정보 등에 대하여 비밀엄수의 의무를 소홀히 함으로써 정책결정이나 사업집행에 지장을 초래하거나 특정인에게 부당한 이익을 준다든지, 특정인의 권리나 이익을 침해할 수 있기 때문이다.

공무원은 국민의 공복으로서 일부 국민에게만 특혜가 주어지는 행위가 있어서는 안 된다. 유치원에서도 유치원에서의 지켜야 할 비밀 사항 등에 대하여 확실한 기준이나 내용이 없지만 유아들의 신분에 관한 사항이나 발달상황 등에 대하여 발설하는 것은 엄수해야 한다. 또 특정 유아에게만 특별한 배려를 하고 공정성을 잃은 수업활동의 전개가 있어서는 바람직하지 않다.

(3) 청렴의 의무

국가공무원법 제61조 ①에서 '공무원은 직무와 관련하여 직접적이든 간접적이든 사례 · 증여 또는 향응을 주거나 받을 수 없다. ② 공무원은 직무상 관계가 있든 없든 그 소속 상관에게 증여거나 소속 공무원으로부터 증여를 받아서는 아니된다(조개정 2008. 3. 28)'고 함으로써 어떤 이유에서든지 교원은 사례 · 증여 · 향응을 받아서는 안 된다고 명시하였다.

심지어는 동료간이나 상관과의 관계에서도 증여하지 못하도록 법령으로 제정하였기에 자신을 잘 보아 달라거나 승진 등의 청탁을 하여서는 안됨을 명시하고 있다.

국가의 발전과 선진국의 진입은 공무원의 청렴도와 비례한다는 말이 있는 바와 같이 선진국에 진입하는 우리 입장에서 청렴의 의무는 매우 중요하다. 더구나 미래의 동량을 길러내는 유치원 교사 입장에서는 유아들에게 모범역할을 하고 교육을 담당하는 사람이기에 청렴의 의무는 더욱 내면화되어야 할 것이다. 학부모 등과 관련하여 촌지를 받거나 후광효과를 노려 특정한 유아에게 특별 배려를 하는 행위 등은 교사로서 청렴의 의무를 저버리는 일이라 할 수 있다.

(4) 외국정부의 영예 등을 받을 경우

영예 등의 제한에 대하여는 국가공무원법 제62조(개정 2008. 3. 28)에서 공무원이 외국 정부로부터 영예나 증여를 받을 경우에는 대통령의 허가를 받아야 한다고 하였다. 선물을 받을 때는 공직자 윤리법 제15조(개정 2009. 2. 3)에 따라 지체없이 소속기관단체의 장에게 신고하고 그 선물을 인도하도록 하였다. 또한 그 가족이 외국으로부터 선물을 받거나 그 공무원이나 공직유관단체 임직원의 직무와 관련하여 외국인에게 선물을 받은 경우에도 똑같이 적용함으로써 공직을 통하여 얻은 선물의 처리에 관하여 엄격하게 규제하고 있다.

공직자윤리법 제16조에는 신고된 선물이 즉시 국고에 귀속된다고 하였다. 공직자윤리법 시행령에서 공무원이 직무와 관련하여 외국인이나 단체로부터 받아 신고해야 할 선물은 그 선물 수령 당시 증정한 국가 또는 외국인이 속한 국가의 시가로 미국 화폐 100달러 이상이거나 국내시가로 10만원 이상인 선물로 한다(공직자윤리법 시행령 제28조, 개정 2009. 2. 3)고 하였다.

이는 국민을 위한 봉사자가 직무로 인한 선물을 개인이 소유하는 것을 배제하고 공무원으로서 특권을 누려서는 안 된다는 점을 강조하기 위함이다.

(5) 정치운동의 금지의무

국가공무원법 제65조, 지방공무원법 제57조, 국가공무원 복무규정 제27조에는 교원의 정치운동의 금지를 제시하고 있다. 교육기본법에서도 제시하였지만 국가공무원법이나 국가공무원 복무규정에도 정당이나 정치단체 결성을 금지하고 있으며 선거에서 특정 정당이나 특정인을 지지하는 것도 금하고 있다.

또한 다른 공무원에게 투표에 개입하도록 한다든지 서명운동을 기도(企圖)·주재하는 것도 금하고 있으며, 정치적 목적을 가진 시위운동을 기획·조직·지휘·참가한다거나 간행물의 발행·편집·배부, 물질로 특정정당 또는 정치단체를 지지 또는 반대하는 것도 금하고 있다.

기부금 등을 모집 또는 모집하게 하거나 공공자금을 이용하거나 하게 하는 것도 금지한다. 그리고 공무원이 정치적 행위에 대하여 보상 또는 보복으로서 이익 또는 불이익을 약속하여서도 안 된다고 하였다. 공무원이 정치 운동을 하게 되면 공정하게 처리하여야 할 공무를 특정 정당이나 정치단체에 유리하게 적용하거나, 혹은 공무를 소홀히 함으로써 객관성을 잃을 가능성이 크기 때문이다.

(6) 집단행위 금지 의무

집단행위의 제한은 국가공무원법 제66조, 지방공무원법 제58조에 명시하고 노동운동이나 그 밖의 공무 외의 일을 위한 집단행위를 금하고 있다. 노무에 종사하는 공무원은 예외이지만 교원은 노무에 종사한다고 볼 수 없기 때문에 집단행위는 금지된다고 할 수 있다. 하지만 교육공무원은 부분적으로 노동운동을 인정받고 있다. 즉, 교원들에게는 교육기본법에 의한 교원단체와 교원의 노동조합설립 및 운영 등에 관한 법률에 의한 노동조합에 한해 단체행동권을 제외한 단결권과 단체교섭권을 보장해 주고 있다. 그런데 교원의 단결권만 인정되고 집단행위를 허용하지 않는다면 단결권 자체가 의미가 없다는 반론도 제기되고 있다(서재복 외, 2010 : 69, 재인용).

위에서 집단행위란 '공무원으로서 직무에 관한 기강을 저해하거나 기타 그 본분에 배치되는 등 공무의 본질을 해치는 특정 목적을 위한 다수인의 행위로서 단체의 결성 단계는 이르지 아니한 상태에서의 행위를 말한다'(대법원판결, 1992. 3. 27 91누 9145)라고 함이 대법원의 견해이다(교원단체총연합회, 2000).

사립학교법 제58조 4에서는 교원이 정치운동을 하거나 집단적으로 수업을 거부하거나 또는 어느 정당을 지지 또는 반대하기 위하여 학생을 지도 · 선동한 때(개정 2005. 12. 29)에 면직할 수 있게 하고 있다. 이는 집단행위보다 교사의 수업에 대한 존귀성과 정치적 중립성을 강조함으로써 학습자의 학습권을 보호하려고 하는 조항이라 할 수 있다. 사실 법 이전에 교사라면 마땅히 학습자를 위하여 솔선수범하는 태도를 보이는게 우선일 것이다.

4) 교원의 신분보장

교육공무원은 형의 선고, 징계처분 또는 이 법으로 정하는 사유에 의하지 아니하고는 본인의 의사에 반하여 휴직 · 강임 또는 면직을 당하지 아니한다고 하였다(국가공무원법 제68조, 2009. 2. 6법률 제9419호). 이 법으로 정하는 사유란 국가공무원법 제33조에 해당하는 금치산자나 한정치산자 그리고 파산선고를 받고 복권되지 않는 자 등과 제70조의 직권면직에 해당하는 자 등이다.

사립교원에 대하여는 사립학교법 제56조에서 다음과 같이 신분보장 조항을 개설해 놓고 있다. 사립학교 교원은 형의선고 · 징계처분 또는 이 법에 정하는 사유에 의하지 아니하고는 본인의 의사에 반하여 휴직 또는 면직 등 불리한 처분을 받지 아니한다. 다만 학급 · 학과의 개폐에 의하여 과원이 된 때에는 그러하지 않는다.

그리고 사립학교 교원은 '권고에 의하여 사직을 당하지 않는다'라고 되어 있다. 이는 교원들에 대하여 신분을 보장함으로써 교사로서의 임무를 충실히 수행하라는 의미로 보아야 할 것이다.

사립학교법 제60조에서는 사립학교 교원은 현행범인 경우를 제외하고는 소속학교장의 동의 없이 학원 안에서 체포되지 않는다는 교원의 불체포특권이 있다.

2. 교원의 책임

교원도 국가공무원이기 때문에 공무원의 책임을 따라야 하며 사립학교 유치원 교사도 공립유치원에 준한다고 보기 때문에 여기서 제시되고 있는 교원의 책임을 따라야 한다. 국가공무원 복무규정 제2조 2(책임완수)에서 '공무원은 국민 전체의 봉사자로서 직무를 민주적이고 능률적으로 수행하기 위하여 창의와 성실로서 맡은 바 책임을 완수하여야 한다'고 함으로써 자신의 맡은 바 책임을 다하라는 규정이 있다. 여기서 공무원으로 표기되고 있는 것은 교육공무원도 포함됨을 의미한다.

1) 공무원의 책임

공무원의 책임은 행정상 책임, 형사상 책임, 민사상 책임으로 구분되는데 이를 구체적으로 살펴보면 다음과 같다.

(1) 행정상 책임

행정상 책임은 징계책임과 변상책임으로 구분된다.

징계책임(국가공무원법 제78조)은 공무원법 및 공무원법에 의한 명령을 위반한 때나 직무상의 의무에 위반하거나 직무에 태만한 때, 그리고 직무의 내외를 불문하고 그 체면이나 위신을 손상하는 행위를 한 때 지게 되는 책임을 말한다. 징계의 종류로는 파면 · 해임 · 강등 · 정직 · 감봉 · 견책으로 구분하는데(국가공무원법 제79조, 개정 2008. 12. 31) 중징계는 파면 · 해임 · 강등 · 정직이며 경징계는 감봉 · 견책이다(공무원 징계령 제1조의 2, 조개정 2009. 3. 18).

앞에서도 언급하였지만 파면은 직무를 면제시킴을 말하며 해임은 어떤 직위나 임무를 내놓는 것을 말한다. 강등은 등급 · 계급을 내림을 말하며 정직은 직무를 정지시킨 것으로 1개월부터 3개월까지 정직할 수 있다. 정직기간에는 일체 등교할 수 없을 뿐더러 유치원에 있는 자기 물건을 마음대로 활용할 수도 없다.

감봉은 월급을 감하는 것으로 1개월부터 3개월까지 감봉이 있으며 견책은 잘못을 꾸짖고 장래를 훈계하는 것이다. 이보다 약한 징계인 경고가 있는데 경고는 주의하라고 경계해서 알리는 것이다.

변상책임은 국가재산상에 손해를 끼친 경우 국가배상법 및 회계관계직원 등의 변상책임 등에 관한 법률에 따라 변상책임이 있다.

(2) 형사상 책임

형사상 책임은 공무원의 행위가 특별권력 관계에 있는 공무원으로서의 책임 외에 일반 법익을 침해하는 경우 징계벌을 과하는 것 이외에 형벌을 병과하여 책임을 물을 수 있음을 말한다.

(3) 민사상 책임

공무원이 공무집행상의 위법행위로 인하여 타인에게 손해를 입힌 경우 공무원은 개인 배상 책임이 있으나 경과실일 경우는 배상책임이 없다. 또 공무원이 자동자 운전으로 인하여 교통사고시 타인에게 손해를 입힌 경우 자동차손해배상보장법상의 손해배상 책임이 있다.

3. 교원의 근무상황

1) 공무원의 근무시간(국가공무원법 제9조)

공무원의 근무시간은 교원의 경우 주 5일 수업제가 실시될 때까지 종전의 규정(09 : 00~17 : 00)을 적용한다. 단위학교별 탄력적 근무시간제(교원 12410-52.

2002. 1. 21)가 운영되고 있는데 고등학교 이하 각급학교에서는 단위학교별 탄력적 근무시간제를 2002년 1학기부터 실시하고 있다.

2) 시간 외 근무시간과 공휴일 등의 근무시간(국가공무원복무규정 제11조)

행정기관의 장은 민원편의 등 공무 수행상 필요하다고 인정할 때는 근무시간 외의 근무를 명하거나 토요일 또는 공휴일의 근무를 명할 수 있다. 단, 토요일이나 공휴일 근무자는 평일 휴무하게 할 수 있다.

휴일근무수당은 예산의 범위 내에서 지급할 수 있으며(공무원 수당 등에 관한 규정 제15조, 제17조), 액수는 휴일근무수당은 1일 봉급기준액의 24분의 1의 15할을 지급하고 시간 외 근무수당은 매시간에 대하여 당해 공무원에 적용되는 기준호봉의 봉급액의 7할의 184분의 1의 15할을 지급하도록 되어 있다.

3) 교원의 비상근무(국가공무원복무규정 제5조)

휴일, 근무시간 외의 화재, 도난 기타 사고의 경계와 문서처리 및 업무연락을 하기 위한 일직, 숙직, 방호원 기타의 당직근무자는 모든 사고를 방지하여야 하며 사고가 발생한 때에는 신속하게 필요한 조치를 하여야 한다.

비상근무 요령은 비상근무 발령 중에는 부득이한 경우를 제외하고는 출장을 억제하고 소속 직원의 소재를 항상 파악하여야 하며 비상근무의 종류별로 휴가를 제한하고 휴일과 야간에는 소속 직원을 비상근무하도록 하여야 한다(국가공무원 당직 및 비상근무 규칙 제31조, 개정 1987. 12. 14).

유치원에는 근무시간이 아니더라도 항시 연락이 취해질 수 있도록 주소, 전화번호 등 연락체계의 유지를 위하여 필요한 사항을 비치하여야 하며 변경이 있는 때에는 이를 즉시 소속 기관장에게 보고한다. 관외 출장 시에는 항상 소재 파악이 가능하도록 주소, 전화번호 변경 시 비상연락망 관리부서에 즉시 신고하고 본인, 가족 등의 이동전화번호를 직원 비상소집명부에 기재하여 둔다(국가공무원 당직 및 비상근무 규칙 제32조, 제37조).

4) 교원의 출장

출장은 상사의 명을 받아 공무를 수행하는 것이라 정의할 수 있다. 즉 상사의 명에 의하여 정규 근무지 이외의 장소에서 공무를 수행하는 것이다. 따라서 공무와 무관한 사항에 대하여 출장 처리하여서는 안 된다. 실례를 들면 다음과 같다(국가공무원 복무·징계관련 예규 제5장 1의 가, 2009. 9. 1, 행정안전부 예규 제272호).

예 1) 한국교원단체총연합회 주최 체육행사에 교원이 선수로 참여하는 경우 체육행사의 주체가 행정기관이 아닌 교원의 이익단체이고 또한 교원 본연의 직무수행과 무관한 활동이므로 출장조치가 불가하다.

예 2) 소속직원의 경조사에 기관 대표 자격으로 참석하는 경우 2인 이내 공무원 출장은 가능하나 반드시 경조사가 있는 직원과 출장명령을 받는 공무원은 동일한 단위 기관에 근무하고 있어야 하고 지방의 지소 또는 하부기관의 경우도 동일하다.

예 3) 기관장 이·취임식 또는 정년퇴임식에 참석하는 경우, 행사 주관기관에서 참석대상자에 범위를 지정하여 참석을 요청한 경우 해당 참석자에 대하여 출장조치가 가능하나, 그 외에 친분관계 등을 이유로 하는 개인적인 참석에 대하여는 출장조치가 불가하다.

예 4) 재해·재난 발생지역이나 사회복지시설 등에서 소외계층을 돕기 위한 자원봉사활동을 하고자 하는 경우 출장조치가 불가하다. 다만 재해·재난 발생지역에서 자원봉사활동을 하고자 하는 경우에는 5일 이내에 특별휴가(재해구호휴가)를 얻을 수 있다(복무규정 제20조 제9항).

예 5) 공무원직장협의회 회원이 기관장과의 정기적인 협의에 참석하는 경우에는 출장조치가 가능하나 공무원직장협의회에서 개최하는 운영회의 참석은 "근무시간 중 협의회 활동제한 규정"에 따라 출장을 가지 못한다.

예 6) 사회복지 법인 등 민간기관 주최 행사에 초청되어 참석하는 경우 해당

공무원의 업무와 관련이 있고 소속기관의 대표 자격으로 참석하는 경우에는 출장이 가능하다.

(1) 출장명령의 조건

출장명령은 해당 교원의 업무관련성, 출장내용, 출장목적 등의 요건을 종합적으로 고려하여 명령권자가 판단한다. 출장명령의 자세한 사항은 복무지도 감독권이 있는 교육청이나 유치원장이 관련법 및 복무처리 지침에 따라 처리한다.

(2) 출장공무원(국가공무원복무 규정 제6조)

유치원장의 명을 받아 출장하는 교원은 공무수행을 위하여 전력을 다하여야 하며 사사로운 일을 위하여 시간을 소비해서는 안 된다. 또 출장공무원이 출장기간 내에 임무를 완수하지 못할 사유가 발생할 시는 전화, 전보 기타의 방법으로 유치원장에게 보고하고 지시를 따라야 하며, 출장 용무를 마치고 귀원한 때에는 지체없이 유치원장에게 복명서를 제출하여야 한다. 경미한 사항은 구두로 보고할 수도 있다.

(3) 근무지 내 출장(공무원여비 규정 제18조)

교원이 근무지내 출장을 하고자 할 때에는 반드시 근무상황부나 근무상황카드에 의하여 소속 기관장의 허가를 받아야 한다. 단 불가피한 사항으로 사전허가를 받지 못한 경우에는 사후에 지체없이 허가를 받아야 한다.

출장비는 공무원여비 규정 제18조에 의거 지급받는다. 단 여기서 근무지내란 동일시, 군 및 도서(제주도 제외) 안에서의 출장이나 여행거리가 12Km 미만 출장을 말한다.

(4) 근무지 외 출장

사전에 소속기관장의 허가를 받아야 하며 공무원 여비규정에 의한 여비를 지급받을 수 있다. 직무수행의 일환으로 공무원교육원 등에 출강하여 여비 또는 여비가 포함된 강사료를 받은 경우 출장여비가 없다.

출장 중의 초과근무는 원칙적으로 인정되지 않으므로 출장목적 달성에 지장이 없도록 이동시간과 휴식시간 등을 고려하여 출장기간을 부여하여야 한다. 국내출장의 경우 시간외근무수당, 야간근무수당 및 휴일근무수당은 원칙적으로 지급할 수 없으나 출장의 목적상 필연적으로 시간 외 근무의 발생이 예상되는 경우 시간 외 근무명령에 따라 출장 중 또는 출장 후 국가공무원 복무규정상의 근무시간 외에 근무를 한 자에게는 시간 외 근무수당 지급이 가능하다(국가공무원 복무·징계 관련 예규 제5장 출장의 4, 2009. 9. 1, 행정안전부 예규 제272호).

4. 휴업과 복무

휴업은 원생의 등원이 없는 상태에서 교육활동이 정지되는 것을 말한다. 휴업실시 절차는 관할청의 휴업명령과 원장의 휴업결정이 있다.

1) 관할청의 휴업명령

관할청은 재해 등 긴급한 사유로 정상수업이 불가능하다고 인정하는 경우 원장에게 휴업을 명할 수 있다. 관할청의 명령을 받은 유치원은 지체없이 휴업을 명하여야 한다.

2) 원장의 휴업결정

원장이 매학년도 시작 전 유치원운영위원회 심의를 거쳐 정한다. 이 때 관공서의 공휴일 및 여름 · 겨울 휴가가 포함되어야 한다. 또 비상재해 기타 급박한 사정이 발생한 경우 원장이 실시하게 되며 이 때 지체없이 관할청에 보고하여야 한다.

3) 교원의 복무(교원 12140-578. '02. 9. 7)

교원이 복무할 때는 국민 전체의 봉사자로서 직무를 민주적이고 능률적으로 수행하기 위하여 창의와 성실로서 책임 완수를 하도록 하여야 한다.

휴업일은 공휴일이 아니므로 반드시 출근해야 하고 소속 원장의 허가나 정당한 이유없이 직장을 이탈할 수 없다.

교원의 복무는 공무원 복무 규정대로 다음과 같은 근무를 한다.

(1) 당직근무

① 휴일 근무시간 외의 화재, 도난, 업무연락을 위하여 당직, 숙직, 방화원 기타 당직근무자를 두게 되는데 교사는 자기 당직근무일에는 결근하지 않아야 하며 인수인계를 받아 당직업무를 수행하도록 한다.
② 당직은 수시 원내를 순시하여 사고 발생시 본인이 취할 수 있는 조치를 신속하게 취하고 소속 장에게 즉시 보고하여야 한다.
③ 당직시에는 반드시 당직일지를 기록하여야 한다.
④ 기관에는 비상연락계통을 비치하여 당직자가 비상시 조치를 취하도록 한다.

(2) 당직근무자의 준수 사항

(1) 당직자로서 언행 등 교원으로서 품위를 손상하지 않도록 하여야 한다.
(2) 복장을 단정히 하고 당직근무표찰을 패용하여야 한다.
(3) 숙직근무자는 2인 이상시 교대 취침할 수 있지만 소속 기관장이 교대

취침 시간을 명하고 순찰시는 취침 허용시간 중인 근무자로 하여금 정위치에 근무하여 당직근무가 공백이 발생하지 않도록 하여야 한다.

(3) 복무와 관련한 유치원의 특성

유치원 교사는 귀가지도 후 유치원에 2시까지 들어온 경우가 많기에 점심시간 지키기가 어렵다

유치원은 초등학교와 달리 상당히 많은 수업자료나 행사자료 등을 만든다든지 자기반의 정리 및 유치원 사무처리 그리고 다음 날 수업준비 등으로 퇴근시간을 지키기가 어려운데 이는 유치원장의 의지에 달려 있다. 유치원에서 최대한 기성제품을 구입하여 사용한다든지 교수자료를 최대한 많이 구입하여 교사의 수업자료 만드는 시간을 절약하여 주면 가능하다.

밤 늦게까지 복무하는 일은 결국은 내일의 수업을 충실하게 할 수 없는 여건이 된다. 따라서 내일 특별한 행사가 없는 한 가급적 정상적인 출·퇴근이 이루어지도록 복무환경을 갖춰야 한다.

제3절 교원의 휴가 업무와 보수

1. 휴가제도의 운영

1) 휴가의 실시원칙

휴가는 보다 효율적인 다음을 위한 충전의 단계이다. 따라서 휴가를 적절히 활용하는 것은 자신과 제자를 위해서도 매우 중요하고 가치 있는 것이다. 교원의 휴가는 연가·병가·공가·특별휴가로 구분할 수 있는데 유치원장은

휴가를 허가함에 있어 소속교원이 원하는 시기에 법정일수가 보장되도록 하되, 연가와 특별휴가 중 장기 재직휴가는 원생들의 수업 등을 고려하여 특별한 사유가 없는 한 방학 중에 실시하고 휴가로 인한 수업결손 등이 발생하지 않도록 필요한 조치를 하여야 한다(교원휴가 업무처리요령 3, 2008. 7. 28. 제정, 교육과학기술부예규 제13호).

2) 휴가일수의 계산

휴가기간 중의 공휴일과 주 5일 수업제의 휴무 토요일은 그 휴가일수에 산입하지 않으며 휴가일수가 연속하여 30일 이상 계속되는 경우와 경조사 특별휴가인 경우는 휴가일수에 삽입하여 계산한다. 법정 휴가일수를 초과한 경우는 결근 처리한다.

반일 연가는 13 : 00시를 기준으로 오전 · 오후를 구분하고 교원의 경우에 주 5일 수업제가 전면 실시될 때까지는 근무 토요일의 연가 · 병가는 반일로 처리한다. 다만 공가 · 특별휴가는 1일로 처리한다. 또 30일 이상 계속되는 휴가(장기병가 · 출산휴가 등)는 휴가기간 중의 모든 토요일은 휴가 1일로 처리한다.

3) 휴가실시 시 유의점

휴가 시에는 연락 가능하도록 연락체계를 유지하여야 하며 휴가 시 수업 및 담당업무는 원장이 정한 자에게 인계하여 업무나 수업의 차질이 없도록 하여야 한다. 또 유치원장은 소속교원이 전보 · 파견 · 전직 · 전출되는 경우 전년도 및 당해 연도의 휴가 기록을 포함한 복무관리상황을 신입유치원이나 기관으로 즉시 통보하여야 한다. 사립유치원인 경우 국 · 공립에 준하나 필요로 하지 않은 경우가 많다.

2. 휴가 종류별 실시 방법

휴가는 연가, 병가, 공가, 특별휴가 등으로 구분하는데 구체적으로 정리하면 다음과 같다.

1) 연가

연가는 정신적 · 신체적 휴식을 취함으로써 근무능률을 유지하고 개인생활의 편의를 위하여 사용하는 휴가를 말한다.

(1) 연가 일수

① 재직기간 별 연가 일수

재 직 기 간	연 가 일 수	재 직 기 간	연 가 일 수
3개월이상 6개월미만	3일	3년이상 4년미만	14일
6월이상 1년미만	6일	4년이상 5년미만	17일
1년이상 2년미만	9일	5년이상 6년미만	20일
2년이상 3년미만	12일	6년이상	21일

② 당해 연도 결근, 휴직, 정직 및 직위해제 사실이 없는 교원으로서 병가를 활용하지 아니한 교원과 연가 실시 일수가 3일 미만인 교원에 대하여 다음 해에 한하여 재직기간별 연가 일수에 각각 1일(합계 2일)을 가산한다. 가산 사실은 개인별 근무상황부 또는 근무상황카드의 첫째 란에 기재하고 허가권자의 확인을 받아야 한다. 연가가산은 1년간 성실히 근무한데 대한 보상이므로 연도 중 임용되어 1년 미만 근무한 공무원에게는 해당되지 않는다(교원휴가 업무처리요령 4의 가, 2008. 7. 28. 제정, 교육과학기술부예규 제13호).

* 근무상황부 연가가산 기재 예시

종별	기간 또는 일시			사유 또는 용무	연락처 (전화번호)	결　　재		
	부터	까지	일수 시간					
연가 가산			*2일*	가산사유 기재				

연가는 1월 1일부터 12월 31일까지 1년 단위로 계산하며 미사용 연가는 다음 해로 이월하여 허가할 수는 없다. 연가가산은 연도 중 임용되어 1년 미만 근무한 경우에는 해당되지 않는다.

(2) 병가(교원휴가 업무처리요령 4의 나, 2008. 7. 28. 제정, 교육과학기술부예규 제13호)

병가는 질병 또는 부상으로 직무를 수행할 수 없는 경우 또는 전염병에 걸려 다른 공무원의 건강에 영향을 미칠 우려가 있을 때에 부여받는 휴가를 말한다.

병가는 일반병가와 공무상 병가가 있다. 일반병가는 질병 또는 부상으로 인하여 직무를 수행할 수 없거나 전염병의 이환으로 그 공무원이 출근이 다른 공무원의 건강에 영향을 미칠 경우 지참 · 조퇴 및 외출 구분 없이 누계시간으로 계산하여 8시간을 병가 1일로 계산하며 60일 범위 안에서 허가한다.

공무상의 병가는 공무상 질병 또는 부상으로 직무를 수행할 수 없거나 요양을 요할 경우 연간 180일의 범위 안에서 허가한다. 다만, 병가 사유가 동일한 경우에는 연도의 구분없이 180일의 범위 안에서 허가한다. 여기서 동일한 경우는 동일한 사고/사안을 말하며 최초의 질병 · 부상으로 인해 추가 질병이 발생한 경우 동일 사안으로 처리하여 연도 구분없이 180일의 공무상 병가 사용이 가능하다(국가공무원 복무 · 징계 관련 예규 제8장 휴가 4의 나, 2009. 9. 1. 행정안전부 예규 제272호).

병가일수는 1월 1일부터 12월 31일까지로 한다. 전년도 병가사용일수에 관계없이 연도가 바뀌면 새로 시작한다. 다만 공무상의 병가 사유가 아닌 경우에는 그러하지 않는다. 진단서를 제출하여야 함에도 제출하지 못한 병가일수는 이를 연가일수에서 공제하고 병가일수에는 산입하지 않는다.

(3) 공가

공가는 공무원이 일반국민의 자격으로 국가기관의 업무수행에 협조하거나 법령상 의무의 이행이 필요한 경우에 부여받는 휴가를 말한다.

공가는 구체적 사유는 다음과 같은 일이 발생하였을 때 적용된다.

(가) 병역법에 따라 징병검사 · 소집 · 검열 점호 등에 응하거나 동원 또는 훈련에 참가할 때

(나) 공무에 관하여 국회 · 법원 · 검찰 기타 국가기관에 소환된 때

(다) 법률의 규정에 의하여 투표에 참가할 때

(라) 승진 · 전직 시험에 응시한 때

(마) 원격지간의 전보 발령을 받고 부임할 때

(바) 국민건강 보험법 시행령 제26조에 의한 건강검진을 받을 때

(사) 공무원교육훈련법시행령 제32조에 의한 외국어능력시험에 응시한 때

(아) 올림픽 · 전국체전 등 국가적인 행사에 참가한 때

(자) 천재 · 지변 · 교통차단 기타의 사유로 출근이 불가능한 때

(차) 혈액관리법시행령 제2조의 규정의 의하여 헌혈에 참가한 때

(타) 교원의 노동조합 설립 및 운영 등에 관한 법률 제6조에 의한 교섭위원으로 참석할 때와 교원의 노동조합설립 및 운영에 등에 관한 법률 시행령 제3조 제3항에 의한 교섭관련 협의를 위하여 지명된 자로 참석한 때

(파) 교육기본법 제15조에 의한 교원단체(예 한국교원단체총연합회)가 교원지위향상을 위한 교섭 · 협의에 관한 규정 제2조의 교섭 · 협의 당사자로 지명된 소속 교원이 교원지위향상을 위한 특별법에 의한 교섭 · 협의 위원으로 단체교섭 및 협약체결을 위해 참석할 때이다.

(4) 특별휴가(교원휴가 업무처리요령 4의 라, 2008. 7. 28. 제정, 교육과학기술부예규 제13호)

특별휴가는 사회통념 및 관례상 특별한 사유(경조사 등)가 있는 경우 부여받는 휴가를 말한다.

특별휴가는 경조사휴가, 출산휴가, 여성보건휴가, 육아시간, 수업휴가, 포상휴가, 장기재직휴가, 재해구호휴가, 퇴직준비휴가 등이 있는데 여기서는 경조사휴가와 출산휴가, 그리고 수업휴가와 재해구호휴가에 대하여 살펴본다(국가공무원 복무 · 징계 관련 예규 제8장 휴가 4의 라, 2009. 9. 1. 행정안전부 예규 제272호).

(가) 경조사휴가

① 경조사별 휴가일수

구분	대 상	일 수
결혼	본인	5
	자녀	1
출산	배우자	5
사망	배우자, 본인 및 배우자의 부모	5
	본인 및 배우자의 조부모 · 외조부모	2
	자녀와 그 자녀의 배우자	2
	본인 및 배우자의 형제자매	1

* 휴가기간 중의 토요일 또는 공휴일은 그 휴가 일수에 산입하지 아니한다.
다만, 휴가일수가 30일 이상 계속되는 경우에는 그 휴가 일수에 토요일 또는 공휴일은 산입한다.

② 입양은 입양촉진 및 절차에 관한 특례법에 의한 입양에 한하며 입양 이외

의 경조사 휴가를 실시함에 있어 원격지일 경우는 2일 범위 내에서 왕복소요 일수를 가산할 수 있다.

원격지라 함은 가장 빠른 교통수단으로 왕복 8시간 이상 소요되는 지역을 말한다.

③ 경조사휴가가 2일 이상인 경우 그 사유가 발생한 날을 포함하여 전후에 연속하여 실시하여야 한다. 다만, 휴가기간 중에 포함된 공휴일과 주 5일 수업제의 휴무 토요일은 휴가일수에 포함된다.

(나) 출산휴가

임신 중의 교원에 대하여 출산의 전후를 통하여 90일의 출산휴가를 허가하여야 하고 휴가 기간의 배치는 산후에 45일 이상이 되어야 한다.

휴가기간의 배치는 의료기관의 진단서에 의한 출산 예정일을 기준으로 하되 조산의 우려 등 특별한 경우는 예외로 인정한다.

유산 · 사산시 교원이 신청하는 때에는 산모의 건강을 고려하여 유산 · 사산 휴가를 주도록 되어 있다. 유산 또는 사산인 경우 11주 이내에 유산된 경우에는 5일, 12~15주 사이에 유산된 경우는 10일의 휴가를 주도록 되어 있다. 16~21주 사이의 유산 시에 30일, 22~27주 사이에는 60일, 28주 이후에는 90일의 휴가를 준다. 유산 · 사산 휴가는 유산 · 사산한 날부터 휴가일을 계산하므로 일정기간이 지나서 청구하면 그 기간만큼 휴가기간이 단축된다.

불임치료시술 휴가를 받을 경우 불임시술 당일에는 1일, 체외 수정 시술의 경우에는 난자 채취 일에 추가로 1일의 휴가가 주어진다(국가공무원복무규정 교원휴가 업무처리요령 일부 개정, 2010. 9. 10, 한국교육신문, 2010. 9. 20일자). 다만, 인공임신중절수술(「모자보건법」 제14조 제1항의 규정에 의한 경우는 제외)에 의한 유산의 경우는 휴가를 허가하지 않는다.

출산 및 유산 · 사산 휴가는 산모의 건강을 고려하기 때문에 원장은 산모의 건강과 수업 등을 고려하여 일반 병가 등도 활용하도록 지도할 필요가 있다.

아울러 유치원 교사도 가급적 방학기간을 이용하여 출산하도록 하는 것이 자신의 건강유지나 유아들의 수업에도 도움이 될 것이다.

(다) 여성보건휴가

여자교원은 매 생리기와 임신한 경우 정기검진 등을 위하여 매월 1일의 여성보건휴가를 얻을 수 있다. 이 경우 다른 공무원과 달리 교원의 휴가는 유급으로 처리한다.

(라) 육아시간

① 생후 1년 미만의 유아를 가진 여자교원은 1일 1시간의 육아시간을 얻을 수 있으며 허가 대상은 병원의 출생증명서 혹은 주민등록등본으로 확인한다.
② 육아시간은 본인의 신청에 의하며 수업이나 학생지도에 지장이 없는 범위 안에서 근무시간 중 적절한 시간을 선택하여 활용한다.
③ 육아시간은 근무상황부에 기록하여야 하며 일괄 결재하고 사용시간이 변경될 경우는 다시 결재를 받아야 한다.

(마) 수업휴가

① 한국방송통신대학교 재학 중인 교원이 출석수업에 참석하기 위하여 연가일수를 초과하는 출석 수업에 대하여 수업휴가를 얻을 수 있다.
② 본인의 법정연가일수를 먼저 사용한 후에 부족한 일수에 한하여 수업휴가가 인정되므로 출석 수업 전 연가 사용은 불가피한 경우로 제한하여야 한다.

(바) 포상휴가

① 상훈법에 따라 훈장 · 포장을 받을 때
② 정부포장 규정에 의한 국무총리 이상의 표창을 받을 때

③ 모범공무원 규정에 의한 모범공무원으로 선발된 때 등이다. 유치원장은 6일 이내의 포상휴가를 줄 수 있지만 유치원아의 수업 등을 고려하여 휴업일 등에 실시하는 것을 원칙으로 한다.

(사) 장기재직휴가

교원이 20년 이상 재직할 경우 유치원장은 재직기간 20년이 도래한 날로부터 재직기간 중에 10일간의 장기재직휴가를 허가하여야 한다. 1회 10일간 사용을 원칙으로 하지만 교원의 사정에 따라 분할하여 사용하여도 무방하다.

(아) 재해구호휴가

① 수해 · 화재 · 붕괴 · 폭발 등의 재해 또는 재난으로 인하여 피해를 입은 교원과 재해 또는 재난발생 지역에서 자원봉사활동을 하고자 하는 교원은 5일 이내의 재해구호휴가를 얻을 수 있다.

② 유치원장은 재해 또는 재난의 피해 정도, 피해지역에 대한 자원봉사활동의 필요성, 원생수업의 지장 유무 등을 판단하여 신중하게 허가하여야 하며 이를 남용하지 않아야 한다.

(자) 퇴직준비휴가

① 「교육공무원법」 제47조에 의한 정년퇴직과 「교육공무원법」 제36조에 의한 명예퇴직을 할 교원은 퇴직예정일 전 3개월이 되는 날부터 퇴직예정일 전일까지 퇴직준비휴가를 얻을 수 있다.

② 명예퇴직시 퇴직준비휴가는 「국가공무원 명예퇴직수당지급규정」 또는 「교육공무원 명예퇴직수당지급에 관한 특례규정」에 의하여 명예퇴직수당 지급대상자로 결정되어 그 통보를 받은 날의 다음 날부터 얻을 수 있다.

3. 유치원 교원의 보수와 사회보장

1) 교원의 보수

유치원 교원은 국가의 교원보수 규정에 따라 급여를 받는다. 수당 등은 예산의 범위 내에서 지불할 수 있다. 교원들은 급여의 일정비율을 연금으로 가입한다. 개인 능력에 따라 임의적으로 한국교원공제회에 가입하여 재산을 증식할 수 있으며 국가가 지불 보증을 하고 있는 실정이기 때문에 믿고 가입할 수 있다.

국 · 공립유치원 교원의 보수는 규정에 정한 바 대로 받을 수 있으나 일부 사립유치원교원인 경우는 수당 등이 국 · 공립만큼 지불되지 않아 교사들의 사기진작에 문제가 있다.

유치원 교원의 봉급은 단일호봉제로 초 · 중등 교원과 같이 호봉에 의하여 급여를 받을 수 있다. 교원의 호봉은 1호봉부터 40호봉까지 있으며, 일반적으로 유아교육과 3년제 졸업자는 7호봉을 받고, 4년제 유아교육과 교직이수자는 8호봉을 받는다. 사범대학 소속 유아교육과 졸업생은 9호봉을 받는다. 준교사나 실기교사는 5호봉을 받는다.

호봉계산의 출발점이 되는 호봉을 기산호봉이라 하는데 이러한 기산호봉의 계산은 교원이 가지는 자격에 따라 달라진다. 공무원보수규정 [별표 25]에 의한 기산호봉은 다음 표와 같다.

[별표 25] 공무원의 기산호봉

자격별	기산호봉	비고
정교사(1급)	9	원장, 원감, 장학관, 교육연구관, 장학사 및 교육연구사에 대해서는 정교사(1급)의 호봉을 적용한다.
정교사(2급)	8	
준교사	5	
전문상담교사(1급)	9	

자격별	기산호봉	비고
전문상담교사(2급)	8	
서서교사(1급)	9	
사서교사(2급)	8	
실기교사	5	
보건교사(1급)	9	
보건교사(2급)	8	
영양교사(1급)	9	
영양교사(2급)	8	

* 출처 : 교육법전편찬위원회(2010), 교육법전 1권, 공무원보수규정 별표 25(개정 2009. 3. 31)

유치원 교원의 수당은 직무여건 및 생활여건 등에 따라 지급되는 부가급여이며 공무원에게는 예산의 범위 내에서 기본 봉급 외에 추가로 지불한다. 현재 법령에 의하여 교원에게 지급되는 수당은 직무수당(=월봉급액의 30%), 기말수당, 정근수당(=매년 1월과 7월에 지급), 가족수당, 자녀 학비보조수당, 교직수당, 담임수당, 보전수당, 직책수당, 당직수당, 교과수당, 주임교사수당, 복리후생비 등이 있다.

2) 사회보장제도

공무원이나 사립학교 교원이나 직원이 질병, 부상, 폐질, 퇴직, 사망, 재해를 입었을 시 본인 또는 유족에게 법률이 정하는 바에 따라 적절한 급여를 지급하도록 법제화되어 있다.

연금관리공단에서는 장기급여와 단기급여가 있으나 본인이 선택하여 연금을 받을 수 있다. 또 복지 차원에서 교원의 필요에 따라 저리나 무이자로 대출해 주고 있으며 연금의 소요비용은 본인인 국 · 공립 교원들에게는 기여금(보수월액의 1000분의 55범위)과 국가 지방자치단체가 내는 부담금으로 충당하며, 사립학교 교원의 경우는 개인부담금(보수월액의 1000분의 55), 국가부담금(교원이 부담하는 급액의 합계액의 55분의 20), 법인부담금(학교교원이 부담하는 개인부담금의 합계의 55분의 35)으로 충당하고 있다.

3) 연금가입절차

(1) 사립유치원에서는 사립학교연금관리공단에 교원연금법 적용 대상 학교 기관 지정 및 경비부담 능력입증 서류를 교육지원청에 제출한다.
(2) 교육지원청은 신청서류 및 과거 유치원 운영실적을 조사한 후 확인서를 첨부하여 교육청에 제출한다.
(3) 교육감은 법적용 대상유치원 기관의 지정 결과를 공단과 교육지원청장에게 통보한다.
(4) 교육지원청장은 당해 기관에 통보한다.
(5) 교육청으로부터 지정통보를 받은 사학연금관리공단은 해당 사립유치원에 기관지정번호를 부여하고 그 후 절차를 구체적으로 통보한다.

제4절 교원의 임용 및 퇴직

1. 강임 및 겸임

1) 강임[2)]

교원의 강임(교육공무원법 제2조 10항)은 동종 직무내에서 하위 직위에 임용되는 것을 말한다. 임용권자는 직제 또는 정원의 변경에 따른 예산의 감소 등으로 인하여 직위가 폐직되거나 강등되어 감원이 될 때, 또 본인이 동의한 경우 소속 공무원을 강임할 수 있다.

강임은 상위 직급 또는 고위공무원단 직위에 결원이 생긴 경우에는 우선

2) 국가공무원법 제73조의 3, 교육공무원임용령 제18조~19조.

임용한다. 다만 본인의 동의에 의하여 강임된 공무원은 본인의 경력과 당해 기관의 인력사정 등을 고려하여 우선 임용할 수 있다(국가공무원법 제73조의 4).

2) 겸임[3)]

1) 직위 및 직무내용이 유사하고 담당직무 수행에 지장이 없다고 인정되는 경우에는 교육공무원과 일반직공무원, 다른 특정직공무원 또는 관련 교육기관, 연구기관, 기타 관련기관, 단체의 임직원을 서로 겸직시킬 수 있다(단 관련 자격증을 소지하고 있어야 함).

2. 전직

1) 전직은 교육공무원의 종별과 자격을 달리하는 임용을 말한다. 구체적인 예는 다음과 같다.

(1) 교사, 원감, 원장이 교육전문직으로 전직하거나 교육연구사가 장학사로 전직하거나 교육연구관이 장학관 등으로 전직하는 경우다. 전문직에서 2년 이상 근속한 자는 임용권자가 정하는 기준에 따라 원장 또는 원감으로 전직할 수 있다.

2) 전직의 제한(교육공무원법 제21조 및 교육공무원임용령 제13조위 2)

(1) 교육공무원의 임용권자 또는 임용제청권자는 다음과 같은 사례에 해당하는 경우를 제외하고는 소속 교육공무원이 당해직에 임용된 날로부터 1년 이내에 다른 직에 임용하거나 근무자를 변경하는 인사조치를 하지 않는다.

① 기구의 개편, 직제의 개폐나 정원의 변경이 있는 경우

② 당해 교육공무원의 승진 또는 강임으로 인한 경우

---

3) 교육공무원령 제7조의 2.

③ 기타 대통령이 정하는 특별한 사유가 있는 경우

3. 직위해제[4)]

1) 임용권자는 다음 각호에 해당될 경우 직위를 부여하지 않을 수 있다.
   (1) 직무수행 능력이 부족하거나 직무 성적이 극히 불량한 자
   (2) 파면, 해임, 또는 정직에 해당하는 징계의결 요구 중인 자
   (3) 형사사건으로 기소된 자(약식 명령이 청구된 자는 제외)
   (4) 고위공무원에 속하는 일반직 공무원으로서 적격심사를 요구받은 자
2) 위 1)의 사유가 소멸된 경우는 지체없이 임용권자는 직위를 부여하여야 한다.
3) 위 1)의 (1)에 해당하는 자에 대하여는 3월 이내의 대기명령을 하여야 하며 임용권자나 임용제청권자는 능력회복이나 근무성적의 향상을 위한 교육훈련이나 특별한 연구과제부여 등 특별한 조치를 취해야 한다.
4) 직위가 해제된 자는 봉급의 8할을 지급하며 3개월이 경과되어도 직위를 부여받지 못할 경우는 5할을 지급한다.

4. 교원의 정년 및 명예퇴직

1) 교원의 정년[5)]

앞에서도 언급하였지만 교육공무원의 정년은 62세이다. 교육공무원 정년방법은 교육공무원의 정년이 만료되는 날이 3~8월 사이이면 당해연도 8월 31일에, 9월부터 다음해 2월 사이이면 다음해 2월 말일에 당연 퇴직한다.

---

4) 국가공무원법 제73조 3.
5) 교육공무원법 제47조.

5. 당연퇴직 및 의원면직

1) 당연퇴직

(1) 당연퇴직하는 교원은 정년퇴직자, 사망자, 임기만료자, 근무상환연령 도래자 등이다.

2) 의원면직[6)]

의원면직은 본인 의사에 따라 공무원 관계를 소멸시키는 것을 말하는데 교육공무원은 형의 선고, 징계처분, 또는 이 법에서 정하는 사유에 의하지 아니하고는 의사에 반하여 휴직, 강임, 또는 면직 당하지 않는다. 그리고 교육공무원은 권고에 의하여 사직을 당하지 않으며, 의원면직자의 경우 그 신분유지는 면직발령일 전일까지이다.

6. 직권면직, 징계면직 및 사망

1) 직권면직[7)]

직권면직이란 본인의 의사에도 불구하고 면직시키는 경우이며 직권면직시킬 경우 징계위원회의 의견을 들어 직권면직한다.

2) 징계면직

징계면직은 징계위원회 절차를 거쳐 파면 · 해임시키는 경우를 말하고, 파면

6) 교육공무원법 第43조.
7) 국가공무원법 第70조.

은 공무원 관계로부터 배제되며 5년간 공무원 임용이 제한되고 퇴직급여액의 1/2을 지급한다(5년 미만 근무자 3/4 지급).

3) 해임

해임은 공무원 관계로부터 배제되며 3년간 공무원 임용이 제한되고 퇴직급여액은 전액 지급한다.

4) 사망[8)]

교원이 사망으로 인하여 면직이 이루지는 것은 사망한 날 다음 날에 면직된 것으로 본다. 사망자 보고는 사망 발생 7일 이내에 임용권자에게 보고하여야 한다.

---

8) 교육공무원임용령 제5조.

제 8 장

유치원에서의 인간관계

제1절 원장 · 원감과의 인간관계
제2절 교사간의 인간관계
제3절 교사와 유아와의 인간관계
제4절 학부모와의 인간관계
제5절 그 외 유치원 종사자와의 인간관계

인간관계는 소극적 측면에서 인간과 인간 사이에 존재하는 상태를 말하며, 다른 사람과 화합하고 원만하게 지낼 수 있으며 다른 사람과 더욱 좋은 상태를 유지하기 위한 모든 내용을 인간관계라 할 수 있다. 적극적 의미에서의 인간관계란 진실한 휴머니즘에 기초를 두고 집단의 협동관계를 구축하는 방법, 기술, 관점이라고 할 수 있다(임갑빈, 2002).

이러한 인간관계는 직장 중심적 인간관계와 직장 탈피적 인간관계로 구분할 수 있다(권석만, 1998). 직장 중심적 인간관계는 직장 동료들과의 인간관계를 중시하며 이를 삶의 중요한 인간관계 영역으로 생각하는 직장인의 태도를 말한다.

직장 중심적 인간관계를 나타내는 사람은 소속한 조직 및 업무에 대한 소속감과 만족도가 높다. 또한 직장 내에서 업무를 중요하게 생각하며 개인의 관심사나 취향과 일치함으로써 업무에 대한 관심이 높다. 직장 동료와의 업무뿐만 아니라 고민이나 취미 등을 공유한다, 하지만 문제점은 직장 동료들에게 더욱 많은 시간이나 노력을 할애함으로써 가족관계나 교우관계를 소흘히 할 경우가 많다는 점이다.

직장 탈피적 인간관계는 직장에 대한 소속감과 만족도가 떨어지는 경우에 나타나는 직장인의 인간관계이다. 이런 경우는 직장 동료와의 친밀도나 만족도가 낮고 직장 내보다는 직장 외의 사람과 인간관계를 맺는다. 직장 내의 분위기에 적응을 못하고 직장동료와도 원만한 인간관계가 이루어지지 않기 때문에 직장에 흥미를 잃게 되고 업무에 대한 관심이나 효율성도 저하되게 된다.

이런 사람의 직장 내의 생활은 소득을 얻기 위한 수단일 뿐이며 직장동료와도 의사소통이 적고 기회가 된다면 다른 직장으로 이직할 가능성이 높은 사람이다. 직장 내의 동료들에게도 자신을 개방하지 않아 친구가 없으며 퇴근시간이면 특별한 직장 내의 단체모임이 없는 경우 홀로 직장을 퇴근하는 경우가 많은 사람이다.

이와 같이 직장에서의 인간관계는 자신의 성장이나 직장의 발전과 밀접한 관련이 있음을 인지하고 자신의 부족한 점이 있으면 이를 보충하고 적극적인 직장생활을 통하여 자아를 실현하는 장으로 여겨야 한다. 유치원 교사도 유치원의 발전과 자신의 성장을 위하여 직장 중심적 인간관계를 중히 여기면서 적극적인 태도로 직장생활을 하여야 한다. 그래야만 자기 만족도를 높일 수 있고 자기발전과 더불어 직장 발전을 도모할 수 있다.

유치원에서의 중요한 인간관계를 살펴보면 다음과 같다.

제1절 원장 · 원감과의 인간관계

유치원에서의 인간관계는 유치원 교육에 참여하는 원장, 교사, 학부모, 유치원 담당 장학진 사이에서 일어날 수 있는 모든 정의적 상호작용을 말한다. 인간관계 대상으로는 원장, 원감, 교사, 원생, 학부모 기타 유치원 대상자 전체이다. 이들은 넓은 의미에서 유치원 조직에서 일부의 역할을 하게 되며 이들의 역학적 관계가 인간관계와 밀접한 관련이 있다.

교원은 유치원 조직사회의 구성원이다. 유치원 조직 내에는 원장, 원감, 교사, 서무, 영양사 등 관계직원, 유아 등이 상하관계와 동료관계를 구축하면서 같이 생활하고 있다. 이러한 조직이 원활하게 운영되는 것은 유치원의 생산성을 높이고 발전할 수 있는 가능성을 갖게 한다.

유치원이 조직적으로 역동성을 가지고 움직이기 위해서는 조직 구성원간의 인간관계가 매우 중요한데 인간관계의 기저에는 심리적 관계가 무엇보다 중요하다. 미국 서부전기회사인 호손 공장에서 생산성과 관련된 요소를 연구해 본 결과 물리적 작업 조건보다 심리적 조건의 변화가 생산성에 밀접하게 관계된다고 하였으며, 형식적 조직체 내부에 자생하는 비형식적 조직이 협력적이냐 비협력적이냐가 관계되고 있으며, 과학적 관리보다는 인간관계를 조절하는 것이 생산능률을 높이는데 중요하다고 하였다.

유치원도 하나의 조직체이기 때문에 상하관계가 있으며 원장이나 원감은 교사의 상급 직급에 해당하는 상관이기 때문에 원장이나 원감이 지시하는 명령을 따라야 한다. 직급상 상하관계이나 교사는 그들과 원만한 인간관계를 통하여 의사가 보다 자유롭게 소통되도록 하여야 조직이 부드럽고 유치원에 근무하기가 편하다. 직장에서의 생활이 하루 이틀로 끝나는 것이 아니라 일과 중 대부분을 유치원에서 보낸다면 윗분과의 원만한 인간관계 조성은 매우 중요하다.

따라서 교사는 상급자에 대하여 다음과 같은 점을 고려하여야 한다.

(1) 교사는 상급자를 단지 자기들의 지배자나 상사로만 생각하지 말고 인간적으로 가까울 수 있는 존경을 하도록 하는 것이 좋다.
(2) 교사는 유치원 운영목표 달성에 대한 운영자의 어려움을 이해하려는 노력이 필요하다.
(3) 교사는 자기의 직무수행에 있어서 성실성과 책임을 다하고 있음을 보여주어야 한다.
(4) 교사는 자기의 개인적인 일을 너무 앞세워서는 안 된다.

아울러 유치원이 효율적인 인간관계로 발전하기 위해서는 원장이나 원감은 교사들에게 다음과 같은 점을 배려하여야 한다.

(1) 교사 각자를 인격체로 대우해야 한다.
(2) 솔직한 인정함의 표현을 아끼지 말아야 한다.
(3) 유치원 운영목표 달성과정으로 교직원의 적극적 참여를 유도하여야 한다. 관리자 단독의 노력으로는 어려움이 많이 따른다.
(4) 교직원의 신분상의 애로점과 자아실현의 욕구충족에 자상하고도 계속적인 관심과 지원을 보여주어야 한다.
(5) 유치원 행정의 권한과 책임에 있어서 한계는 분명히 하면서 관리자의 솔선수범과 아량을 보여주어야 한다.

제2절 교사간의 인간관계

유치원에서 교사 수는 초 · 중등학교와 같이 다수가 근무하지 않는다. 따라서 선 · 후배 교사간이나 같이 임용된 동기 교사 간에 창의적이고 협동적인 과정을 통하여 자신의 성장이나 유치원의 발전에 도움이 되도록 한다. 각종 교수-학습 활동이나 생활지도 등에 있어서 서로간에 정보를 교환하고 부족된 점은 보충하거나 다른 동료에게 자기가 가지고 있는 좋은 교육정보를 전달하면서 같이 성장하는 것은 매우 바람직하다.

유치원은 앞에서도 언급한 바와 같이 근무하는 교사가 적으므로 서로가 협동하는 관계를 유지하면 어려운 일도 쉽게 해결할 수 있으며 근무하고 싶은 유치원이 될 수 있다. 교사들간에 반목과 시기 · 질투 · 고자질, 언어사용의 부적절 등이 난무하면 유치원 활동은 생산적이지 못하고 헐뜯고 냉소적인 관계로 바뀌게 된다.

동료 교사 간에 말못할 어려움이 있으면 이해해 주고 때로는 그 선생님 몫까지 담당하며 상대 선생님의 일이 내일인양 협조한다면 교사간의 아름다운 인간관계도 유지되겠지만 유치원 입장에서도 바람직하고 발전적인 방향으로 변화되어지는 시발점이 될 수 있다.

하지만 적은 인원이라도 나름대로 갈등이 존재할 수 있다. 이는 교사가 어떤 유형인가에 따라 다르게 나타난다.

적극가입형 교사는 전제형 교사 태도와 일맥상통한 유형으로 동료교사의 환경구성이나 업무, 행사, 교실구조 등에 개입하며 간섭하는 형이다. 선배일 경우 후배 교사에게 많은 부담을 주게 되며 교사 간 회피 하려는 유형이다. 하지만 다른 반 아이들 지도에는 올바르게 간섭함으로써 생활지도에 도움을 주는 경우도 있다.

방임형 교사는 자기 일만하며 동료교사에게 무관심하고 때로는 공동적으로 활동해야 할 행동까지 방임적 태도로 일관함으로써 다른 교사들에게나 유치원에 도움이 되지 못하는 경우다.

민주형 교사는 교사 간에 의견을 존중하고 다수 의결에 따르며 자율적인 태도로 유치원교사 생활을 하며 잘못을 했을 때는 확실히 책임을 지는 교사이다. 이러한 교사는 의사소통 능력도 우수하지만 업무 추진의 효율성이 떨어지거나 소수의 좋은 의견이 받아들여지지 않은 아쉬움이 있다.

따라서 교사 유형별의 장 · 단점을 파악하여 자신이 취해야 할 행동을 취하고 구성원 모두가 신나게 생활할 수 있는 여건 마련에 능동적으로 대처하여 조직 구성원 내에서 꼭 있어야 할 교사로 인정받도록 노력하여야 한다.

제3절 교사와 유아와의 인간관계

유아는 제자이기도 하지만 하나의 인간이다. 따라서 유아를 인간으로 대하고 유치원 등원할 때부터 어머니 같이, 언니 · 오빠와 같이 유아에게 관심을 갖고 돌보게 된다면 유아는 보다 적극적으로 선생님의 수업활동에 참여하게 될 것이다. 선생님과 유아 사이가 냉냉하고 따뜻한 시선을 주지 않으며, 관심을 가져주지 않으면 유아는 선생님을 무서운 존재로 인식할 가능성이 높다.

표정부터 유아에게 포용적인 모습을 보이게 되면 유아는 교사와의 관계를 매우 흡족하게 여길 것이다. 이는 유아와 교사 간의 인간적인 호의적인 관계가 조성되기도 하는 장점이 있지만 학습활동을 해 나가는데 있어서도 유아의 적극적 협조 또한 강하게 나타날 것이다.

교사와 유아와의 인간관계에서 교사가 유아를 대할 때 어떻게 대하느냐에 따라 다양한 인간관계가 성립된다. 이를 유형별로 구체적으로 살펴보면 다음과 같다.

적극적 개입형 교사는 유아의 독립성이나 창의성을 저해할 가능성이 높다. 유아들에게 어떤 문제가 발생할까 염려되어 유아가 어떤 활동을 하기 전에 교사 임의적인 전제적 태도로 유아들의 활동을 차단하는 경우가 있다. 방임형 교사는 유아들의 행동을 눈여겨 보지 않고 그로 인한 피해에 대하여 생각하지 않는다. 그러한 환경에서 양육된 유아들은 책임감이 없고, 질서가 없으며 임의적 행동을 나타나게 된다. 특히 어린 유아들에게 있어서는 사고 발생률이 높아질 수 있으며 유아들도 선생님에 대한 신뢰성을 갖기 어렵다.

민주형 교사는 유아들의 의견을 존중하고 협동적 관계를 구축하기 때문에 유아들이 행복하고 조직적으로 자신의 의견을 개진한다. 교사도 유아들의 의견을 존중하고 인격적 대우를 하게 되며 민주적인 역량을 쌓아가는 중요한 과정이라 할 수 있기 때문에 교실의 분위기는 역동적이다. 이러한 교실 내에서는 창조적 활동이 장려되고 강조되며 교사는 지원적 역할을 하게 된다.

제4절 학부모와의 인간관계

교육의 효과는 학교와 가정이 같은 신념과 같은 교육방법으로 일관성있게 지도할 때 크다. 특히 유치원 교육이 그러하다. 유아들은 아직 경험이 많이 축적되지 않아 교육적 내용이나 도덕적 규범 등에 대하여 그 의지가 강화되어 있지 아니하다.

따라서 유치원과 학부모가 한 마음으로 유아 지도에 협조하여야 한다. 이 점은 다른 교육기관에 비하여 유치원에서 학부모와의 관계가 매우 중요하다는 점을 말해 준다. 물론 월간교육계획서나 주간교육계획서에 교육활동 관련 내용이나 도덕적 태도 교육에 관한 사항 등을 알려 학부모의 협조를 구하고는 있지만 그 것만으로 모든 문제가 해결되지 않는다.

유아들이 자신이 표현하고자 하는 내용을 적나라하게 표현하는 데는 한계가 있기 때문에 학부모의 의견을 중히 여기고 학부모의 의견이나 주의 내용들을 지도 자료로 활용하게 된다. 그렇기 때문에 유치원은 다른 교육기관에 비하여 학부모와의 관계가 가장 빈번하다. 학부모가 유아를 직접 유치원으로 데려오고 데려가는 경우도 있고 유치원 버스를 이용하여 등원 · 귀가지도가 이루어지는 경우가 대부분이기 때문이다.

이럴 때 학부모의 적절한 인간관계 조성은 선생님과 유치원의 이미지나 신뢰에 크게 관여하게 된다. 이 때 유아에 대한 일반적인 이야기를 주고받을 수는 있지만 유아에 대한 보다 구체적인 정보 교환이 이뤄지기는 어렵다.

따라서 좀 더 필요한 정보를 교환하기 위해서는 별도의 상담을 통하여 학부모와 관계를 유지하여야 한다.

학부모와 원만한 인간관계를 맺고 있으면 상담하는데 있어서 유아에 대한 보다 진솔한 정보를 얻을 수 있다. 하지만 선생님과 학부모가 원만한 관계가 아니면 서로 신뢰할 수 없는 어떤 벽 때문에 피상적인 의견 나눔으로 마무리되기 쉬우며 이는 유아에게 도움이 되지 않는다.

제5절 그 외 유치원 종사자와의 인간관계

유치원에는 여러 종사사가 있다. 유치원의 크기에 따라 다소 차이는 있지만 일반적으로 운전기사, 영양사, 청소하시는 분, 사무원, 조리사 등이 있다. 이들과 유치원 교사 간에 원만한 인간관계가 조성되면 학습활동하는데 그들의 협조를 받을 수 있으며 유아관리에도 편하게 된다.

교사에게 있어서 항상 신나고 가고 싶은 유치원이 되는데 있어서는 유치원에 있는 모든 구성원들과 원만한 관계를 형성하고 있어야 가능하다는 점이다. 구성원 중 어느 한 사람이라도 원만한 관계가 형성되어 있지 않으면 그 사람과의 문제 때문에 행동에 위축된다거나 회피하는 현상이 발생하게 되어 결국은 소원한 관계에 놓이게 된다는 점이다.

따라서 실제적인 학습활동의 지원적인 일을 담당하고 있는 모든 구성원들과 교사 간에 진정하고 따뜻한 인간관계를 구축하여야 한다. 이는 모든 구성원들에게 소속감 강화와 유치원 발전의 계기를 마련해 주는 기본 인자이기 때문이다.

제 9 장

유치원에서의 상담

제1절 개인상담

제2절 집단상담

유치원에서 유아를 대상으로 상담하기에는 현실적인 정보를 얻는데 쉽지 않기 때문에 학부모나 유아와 관련된 성인을 통하여 Intake면접이 실시되는 경우가 많다. 이러한 상담을 하는 데에 있어서도 다음과 같은 방법을 통하여 상담을 실시하는 것이 바람직하다.

제1절 개인상담

1. 상담의 개념

상담이란 영어의 counseling를 말하며 이는 라틴어의 counseler에서 유래한 말로 고려하다, 조언을 받다, 반성하다, 깊이 생각하다의 의미를 가지고 있다. counseling은 학교교육과 관련하여 1939년 Williamson에 의하여 처음 사용되었고 이후 교육계에서 널리 쓰이고 있다(정동화, 2003).

상담의 정의에 대하여 C. R. Rogers는 행동변화를 목적으로 하는 개인과의 일련의 접촉이라 하였고, E. S. Bordin은 면접을 통하여 개인의 문제해결을 도와주는 과정이라고 하였다. R. Strang은 상담을 대면관계라 하였고, W. V. Bingham은 임상상담 입장에서 진술하고 있으며, B. B. Moor는 상담이 면접과 동일하며 목적을 가진 대화라 하였다. A. Garette은 상담을 전문적인 대화라고 정의하기도 하였다(임채식, 2010, 재인용). 이러한 여러 가지 정의 때문에 미국심리학회(APA: American Psychological Association)는 상담의 특징을 다음과 같이 여섯 가지로 제시하여 이해를 돕고 있다(정동화, 2003).

(1) 상담은 전문적 활동이다.

(2) 상담은 개인적이고 사회적이며 직업적인 능력 강화와 교육적인 관심사 등을 다룬다.

(3) 상담은 정상적인 범주 내에서 생활하는 사람을 대상으로 이루어진다.
(4) 상담은 이론 중심적이고 구조화된 환경 속에서 이루어진다.
(5) 상담은 내담자가 의사결정하는 것과 새로운 방식으로 행동하고 느끼고 생각하는 방식을 고려해 보는 과정이다.
(6) 상담은 다양한 하위문화 영역을 포함한다.

이러한 여러 정의를 조작적으로 정의한다면 상담은 상담자와 피상단자간에 수용적이고 구조화된 관계를 형성하고 이러한 관계 속에서 피상담자가 자기 자신과 환경에 대하여 의미 있는 이해를 증진하도록 함으로써 피상담자가 스스로 효율적 의사결정을 하고 결과적으로는 피상담자가 성장과 발달을 촉진하는 심리적 조력의 과정이라 할 수 있다.

2. 상담목표

유치원에서 학부모와의 상담에서 추구해야 할 목표는 유아가 건전하게 성장하고 미래에 지향할 인간상 정립을 통하여 행복한 삶을 살도록 도와주는데 있다. 그러기 위해서는 학부모와의 상담내용이 유아에게 적절하게 도움을 주어, 유아의 행동이 바람직하게 변화하게 함으로써 유아의 생각이나 감정조절 등에 변화가 일어나야 한다.

또한 유아의 정신건강이 강화됨으로써 동네 또래들간의 관계에서나 유치원에서 반 동료들과 잘 어울리며 적응하는 행동이 나타남도 상담을 통하여 나타내어야 할 요소이다. 더 나아가 유아가 자신의 장 · 단점을 알고 이에 적절하게 대체할 수 있는 자신의 정체감이 형성된다거나, 학부모가 학부모의 욕심에 따른 유아지도로 유아가 지니고 있는 잠재능력이 사장되어지지 않도록 적극적으로 상담을 통하여 다양한 경험들을 쌓게 하여야 한다.

이러한 경험 축적을 통하여 여러 능력을 발휘할 수 있는 기회를 마련하도록 하여야 한다. 더 나아가 정서적 문제와 심리적 문제에 도움을 주어 유아가 스스로 의사결정을 할 수 있는 능력이 향상되도록 하는 것이 상담을 통하여 변화되어야 할 내용들이다.

3. 상담의 과정

상담의 과정이란 상담이 시작되어서 끝날 때까지를 말한다. 학부모가 유치원을 찾아온 이유를 설명하면 상담을 맡은 교사는 학부모와의 사이에 솔직하고 신뢰로운 관계가 형성되도록 노력하여야 한다. 이어서 학부모가 유치원에 찾아와 자기 자녀의 문제에 대하여 이야기를 하도록 한다. 상담교사는 학부모의 의견을 존중하고 솔직하고 진지하게 학부모의 이야기를 듣는다. 이때 학부모의 감정과 사고까지도 적극적으로 모두 수용한다는 생각을 가지고 경청하도록 한다.

다음으로 문제가 발견되었다면 확실하게 문제를 확인하는 명료화 단계를 거치고 이어서 문제해결 방법을 모색하도록 한다. 문제해결시 부정적인 정서의 표현은 적절치 않으므로 삼가야 한다. 이어서 상담교사는 학부모가 자신의 유아에 대하여 유아에 대한 이해와 합리적인 사고를 갖출 때까지 적극적으로 상담에 임하도록 한다.

이러한 과정을 통하여 이해가 이루어지고 수긍한다면 생산적인 상담이 이루어졌다고 할 수 있다. 상담이 끝나면 유아에게 도움을 줄 수 있는 행동으로 옮기도록 하고 이러한 상담을 몇 번에 걸쳐 더 시행하여 유아의 적응 정도를 확인하도록 하여야 한다. 잠정적으로 문제가 해결되었지만 이후에 또 문제된 상황이 발생한다면 언제든지 유치원으로 찾아올 수 있도록 배려함도 매우 중요하다.

상담이 끝나면 유아들 상담내용에 대한 모든 내용을 유아별 파일을 만들어 정리하고 이후의 상담 내용이 있으면 누가적으로 기술하고, 상담 이전과 이후 상황 등 변화상황을 기록하여 두면 유아의 진전 상황을 일목요연하게 볼 수 있어 차후 상담에 많은 도움이 된다.

그리고 차후 상담을 하게 될 때는 미리 유아에 대한 이전 상담 내용에 대한 파일을 상담 전 파악하고 상담에 임하도록 한다. 이는 보다 효율적인 상담을 위하여 필요하다. 상담파일은 다음과 같이 유치원별로 제작하여 사용할 수 있다.

유아별 상담카드

학급명		유아이름	
생년월일		입학일자	
일련번호	상 담 일 자	교사와 학부모간 상담 내용	이전 상담과의 변화내용
1			
2			
3			
4			
5			

4. 상담교사의 역할

유치원에서 상담을 맡은 자는 특별한 상담교사 자격이 있지는 않다. 상위학위 과정을 통하여 상담사 자격을 취득하면 많은 도움이 되겠지만 현재 유치원에서는 이러한 상담교사 자격에 대한 기준이나 의무성 등에 대한 규정은 없는 실정이다. 따라서 유치원에서의 상담은 담임교사가 학부모와 유아문제에 대하여 필요시 상담하는 경우가 일반적이다. 그렇다고 상담할 아무런 준비없이 상담하는 것은 매우 바람직하지 않다. 따라서 다음과 같은 점을 상담하는 교사가 스스로 갖추도록 하여야 한다.

(1) 신뢰이다. 상담교사가 신뢰로운 부분이 없으면 학부모는 상담교사를 믿지 못하게 되고 학부모 또한 유아문제에 대하여 피상적인 의견만 내놓을 수 있다. 교사가 진심으로 진지하게 상담에 임할 때 학부모 또한 상담교사를 신뢰하게 된다는 점이다.

(2) 공감적 이해를 한다. 상담교사가 학부모의 심리적 상태에 공감한다면 보다 쉽게 학부모를 이해하게 되고 같은 감정과 반응을 갖게 된다는 점이다. 역지사지라 했듯이 학부모 입장에서 이해하는 일은 많은 문제를 보다 긍정적으로 해결하는데 도움이 된다.

(3) 수용하는 일이다. 상담교사가 학부모가 문제로 제시하고 있는 유아의 문제에 대하여 어떠한 내용이든 수용한다면 학부모는 있는 그대로의 정보를 제공하게 될 것이다. 만약 교사가 선별적으로 내용을 수용하게 된다면 학부모도 선별된 부분에 대해서만 답을 하게 되고 이로 인하여 본질적인 문제접근이 어려울 수도 있다.

5. 상담의 유형

1) 전화상담

문명의 이기로 인하여 전화는 이제 우리 생활의 중요한 일부가 되었다. 특히 핸드폰(cellular phone)의 상용화로 인하여 개인별 전화기를 지니는 시대가 되었다. 따라서 장소와 시간을 불문하고 통화할 수 있는 장점이 있다. 특히 유아들의 상담을 하는 입장에서는 학부모와의 상담(Intake Interview)을 하게 되는데 가정이나 직장이나 가능한 장소와 시간에 상담을 할 수 있다. 전화상담은 정기적인 상담을 할 수도 있지만 오히려 특별한 상황이 있을 때 더 많이 활용할 필요가 있다.

전화상담을 할 때는 교사가 간단한 메모를 준비하여 학부모와 나누어야 할 상담에 대한 요점을 잃지 않도록 상담 중에도 메모를 할 수 있도록 필기도구를 준비한다(이대균 · 김주영 · 임자영 · 박지선, 2010).

전화상담을 하는데 있어서는 전화걸 때의 예절을 지켜야 하며 가급적 유치원별로 전화하는 방법에 대하여 순서대로 정리하여 놓고 그 순서에 따라 전화함으로써 특별한 내용이 아닌 한 유치원별로 일관된 전화가 이루어지도록 한다.

즉, ① 기본적인 인사, ② 전화를 하게 되는 이유, ③ 문제 내용의 상담, ④ 문제의 마무리, ⑤ 차후 문제 발생시 재차 상담할 것이라는 안내, ⑥ 전화내용 정리 등이다.

2) 가족상담

모 TV에 '우리 아이가 달라졌어요'라는 프로그램이 있는데 대부분 문제된 행동의 수정과정을 통하여 부모들이 어떻게 자녀를 교육하여야 하고 잘못되었을 때는 어떻게 대처하는 것이 자녀의 문제행동을 수정할 수 있는지를 알려주는 내용이다. 여기서 보면 대부분의 유아들의 문제행동은 부모나 가족 구성원들에 의하여 원인이 제공됨을 볼 수 있다. 이와 같이 유아는 가족을 중심으로 한 가정환경에 의하여 그의 태도가 많이 변화됨을 알 수 있다.

따라서 교사는 유아의 문제행동의 원인을 밝히고 행동을 수정하고 유아의 성장을 돕기 위하여 가족구성원과 꾸준히 의사소통을 하며 상담하는 것이 매우 필요하다. 즉 유아의 문제행동이 유아 단독의 문제가 아니라 가족전체를 하나의 단위로 보고 상담해야 한다는 점이다.

(1) 상담주제의 선정

가족상담을 하기 위해서는 먼저 유아의 문제행동을 규정짓고 그 원인이 무엇때문인지를 밝혀야 한다. 아버지가 문제인지, 어머니가 문제인지, 아니면 조부모나 형제자매 등 기타 가족구성원이 문제인지를 밝혀야 한다. 이 때는 대상만이 아니라 내용상에 있어서 가족구성원의 구체적 유아에 대한 행동의 문제점을 찾아야 한다.

문제점을 찾기 위해서는 부모나 가족구성원의 의견을 듣는 것도 한 방법이 될 수 있지만 장시간에 걸친 자연스런 상태에서의 유아행동에 대한 비디오 자료도 활용될 수 있다. 원인이 정확하게 밝혀지지 않는다면 상담자가 가정을 방문하여 가족구성원들과 합류하여 원인을 찾도록 한다. 때에 따라서는 어머니가 직접적인 원인인데도 이를 은폐하기 위하여 상담자를 경계하고 정확한 정보를 제공하지 않는 경우가 있음도 인지하여야 한다.

따라서 상담자는 가족 간의 관계를 관찰 시 가족 모두를 존중하면서 가족들이 경계를 풀고 협조하도록 하여야 하며 이러한 가족상담을 실시하는 것이 유아의 성장과 행복에 있음을 설명하도록 한다.

(2) 상담의 과정

유아의 문제행동에 대한 원인 규명이 밝혀지면 이어서 상담자와 피상담자 간에 같이 노력하여 유아의 행동을 수정해 보겠다는 공통된 목표를 설정하고 인내하면서 꼭 문제점을 개선하여 유아가 누리고자 하는 행복을 누리도록 최선의 노력을 다하겠다는 각오를 가져야 한다. 그리고서 상담자와의 의사소통을 하여야 한다. 가족구성원을 다 모이게 하여 상담한다면 좋겠지만 어려운 상황이라면 주 내담자가 가정에 돌아가 반드시 전달 상담을 하여야 한다.

이 때는 가족구성원 간에 어떠한 구조적 경계가 있는지를 파악할 필요가 있다. 가족간에 경계선이 경직되어 있으면 유아의 문제를 해결하는데 협조체제가 원만하지 않다. 즉, 이로 인하여 가족 간의 관계가 분리되기도 하고 친밀한 관계가 되기도 하는데 적절한 친밀성이 있는 가족관계이어야 상담하는데 있어서 서로 의사소통이 용이하게 이루어지고 이를 통하여 유아의 문제를 협동적인 분위기에서 생산적으로 해결할 수 있다.

하지만 과잉적인 친밀한 가족관계는 오히려 지나친 염려와 보호 때문에 문제의 본질을 분산하게 하여 오히려 유아의 문제행동을 수정하기 어렵게 하는 경우가 있음을 주지하여야 한다.

상담자의 이러한 노력에도 문제가 해결되지 않으면 상담자가 직접 가정을 방문하여 문제된 내용에 대하여 상호 의사소통을 한다.

상담자는 가정 현장에서 유아의 문제가 나타나면 그 내용에 대하여 상호교류를 지지하기도 하고, 수정하기도 하고, 상황에 따라 이전에 지시했던 유아의 행동수정에 대하여 변경 지도를 할 수 있다. 또한 문제가 발생한 상황에서 가족 구성원이 상담을 원하고 지원을 요청하면 상담자가 적극적으로 그들과 함께 문제를 해결하도록 토론하고 생산적인 의견을 교환하도록 하여야 한다.

그렇게도 문제가 정리되지 않으면 소아정신과 의사나 사회복지사, 교육전문가 등의 협조를 구해야 한다. 또 상담은 한 번의 과정을 통하여 문제해결이 이루어지지 않기 때문에 유아의 성장을 돕겠다는 강한 의지를 가지고 수회의 상담을 하도록 한다.

1회의 상담으로 모든 문제가 해결된다고 생각하는 것은 극히 근시안적 태도이다. 따라서 인내를 가지고 상담을 통하여 문제를 해결할 수 있다는 강한 신념 아래 가족의 협조를 이끌어 내면서 차근차근히 상담에 임하여야 한다.

(3) 상담의 마무리

상담과정을 통하여 일정 행동이 변화되고 상호작용이 원만하며 유아의 정서적 반응이나 표현활동 등이 과거와 다르게 나타나고 만족스런 결과에 도달하였다면 상담자는 서서히 내담자와의 관계를 정리하여야 한다. 그리고 앞으로 예상되는 문제될 상황들에 대하여 몇 가지 도움말을 전한다. 또 내담자가 의문시했던 점에 대하여도 납득할 정도의 답변을 해 줌으로써 상담이 원만히 진행되었음을 느끼게 한다.

제2절 집단상담

1. 집단상담의 정의

집단상담(Group Counseling)은 1905년 Josep Paratt라는 가정간호에 관한 정보를 환자들에게 전달하기 위하여 실시한 집단교육이 그 효시가 되었다(김계현 외, 2002). 집단상담에 대한 이형득의 정의를 살펴보면 다음과 같다(이형득, 1986).

집단상담이란 비교적 적은 수의 정상인들이 한두 사람 전문가의 지도하에 집단 혹은 상호관계성의 역할을 토대로 신뢰롭고 수용적인 분위기 속에서 개인의 태도와 행동의 변화 혹은 한층 높은 수준의 개인적 성장 및 인간관계 능력의 발달을 위해 노력하는 대인관계 과정이다.

Hansen, Waner & Smith(1980, 정동화, 2003, 재인용)는 '집단상담은 태도와 행동을 변화시키려는 의도에서 여러 내담자와 그들의 조건을 탐색 · 조사하는 한 사람의 상담자가 관련되는 과정을 의미한다'고 하였고, Bates, Johnson & Blaker(1982, 정동화, 2003, 재인용) 등은 '6~12명 정도의 내담자 집단이 집단지도성 훈련을 받은 한 사람의 유능한 전문가의 지도 아래 교육적 · 직업적 · 사회적 혹은 개인적 가치 등에 관하여 상호간에 대화를 나누는 것이다'라고 하였다. 이러한 정의가 있지만 유아와 관련하여 학부모를 대상으로 하는 유치원에서의 집단상담은 다음의 이장호 외(1992)의 정의가 적절할 것으로 판단된다.

'집단상담이란 생활과정상의 문제를 해결하고 보다 바람직한 성장 · 발달을 위하여 전문적으로 훈련된 상담자의 지도와 동료들의 역동적인 상호교류를 통해 각자의 감정, 태도, 생각 및 행동양식 등을 탐색하고 이해하여 보다 성숙된 수준으로 향상시키는 과정이라 할 수 있다'.

2. 집단상담 시 교사의 태도

유치원에서 집단상담에 임하는 교사는 학부모에게 집단상담에 임하는 목적이 무엇인지를 명확히 인지시켜야 한다. 그리고 레크리에이션 등을 통하여 집단성원인 학부모와 래포(rapport)가 조성될 수 있도록 한다. 그리고 학부모들이 자유롭게 자신의 의견을 나누도록 분위기를 조성하도록 하고 상담교사는 이러한 상황을 잘 파악하여야 한다. 학부모간에 활발한 상호작용이 이루어지게 되면 상당히 많은 문제가 그 자리에서 해결되기도 하지만 그렇지 않은 내용에 대하여는 상담교사와의 상담을 통하여 해결하도록 한다.

따라서 상담교사는 학부모의 고민에 대하여 관심을 기울이고 필요한 내용에 대하여 상담하여야 하며, 때로는 다른 학부모의 고민된 내용을 공통된 고민 내용으로 연결하여 의사소통이 원만히 이루어지도록 한다. 만약 집단상담이 고착상태에 빠지게 되면 서로의 상호작용이 가능하도록 요약을 해 주거나 자신의 정보를 학부모에게 제시하기도 하고, 모델이 되기도 하면서 상담을 조장하기도 해야 한다.

3. 학부모와의 집단상담

유치원에서 집단상담은 유아를 위하여 학부모가 상담에 임하는 것이 일반적이다. 집단상담은 유치원에서 계획하는 교육내용이나 유아들을 지도하는데 어떻게 가정에서 협조해야 하는가 하는 내용들에 대하여 학부모들이 공통으로 의문시하는 사항을 상담함으로써 학부모들의 문제해결에 도움을 주고자 함이다.

일찍이 유치원을 보내본 경험이 있는 부모들은 유치원 교육에 대한 궁금증이나 어색함이 덜 하겠지만 처음 유치원에 유아를 보내는 학부모들은 많은 부분들에 대하여 궁금해 한다. 그러한 공통적으로 궁금해하는 상황을 학부모들에게 알려주고 의문난 사항들을 질문받아 답해 주는 것이 대표적인 유치원에서의 집단상담이다.

때로는 내가 질문해야 할 사항을 다른 학부모가 질문해 줌으로써 새로운 정보를 알게 되는 경우도 있고, 혼자 고민했던 자신의 자녀에 대한 고민을 집단상담시 다른 학부모도 동일하게 고민한다는 사실도 알 수도 있다. 또 내 아이에 대한 고민이 집단상담을 통하여 유아의 발달단계에서 있을 수 있는 사항으로 크게 고민하지 않아도 되는 내용이라는 점을 알고 안심한다든지 하는 효과가 있다.

4. 유아와의 집단상담

유아들을 대상으로 하는 집단상담은 유아들이 실제 세계를 대신하는 사회적 공간이 되도록 하여 자신의 감정이나 행동에 대한 피드백을 받고 사회기술도 익히도록 한다(정동화, 2003).

유아를 위한 집단상담의 목표는 유아의 개인적 성장을 위한 것으로 정상적인 유아를 대상으로 하는 성장중심 집단상담과, 문제를 가진 유아를 대상으로 하는 문제중심 집단상담으로 구분할 수 있다(김충기 · 장선철, 2001).

성장중심 집단상담은 유아들이 일상생활에서 부딪히는 문제들에 좀더 효과적으로 대처할 수 있는 능력을 극대화시키는 데 초점을 두고 있다. 우정, 자기관리 등과 같은 발달적 과제와 관련지어 자신의 생각, 태도, 느낌 및 행동을 검토하거나 발달시킬 수 있다. 문제중심 집단상담은 유아의 성장에 방해가 되는 개인적 갈등을 치료하거나 문제의 해결을 돕게 된다. 즉 학업의 실패, 비만, 부모의 이혼, 비행 등의 문제를 경험하고 있는 유아들에게 대처할 수 있도록 돕는 것이다(정동화, 2003).

집단상담에서 주제 선정은 교사가 문제로 제시하고 있는 내용들을 우선으로 하고 이후 학부모의 요구가 있는 상담 주제에 대하여는 유치원에서 소화할 수 있는 시간이 있으면 진행을 하여야 하겠지만 너무 장시간 상담하는 것은 주제에 혼란을 가져올 수 있으므로 차후의 기회를 가지도록 한다.

상담 구성인원도 교실의 크기나 상담내용에 따라 다를 수 있으며 때에 따라서는 몇 가지 주제를 제시하고 주제별로 교실을 정한 후 학부모가 관심 있는 내용에 대하여 교실로 이동한 후 상담할 수도 있다. 상담은 가급적 상담에 능력 있는 상담교사자격증을 가진 교사나 경력교사가 임하는 것이 바람직하다.

제 10 장

교원의 지위향상 및 복지

제1절 교원의 지위향상 및 예우

제2절 교직단체

제1절 교원의 지위향상 및 예우

우리는 흔히 국가의 백년대계는 교육의 성패에 달려 있다고 하고 있다. 그 정도로 교육은 중요하다. 국가에서도 이러한 점을 중요시하여 교원 지위를 향상시키기 위한 각종 노력을 기울이고 있다.

1. 교원지위 향상을 위한 목적

교원지위를 향상시키는 목적은 국가의 미래가 교육에 의하여 좌우된다는 취지 때문이다. 우리나라 전체 인구 중 학생들이 차지하는 비율은 약 1/4일 정도로 학교 교육기관에서의 우리 국민에 대한 책임은 막중하다. 바로 그들을 올바로 교육시키는 것은 피할 수 없는 사명이라 할 수 있다.

이러한 중차대한 책임을 지고 있는 교원들이 사기가 떨어지고 지위가 낮게 대접받는 일은 우리의 교육발전에 있어서 바람직하지 않은 일이다.

따라서 정부에서는 교원지위를 향상시키기 위한 특별법을 만들고 이 특별법의 목적이 교원에 대한 예우와 처우를 개선하고 신분보장을 보장함으로써 교원의 지위를 향상시키고 교육발전을 도모한다(교원지위 향상을 위한 특별법 제1조, 개정 2008. 3. 14)고 제시하였다.

사립학교법 제56조(개정 1990. 4. 7)에도 사립학교 교원은 형의선고 · 징계처분 또는 이 법에 정하는 사유에 의하지 않고는 본인의 의사에 반하여 휴직 또는 면직 등 불리한 처분을 받지 않는다고 하여 사립교육기관에 근무하는 교원에 대한 신분을 보장하고 있다. 사립학교법 제58조에서는 면직의 사유를 다음과 같이 명시하고 있다.

(1) 신체 또는 정신상의 장애로 1년 이상 직무를 감당하지 못할 만한 지장이

있을 때

(2) 근무성적이 극히 불량한 때

(3) 정부를 파괴함을 목적으로 단체에 가입하고 이를 방조할 때

(4) 정치선동을 하거나 집단적으로 수업을 거부하거나 또는 어느 정당을 지지 또는 반대하기 위하여 학생을 지도 · 선동한 때

(5) 인사기록에 있어서 부정한 채점 · 기재를 하거나 허위의 증명이나 진술을 한 때 등이다.

이와 같이 교원이 지위에 대하여 법적으로 보장하고 있다는 점은 교육이 그만큼 중요하다는 국가적 책임을 강조하는 것이라 볼 수 있다.

2. 교원에 대한 예우

교원의 예우에 대하여는 국가와 지방자치단체 및 공공단체의 노력을 강조하고 있다. 즉, 교원지위 향상을 위한 특별법 제2조에서 교원이 사회적으로 존경받고, 높은 긍지와 사명감을 가지고 교육활동을 할 수 있는 여건을 조성하여야 한다는 점, 교원이 학생에 대하여 교육과 지도를 할 때 그 권위를 존종받을 수 있도록 특별히 배려하여야 한다고 하였고, 또 행사 등에서 교원을 우대하여야 하며 교원이 교육활동을 원활하게 수행할 수 있도록 적극 협조하여야 한다고 하였다.

하지만 아직 국가나 지방자치단체, 그리고 공공단체에서 교원들이 피부로 느낄 수 있는 예우가 그리 많지 않은 것이 현실의 모습이다. 법령이 실제적으로 적용될 수 있다면 교원들은 보다 큰 긍지를 가지고 후학들의 교육에 혼신의 힘을 쏟을 것이다. 물론 예우를 해 주지 않는다고 하여서 교사로서 마땅히 지켜야 할 교사로서의 책무를 소홀히 하는 일은 절대 없어야 한다.

교원에 대하여는 불체포 특권이 있는데 사립학교 교원은 현행범인 경우를 제외하고는 소속학교장의 동의 없이 학원 안에서 체포되지 않는다(사립학교법

제 60조)고 함으로써 교원을 예우하고 있다(2008. 3. 14, 법률 제8888호).

교육공무원의 정년은 62세이다(교육공무원법 제47조). 교원은 정년을 마칠 때까지 신분보장이 되어 있다. 이것이 타 직장에서 부러워하는 요인이 되기도 한다. 교원지위 향상을 위한 특별법 제6조에는 교원의 신분보장 조항이 있다. 내용을 보면 교원은 형의선고, 법률로 정하는 사유에 의하지 않고는 그 의사에 반하여 휴직 · 강임 또는 면직되지 않는다 하였다. 또 해당학교의 운영과 관련하여 발생한 부패행위나 이에 준하는 행위 및 비리 사실 등을 관계 행정기관 또는 수사기관 등에 신고하거나 고발하는 행위로 인하여 정당한 사유없이 징계조치 등 어떠한 신분상의 불이익이나 근무조건상의 차별을 받지 않는다고 하였다.

제2절 교직단체

교직단체는 여러 단체가 있지만 여기서는 한국교원단체총연합회와 전국교직원노동조합에 관련된 내용을 기술하고자 한다.

1. 한국교원단체총연합회[1]

1) 강령

한국교원단체연합회 강령에 교육은 인간의 자아를 실현하고 창조적 능력을 계발하며 행복한 삶을 추구하는 과정이다. 우리는 전문적 교원단체로서 교육발전을 도모하고 국민의 교육권을 신장하며 국가번영과 인류평화를 선도한다.

1) 한국교원단체총연합회 (http://www.kfta.or.kr), 2010.

이에 모든 교원의 뜻을 모아 우리의 나아갈 바를 밝힌다고 하였으며 구체적 내용은 아래와 같다.

1. 우리는 학생의 전인적 성장을 최우선의 가치로 삼는다.
1. 우리는 다양하고 질 높은 학교 교육을 추구한다.
1. 우리는 교직의 전문성을 신장하고 품격 높은 교직문화를 조성한다.
1. 우리는 단결하여 교권을 확립하고 사회 · 경제적 지위를 높인다.
1. 우리는 정책결정과정에 적극 참여하여 주도적인 영향력을 발휘한다.
1. 우리는 교육에 관한 다양한 의견을 존중하고 협력을 강화한다.
1. 우리는 국제이해 증진과 인류평화 실현을 위해 적극 노력한다.

그리고 또 한국교원단체총연합회에서는 다음과 같이 교사가 스스로 지켜야 할 교직윤리헌장과 다짐을 다음과 같이 제정하고 있다(한국교원단체총연합회(http://www.kfta.or.kr, 2010).

2) 교직윤리헌장

우리는 교육이 인간의 가치와 존엄성을 높이며, 개인의 성장과 자아실현은 물론 국가와 민족의 미래에 중대한 영향을 준다는 사실을 명심하고, 국민으로부터 부여받은 교육자의 책무를 다하기 위해 최선을 다한다.

우리는 균형 있는 지 · 덕 · 체 교육을 통하여 미래사회를 열어갈 창조정신과 세계를 향한 진취적 기상을 길러 줌으로써, 학생을 학부모의 자랑스러운 자녀요 더불어 사는 민주 사회의 주인으로 성장하게 한다.

우리는 교육자의 품성과 언행이 학생의 인격형성을 좌우할 뿐만 아니라 사회 전반의 윤리적 지표가 된다는 사실을 깊이 인식하고, 윤리성과 전문성을 높이기 위해 노력한다.

이에 우리 모두의 의지를 모아 교직의 윤리를 밝히고, 사랑과 정직과 성실에 바탕을 둔 교육자의 길을 걷는다.

3) 우리의 다짐

우리의 다짐은 교사들이 교사로서의 자신들의 의지를 강화시키기 위하여 제정한 내용이다.

1. 나는 학생을 사랑하고 학생의 인권과 인격을 존중하며, 합리적인 절차와 방법에 따라 지도한다.
1. 나는 학생의 개성과 가치관을 존중하며, 나의 사상 · 종교 · 신념을 강요하지 않는다.
1. 나는 학생을 학업성적 · 성별 · 가정환경의 차이에 따라 차별하지 않으며, 부적응아와 약자를 세심하게 배려한다.
1. 나는 수업이 교사의 최우선 본분임을 명심하고, 질 높은 수업을 위해 부단히 연구하고 노력한다.
1. 나는 학생의 성적평가를 투명하고 엄정하게 처리하며, 각종 기록물을 정확하게 작성 · 관리한다.
1. 나는 교육전문가로서 확고한 교육관과 교직에 대한 긍지를 갖고, 자기개발을 위해 노력한다.
1. 나는 교직 수행과정에서 습득한 학생과 동료, 그리고 직무에 관한 정보를 악용하지 않는다.
1. 나는 학생이나 학부모로부터 사적 이익을 취하지 않으며, 사교육기관이나 외부업체와 부당하게 타협하지 않는다.
1. 나는 잘못된 제도와 관행을 개선하는 데 앞장서며, 교육적 가치를 우선하는 건전한 교직문화 형성에 적극 참여한다.
1. 나는 학부모와 지역사회를 교육의 동반자로 삼아 바람직한 교육공동체 형성을 위해 함께 노력한다.

성격 측면에서 살펴보면 위의 교직윤리헌장과 다짐은 우리나라 교원들의 윤리강령(code of ethics)으로서 조직의 내부 구성원들이 기본적으로 지향해야 할 가치를 담은 윤리지침이다. 이러한 윤리지침은 우리 교원들의 직무 수행과정에서 기대되는 바람직한 "선"을 행하고 그렇지 않은 "악"을 피할 수 있도록 도와주는 안내자의 역할을 한다. 즉, 이러한 헌장 및 다짐을 통하여 무엇이 교원에게 필요한 행동이며 어떠한 행동을 하지 말아야 할 것인가를 말해 주기 때문이다. 이 성격을 구체적으로 정리하여 보면 다음과 같다.

(1) 규범성

윤리강령은 교원들에게 기대되는 바람직한 가치판단이나 의사결정을 담고 있다는 점에서 기본적으로 규범성을 지향한다. 이러한 바람직한 행동이나 가치판단은 사회적 · 문화적 속성을 반영하는 것이기 때문에 동서고금을 막론하고 동일한 것이 존재할 수 없으며 당시의 시대상을 어느 정도 반영할 수밖에 없다.

(2) 실천성

윤리강령은 단순히 규범의 차원에만 머무는 것이 아니라 교원들에 의하여 제대로 실천될 수 있을 때 윤리강령이 지향하는 궁극적인 의미가 달성될 수 있다. 아무리 규범적으로 바람직하고 높은 도덕성을 표현하고 있다 하더라도 이것이 실천되지 않는다면 윤리강령으로서의 의미를 상실하기 때문이다.

(3) 자율성

윤리강령은 외부의 타율적 강조의 의하여 이루어지는 것이 아니라 강령의 적용을 받는 해당 교원 스스로의 자발적인 수용과 자율적 실천에 기초하여 운영되어야 한다.

(4) 가이드라인(지침)

윤리강령은 교원의 바람직한 행동의 방향을 제시하는 데 목적이 있지만 지나치게 세부적인 내용보다는 어느 정도 포괄적이고 보편적인 내용에 대한 규정을 담고 있다. 지나치게 세부적인 규정은 그 자체로서 제정이 어려울 뿐만 아니라 교원 개개인의 행동이나 의사결정이 지니고 있는 다양성으로 인하여 단일의 기준으로서 강령을 제시하는 것은 한계가 있기 때문이다. 따라서 구체성을 지니되 개별 교원 등에게 어느 정도 보편적으로 적용될 수 있는 수준으로 제정되어야 한다는 것을 의미한다.

(5) 투명성

교원도 의사나 변호사들과 마찬가지로 고도의 전문성을 지니고 있는 집단이라는 점에서 외부통제의 어려움이 있기 때문에 윤리강령 등의 제정을 통하여 직무의 투명성 확보와 더불어 자율적 통제가 효율적으로 이루어질 수 있다.

(6) 예방지향성

윤리강령은 사후적 처벌보다는 사전적인 예방 기능을 주된 목적으로 하고 있다. 부패가 발생하였을 경우에 이를 원상태로 복구하는 것이 사실상 어렵다는 점에서 사후적 처벌보다는 사전적 예방이 보다 강조되는 것이다.

4) 교직윤리 실천방안

교직윤리헌장 제정 못지않게 실천이 중요한데 한국교원단체연합회에서는 교직윤리실천 방안을 다음과 같이 제시하고 있다.

실천방안 수립배경으로서는 우리나라 40만 교원이 스스로 교직에 관한 윤리를 강화 · 실천함으로써 학교교육에 대한 윤리성 및 전문성을 확고히 함은 물론 국민과 사회에 대한 교육자의 신뢰를 회복하기 위한 노력의 일환이다.

교육자가 스스로 윤리를 강화시키기 위해서는 교원 스스로에 대한 윤리의식을 일깨우고 자율적인 정화운동을 전개하여야 하고, 전문직으로서 자신의 역할과 중요성을 인식하도록 하고 바람직한 행동방향 및 원칙을 제시하며, 자율적으로 통제와 규율을 이루어 바람직한 내적 질서를 형성하여야 한다는 점이다.

교직윤리의 구체적 실천방안은 우리 교사들이 교원윤리강령은 실천할 수 있도록 홍보를 체계적으로 강화하고, 교원 간에 헌장 및 다짐을 공유하도록 한다. 또 각종 행사시에 교직윤리의 중요성을 자주 언급하여 교직윤리 의식을 제고토록 한다. 만약 비도덕적 행위로 다수 교원의 권위와 명예를 심각히 손상시킨 행위가 있었다면 이에 대한 강력한 제제활동을 강화하도록 하고 있다.

정부에서는 교직윤리헌장이나 다짐에 관련된 내용의 체계적인 연수를 강화하고 교원이 자긍심을 가지고 학습자들을 지도할 수 있도록 다양한 사기 진작방안을 강구하도록 건의하여야 한다. 또 교직윤리 확립은 교원만의 노력으로 이루어지기 어렵기 때문에 학부모나 시민사회단체와의 연대활동을 강화하여야 한다.

2. 전국교직원노동조합[2)]

1) 강령

전국교직원노동조합에서는 민족 · 민주 · 인간화 교육을 위하여 강령을 채택하였는데 그 내용은 다음과 같다.

1. 우리는 교육의 자주성 · 전문성 확립과 교육민주화 실현을 우해 굳게 단결한다.

---

2) 전국교직원노동조합 (http://www.eduhope.net), 2010.

2. 우리는 교직원의 사회 · 경제적 지위 향상과 민주적 권리의 획득 및 교육여건 개선에 노력을 기울인다.
3. 우리는 학생들이 민주시민으로서 자주적 삶을 누릴 수 있도록 민족 · 민주 · 인간화교육에 앞장선다.

아울러 전국교직원노동조합에서는 참교육을 실현하기 위하여 어떻게 활동할 것인가를 정해 놓은 참교육 실천강령이 있는데 모두 14개항으로 구성되어 있으며 2002년 2월 25일에 제정되고 2002년 5월 15일에 공포되었으며 내용은 아래와 같다.

1. 우리는 더불어 사는 삶을 소중히 여기는 인간상을 추구한다.
2. 우리는 민족의 자주성 확보와 평화통일을 앞당기기 위한 교육을 실천한다.
3. 우리는 민주주의의 완성과 생활화를 지향하는 교육을 실천한다.
4. 우리는 몸과 마음의 건강을 지키는 교육을 실천한다.
5. 우리는 양성평등교육을 실천한다.
6. 우리는 인권교육을 실천한다.
7. 우리는 노동의 가치와 노동자의 권리를 존중하는 교육을 실천한다.
8. 우리는 자연과 인간의 공생을 지향하는 교육을 실천한다.
9. 우리는 교육과정을 창조적으로 운영한다.
10. 우리는 서로 돕고 협동하는 학습의 원리를 구현한다.
11. 우리는 학생자치를 존중하고 돕는다.
12. 우리는 동료 교사와 함께 연구하고 실천한다.
13. 우리는 학부모 · 지역사회와 협력한다.
14. 우리는 참교육을 가로막는 제도와 관행에 맞서 싸운다.

제 11 장

교원의 휴직 및 복직

제1절 교원의 휴직 처리요령

제2절 교원의 복직 처리요령

제1절 교원의 휴직 처리요령

교원의 휴직에 대하여 교육공무원법 제44조에 11개 호로 정리되어 있고 휴직 기간에 대하여는 제45조에 제시되어 있지만 흔히 발생하기 쉬운 사례를 중심으로 휴직에 대하여 정리하였다.

교원은 휴직을 원할 경우 임용권자가 휴직을 명할 수 있지만 신체 · 정신상의 장애로 인한 장기 요양이 필요할 때나, 기타 법률의 규정에 의한 의무를 수행하기 위하여 직무를 이탈하게 된 때, 그리고 교원의 노동조합 설립 및 운영 등에 관한 법률에 의하여 노동조합 전임자로 종사하게 된 때에는 본인의 의사에도 불구하고 휴직을 명해야 한다(교육공무원법 제44조).

또 자녀(만 6세 이하의 초등학교 취학전 자녀)를 양육하기 위하여 필요하거나 여자 교육공무원이 임신 또는 출산하게 된 때(개정 2007. 7. 19)나, 사고 또는 질병 등으로 장기간의 요양을 요하는 부모, 배우자, 자녀 또는 배우자의 부모의 간호를 위하여 필요한 때, 그리고 배우자가 국외근무를 하게 되거나 학위 취득을 목적으로 해외유학을 하거나 외국에 1년 이상 연구 또는 연수하게 된 때(개정 1996. 8. 14)에도 휴직할 수 있다(교육공무원법 제44조).

제2절 교원의 복직 처리요령

지방공무원법 제65조 ②에서 '휴직 중인 공무원은 휴직기간 중 그 사유가 소멸되면 30일 이내에 임용권자에게 신고하여야 하며 임용권자는 지체없이 복직을 명하여야 한다.' 지방공무원법 제65조 ③에서 '휴직기간이 끝난 공무원이 30일 이내에 복귀신고를 하면 당연히 복직된다(조개정 2008. 12. 31)'고 함으로써 휴직 이후 공무원의 복직을 당연함으로 명시하고 있다. 국·공립 교원도 공무원이므로 이 조항이 적용된다. 사립유치원 교사는 법인인 경우 정관에 의하며 정관이 없는 사립유치원인 경우는 유치원과의 계약에 의할 수 있다.

제 12 장

유치원 경영 및 관리

제1절 유치원 경영 및 관리

제2절 유치원운영위원회와 학부모회

제3절 유치원생활기록부 작성 및 관리지침

제1절 유치원 경영 및 관리

1. 유치원 경영

유치원 경영은 매우 방대한 분야이고 따로 교과목으로 분리하여야 하기 때문에 이 단원에서는 유치원실무와 관련된 법령 중 수업료와 입학금에 대한 내용을 다룬다.

유치원은 아직까지 의무 · 무상교육이 아니다. 2011년 5월 1일자 발표에 의하면 5세아 전원에게 학비를 지원하는 의무교육체제가 도입된 것으로 보이지만 학부모가 원치 않으면 지원되지 않기 때문에 의무교육이라 보기는 어렵다. 따라서 일부의 수업료 및 입학금을 납부하게 된다. 학교수업료 및 입학금에 관한 규칙 제2조(2007. 12. 28. 대통령령 제20464호) ①항에서 수업료와 입학금을 징수하도록 하고 있고, 제1항 3호에서 사립유치원은 유치원의 실정에 따라 유치원의 수업료와 입학금을 유치원장이 정하도록 하고 있으며, 교육감이 유치원의 실정과 경제적 사정의 변동을 고려하여 필요하다고 인정하는 때에는 교육감의 승인을 얻어 정할 수 있다라고 하고 있다(호개정 1996. 8. 30, 1997. 1. 7, 1999. 10. 7, 2001. 12. 5, 2006. 7. 10, 2008. 3. 4, 2008. 9. 29). 국 · 공립의 유치원과 관련하여 제2조 ②항을 보면 국 · 공립의 유치원 · 중학교의 수업료 및 입학금은 당해 학교가 소재한 지역과 동일한 지역(특별시 · 광역시에 있어서는 구, 기타 지역에 있어서는 시 또는 읍 · 면을 말하되 동일한 읍 · 면 안에 공립의 유치원 · 중학교 또는 고등학교가 없는 경우에는 공립의 유치원 · 중학교 또는 고등학교가 있는 인근의 읍 · 면을 말한다) 안의 공립의 유치원 · 중학교 · 고등학교의 수업료 및 입학금과 각각 동액으로 정한다(개정 1996. 8. 30, 2002. 2. 9, 2006. 11. 22)라고 하여 사립과 국 · 공립의 징수금액 결정방법을 달리하고 있다.

징수방법에 대하여서 유치원의 수업료는 4기로 균등하게 나누어 징수하도록 하고 있으며, 부득이한 경우 유치원장은 보호자가 월별납부 신청을 한 때에는 부득이하다고 인정하는 경우 월별로 징수할 수 있다(학교수업료 및 입학금에 관한 규칙 제4조 ②항, 개정 1996. 8. 30, 1999. 1. 7, 1999. 10. 7).

수업료나 입학금이 과오납인 경우는 그 금액을 전액 반환해야 한다. 그리고 다음과 같은 사유가 발생하면 마찬가지로 수업료 또는 입학금을 반환한다(학교수업료 및 입학금에 관한 규칙 제6조, 2008. 11. 13, 교육과학기술부령 제153호).

1. 법령에 의하여 입학을 할 수 없거나 학업을 계속할 수 없는 경우
2. 입학허가를 받은 자가 입학 포기의 의사를 밝힌 경우
3. 재학 중인 자가 자퇴의 의사를 표시한 경우
4. 본인의 질병 · 사망 또는 천재지변이나 기타 부득이한 사유로 당해 학교에 입학을 하지 아니하게 되거나 학업을 계속하지 아니하게 된 경우(조개정. 1997. 8. 14)

수업료 또는 입학금의 반환기준(학교수업료 및 입학금에 관한 규칙 제6조 관련)은 다음과 같다.

1. 당해학기 또는 당해분기(수업료를 4기로 균등하게 나누어 징수하는 경우를 말한다. 이하 같다) 개시일(입학생의 경우는 입학을 말한다. 이하 같다)까지 반환사유가 발생한 경우에는 이미 납부한 수업료 또는 입학금 전액을 반환한다.
2. 당해학기 또는 당해분기 개시일의 다음 날 이후에 반환사유가 발생한 경우에는 입학금은 반환하지 아니하되 수업료는 반환사유가 발생한 날까지의 수업료를 공제한 나머지 금액을 반환한다.

2. 유치원 관리

유치원에서 관리 총 책임자는 유치원 원장이다. 원장은 유치원 운영철학을 실현하기 위하여 유치원 구성원들에게 분야별 관리 책임자를 지정하고 유치원이

효율적으로 운영될 수 있도록 조직적으로 관리하여야 한다. 고려할 점은 유치원 관리가 국가시책이나 유치원 관련 법령에 위배되어서는 안 된다는 점이다.

일반적으로 유치원에서의 관리는 교육적 측면에서 교사관리 등 학습에 관련된 관리와 교육–학습활동이 원만하게 수행될 수 있도록 각종 행정지원 시스템과 관련된 행정관리가 있다. 교수–학습활동과 관련된 관리는 제5장 학급관리에서 다루었다.

행정관리는 유치원 행정에 관한 내용과 시설 · 설비에 대한 유지 · 보수 등의 관리와 사무관리로 구분될 수 있는데 행정관리는 지금껏 유치원에서 체계적으로 관리되지 않은 면이 있었다. 이는 영세 유치원인 경우가 적지 않아 행정 담당 직원까지 따로 채용하는데 부담이 뒤따르기 때문이다. 하지만 이제는 보다 체계적으로 유치원을 관리해야 하는 시점에 와 있기 때문에 효율적인 유치원 관리를 위해서는 이에 대한 원장의 적극적인 지원과 의지가 있어야 한다. 또 유치원에서 중요한 것은 사무관리가 있는데 이와 관련된 세세한 내용은 제13장에서 다루도록 한다.

제2절 유치원운영위원회와 학부모회

1. 유치원운영위원회

유치원을 민주적이며 객관적이고 투명하게 운영하기 위하여 유치원운영위원회를 구성한다. 강제 사항은 아니지만 합리적인 유치원 운영을 위하여 유치원운영위원회를 두는 것은 바람직하다 할 수 있다.

유치원운영위원회에 대한 역할과 구성의 예를 들면 다음과 같다(J대학 부속유치원, 2010).

[유치원운영위원회 구성]

1 유치원 예결산 심의, 교직원 인사 사항 결의, 유치원 정책 및 운영에 관한 심의 및 의결을 위하여 운영위원회를 둔다.
2 운영위원회는 원장, ○○대학 교학처장 및 유아교육 전문가 2인으로 구성한다.
3 위원장은 원장으로 하며, 위원회는 과반수 출석과 과반수의 찬성으로 의결한다. 다만, 인사사항의 징계에 관한 건은 학교법인 ○○학원 정관 ○절을 따른다.
4 위원장은 표결권을 가지며 가부동수일 때에는 결정권을 가진다.
5 위원장은 필요에 따라 위원회를 소집할 수 있으며 이에 필요한 별도의 경비를 지출할 수 있다.

2. 학부모회

학부모회는 유치원에서 학부모들이 유치원과 유기적인 관계를 도모하고 유치원 발전에 협조하기 위하여 만들어진 자발적인 모임이다. 강제성이 없으며 주로 의견 제시를 통하여 보다 효율적인 유치원 교육에 도움을 주는 장점이 있다.

하지만 잘못 운영되면 유치원 교육의 압력단체가 될 수 있거나 학부모들의 치맛바람으로 인하여 학부모간이나 유치원과 불협화음이 일어날 수도 있다. 따라서 학부모회의 구성이나 운영에 있어서 보다 신중한 접근이 있어야 한다.

제3절 유치원생활기록부 작성 및 관리지침

유치원 생활기록부는 원생의 생활에 관계된 모든 내용을 기록한다. 하지만 그 내용이 유아의 장래 발전 상황과 관련하여 기록하도록 한다. 유아는 무한한 가능성의 존재이다. 따라서 어느 부분의 노력이 요구된다거나 미진한 점이 있다는 표현으로 정리하도록 한다.

유아의 장래를 규정짓는 기록은 삼가도록 한다. 생활기록부는 영구보존이기 때문에 일시적인 유아의 발달 상황만 보고 교사의 판단으로만 유아의 발달을 단적으로 규정짓는 것은 바람직하지 않다.

생활기록부의 양식은 〈표 12-1〉과 같으며 기록시 유아 개개인마다 특성을 적절하게 표현하여야 한다. 기록하는 내용은 유아 개별적인 프로파일을 근거로 작성하여야 하며 탁상에서 예측된 내용으로 정리하여서는 안 된다. 교사의 기록은 객관성과 공정성이 있으며 누가 보아도 신뢰성 있는 자료를 근거로 했음이 남겨지는 것이 좋다. 이러한 교사의 태도는 유아의 인격을 존중하는 행위이다. 유아가 발달하고 있는 모든 내용을 교사의 임의성으로 작성한다면 유아는 본의 아니게 자신의 능력이 거짓 기록되는 결과를 가져올 것이다. 이것은 교사의 태만이고 유아에 대하여 죄를 짓는 일이다.

표 12-1

유치원생활기록부

<table>
<tr><td colspan="3" rowspan="2"></td><td>구분
\
연령</td><td>만 3세</td><td>만 4세</td><td>만 5세</td><td rowspan="3">사진
(3×4)</td></tr>
<tr><td>반</td><td></td><td></td><td></td></tr>
<tr><td>졸업대장번호</td><td>20-</td><td></td><td>담임
성명
(인)</td><td></td><td></td><td></td></tr>
</table>

1. 인적사항	성명	(한글)	성별		생년월일	
	주소					
	가족사항	구분\관계	부	모	특기사항	
		성별				
		생년월일				
2. 학적사항	입학전 경험	(년 개월)				특기사항
	20 년 월 일 유치원 세 입학					
	20 년 월 일 유치원 세 전입(전출)					
	20 년 월 일 유치원 세 퇴학					
	20 년 월 일 유치원 세 졸업(수료)					
	졸업 후의 상황	초등학교 진학, 기타:				

3. 출결상황	구분\연령	3세	4세	5세
	교육일수			
	출석일수			
	결석일수			
	의견			
4. 신체발달상황	구분\검사일	20. .	20. .	20. .
	키	cm	cm	cm
	몸무게	kg	kg	kg
	시력검사	좌)우)	좌)우)	좌)우)
	구강검사	상)하)	상)하)	상)하)
	특기사항			

성명	5. 발 달 상 황		
영역별\구분	만 3세	만 4세	만 5세
건강생활			

사회 생활			
표현 생활			
언어 생활			
탐구 생활			
종합발달상황			

제 13 장

사무관리

제1절 사무관리 및 문서관리

제2절 문서작성 일반사항

제3절 시행문 작성

제4절 감사

제1절 사무관리 및 문서관리

1. 관련용어

유치원에서 교사는 교육활동 외에 유치원에서 필요한 사무를 관리하고 문서도 관리하여야 하는 경우가 많다. 사무관리가 원만하게 이루어지기 위해서는 사무가 간소화되고, 표준화되며, 과학화 및 정보화가 이루어지고 각 사무별 세세한 메뉴얼 등을 만들어 놓으면 사무를 실수하지 않고 적기에 처리할 수 있다.

사무와 관련된 용어를 유치원과 관련하여 재정리하면 다음과 같다(사무관리규정 제3조, 2009. 8. 21, 대통령령 제21698호, 국가정보화 기본법 시행령).

1. "공문서"라 함은 행정기관 내부 또는 상호간이나 대외적으로 공무상 작성 또는 시행되는 문서(도면 · 사진 · 디스크 · 테이프 · 필름 및 슬라이드 · 전자문서 등의 특수매체 기록을 포함한다, 개정 1996. 5. 3)를 말한다.
2. "문서과"라 함은 행정기관 내의 공문서의 분류 · 배부 · 수발업무지원 및 보존 등 문서에 관한 사무를 주관하는 과 · 담당관 또는 계를 말한다(개정 1999. 8. 7).
3. "정보통신망"이라 함은 전기통신 설비를 활용하거나 전기 통신설비와 컴퓨터 및 컴퓨터의 이용기술을 활용하여 정보를 수집 · 가공 · 저장 · 검색 · 송신 또는 수신하는 정보통신체제를 말한다(개정 1999. 8. 7).
4. "전자문서"라 함은 컴퓨터 등 정보처리 능력을 가진 장치에 의하여 전자적인 형태로 작성, 송 · 수신 또는 저장된 문서를 말한다(개정 1999. 8. 7).
5. "서명"이라 함은 기안자 · 검토자 · 협조자 · 결재권자 또는 발신명의인이 공문서(전자문서를 제외한다)상에 자필로 자기의 성명을 다른 사람이 알아볼 수 있도록 한글로 표시하는 것을 말한다(신설 1996. 5. 3, 개정 1999. 8. 7,

2002. 12. 16).

6. “전자문서서명”이라 함은 기안자 · 검토자 · 협조자 · 결재권자 또는 발신명의인이 전자문서상에 전자적 결합으로 자동 생성된 자기의 성명을 전자적인 문자 형태로 표시하는 것을 말한다(신설 2002. 12. 26).
7. “전자이미지서명”이라 함은 기안자 · 검토자 · 협조자 · 결재권자 또는 발신명의인이 전자문서상에 전자적인 이미지 형태로 된 자기의 성명을 표시하는 것을 말한다(신설 1996. 5. 3, 개정 1998. 8. 7, 2002. 12. 26).
8. “행정전자서명”이라 함은 기안자 · 검토자 · 협조자 · 결재권자 또는 발신명의인의 신원과 전자문서의 변경여부를 확인할 수 있도록 당해 전자문서에 첨부되거나 논리적으로 결합된 전자적 형태의 정보로서 인증을 받은 것을 말한다(개정 2002. 12. 26).
9. “전자이미지 관인”이라 함은 관인의 인영을 컴퓨터 등 정보처리능력을 가진 장치에 의하여 전자적인 이미지 형태로 입력하여 사용하는 관인을 말한다(2002. 12. 26).
10. “전자문서시스템”이라 함은 문서의 기안 · 검토 · 협조 · 결재 · 등록 · 시행 · 분류 · 편철 · 보관 · 보존 · 배부 · 공람 · 검색 · 활용 등 문서의 모든 처리 절차가 전자적으로 처리되는 시스템을 말한다(신설 2002. 12. 16).
11. “행정정보시스템”이라 함은 행정기관이 행정정보를 생산 · 수집 · 가공 · 저장 · 검색 · 제공 · 송신 및 활용하기 위한 하드웨어 · 소프트웨어 · 데이터베이스와 처리절차 등을 통합한 시스템을 말한다(신설 2002. 12. 16).
12. “업무관리시스템”이라 함은 행정기관이 업무처리의 전 과정을 과제관리카드 및 문서관리카드 등을 이용하여 전자적으로 관리하는 시스템을 말한다(호신설 2006. 3. 29).

2. 공문서 관리

공문서는 다음과 같이 법규문서 · 지시문서 · 공고문서 · 비치문서 · 민원문서 및 일반문서로 나눈다(사무관리규정 제7조, 2009. 8. 21, 대통령령 제21698호, 국가정보화 기본법 시행령).

1. 법규문서는 헌법 · 법률 · 대통령령 · 총리령 · 부령 · 조례 및 규칙 등에 관한 문서를 말한다.
2. 지시문서는 훈령 · 지시 · 예규 및 일일명령 등 행정기관이 그 하급기관 또는 소속공무원에 대하여 일정한 사항을 지시하는 문서를 말한다.
3. 공고문서는 고시 · 공고 등 행정기관이 일정한 사항을 일반에게 알리기 위한 문서를 말한다.
4. 비치문서는 비치대장 · 비치카드 등 행정기관이 일정한 사항을 기록하여 행정기관 내부에 비치하면서 업무에 활용하는 문서를 말한다.
5. 민원문서는 민원인이 행정기관에 대하여 허가 · 인가 · 기타 처분 등 특정한 행위를 요구하는 문서 및 그에 대한 처리문서를 말한다.

문서의 결재는 문서의 효력을 의미하므로 반드시 행정기관의 장의 결재를 받아야 한다. 단 보조기관 또는 보좌기관의 명의로 발신하는 문서는 그 보조기관 또는 보좌기관의 결재를 받아야 한다. 행정기관의 장은 사무내용에 따라 위임 전결하게 할 수 있는데 이럴 때는 당해기관의 장이 훈령 또는 규칙으로 정한다. 결재권자가 휴가 · 출장 기타의 사유로 결재할 수 없을 때에는 그 직무를 대리하는 자가 대결하되, 내용이 중요한 문서에 대하여는 결재권자에게 사후 보고하여야 한다(사무관리규정 제16조, 개정 2002. 12. 26, 1998. 8. 7).

제2절 문서작성 일반사항

문서의 작성은 문법에 맞게 한글로 작성한다. 어렵게 쓰지 않고 쉽고 간명하게 표현하며 뜻을 정확하게 전달하기 위하여 필요한 경우 괄호 안에 한자나 외국어를 쓸 수 있다. 문서를 작성할 때는 특별한 경우가 아니고는 가로로 쓴다. 숫자는 아라비아 숫자로 쓰며 쓰는 날자의 표기는 숫자로 하되 연 · 월 · 일의 글자를 생략하고 그 자리에 온점을 찍어 표시하되 시 · 분의 표기시 24시각제에 따라 숫자로 하되 시 · 분의 글자를 생략하고 그 사이에 쌍점을 찍어 구분한다. 하지만 특별한 경우에는 그렇게 하지 않는다(사무관리규정 제10조, 개정 2002. 12. 26, 2008. 9. 2).

기안문이나 시행문은 두문 · 본문 · 결문으로 구성한다. 전자문서인 경우는 두문 · 본문 · 결문 및 붙임으로 구성하거나 표제부와 본문부로 구성할 수 있으며, 표제부와 본문부로 구성하는 경우는 표제부는 두문 · 본문의 제목 및 결문으로, 본문부는 제목 · 내용 및 붙임으로 구성한다. 두문은 행정기관명 수신자로 한다. 전자문서인 경우는 제목 및 내용으로 할 수 있다. 결문은 발신명의, 기안자 · 검토자 · 협조자 · 결재권자의 직위 또는 직급 및 서명, 생산등록번호와 시행일자, 접수등록번호와 접수일자, 행정기관의 우편번호 · 주소 · 홈페이지 주소 · 전화번호 · 모사전송번호, 공무원의 공식전자우편주소 및 공개구분으로 한다. 수신자가 많은 경우 두문의 수신자란에 "수신자 참조"라고 쓰고 결문의 발신명의 밑의 왼쪽 기본선에 맞추어 수신란을 설치하여 수신자명 또는 수신자 기호를 표시한다(사무관리규정시행규칙 제9조 발췌 요약).

문서의 내용을 2 이상의 항목으로 구분할 필요가 있는 때에는 다음과 같이 구분하되 필요한 경우는 □, ○, -, · 등과 같은 특수한 기호로 표시할 수 있다.

1) 첫째 항목의 구분은 1., 2., 3., 4.,………………로 나누어 표시한다.
2) 둘째 항목의 구분은 가., 나., 다., 라., ………………로 나누어 표시한다.
3) 셋째 항목의 구분은 1), 2), 3), 4), ………………로 나누어 표시한다.
4) 넷째 항목의 구분은 가), 나), 다), 라),………………로 나누어 표시한다.
5) 다섯째 항목의 구분은 (1), (2), (3), (4), ………………로 나누어 표시한다.
6) 여섯째 항목의 구분은 (가), (나), (다), (라), …………로 나누어 표시한다.
7) 일곱째 항목의 구분은 ①, ②, ③, ④, ………………로 나누어 표시한다.

8) 여덟째 항목의 구분은 ㉮, ㉯, ㉰, ㉱, ………………로 나누어 표시한다.

9) 위의 제2호 · 제4호 · 제6호 · 제8호의 경우에 하., 하), (하), ㉻ 이상 더 계속되는 때에는 거., 거), (거), {거}, 너, 너), (너), {너} …………로 이어 표시한다(사무관리규정시행규칙 제10조 내용 발췌 요약, 2008. 9. 2, 행정안전부령 제32호).

문서의 일부분을 삭제하거나 수정할 때에는 삭제 · 수정한 곳에 서명 날인하여야 한다. 전자문서같이 본문의 규정에 따라 수정할 수 없을 경우는 수정한 내용대로 재작성하여 결재를 받아 시행하되 수정 전의 기안자 · 검토자 또는 결재권자가 보호할 필요가 있다고 인정할 경우에는 이를 보존하여야 한다(사무관리규정 제11조, 개정 1996. 5. 3, 1998. 7. 1, 1998. 8. 7, 2002. 12. 26, 2008. 2. 29).

문서의 본문이 끝나면 한자 띄우고 "끝" 표시를 하며 첨부가 있는 때에는 붙임의 표시문 끝에 한자 띄우고 "끝" 표시를 하여야 한다. 본문의 내용이나 붙임의 표시문이 오른쪽 한계선에 닿은 때에는 다음 줄의 왼쪽 기본선에서 한자 띄우고 "끝" 표시를 하여야 한다.

연명부 등의 서식을 작성하는 때에는 기재사항이 서식의 마지막 칸까지 작성되는 경우에는 서식의 칸 밖의 아래 왼쪽 기본선에서 한자를 띄운 후 "끝" 표시를 하고 서식의 칸 중간에서 기재사항이 끝나는 경우에는 기재사항 마지막 자의 다음 칸에 "이하 빈칸" 표시를 한다(사무관리규정시행규칙 제11조내용 발췌 요약, 2008. 9. 2, 행정안전부령 제32호).

문서가 2장 이상일 때는 간인을 하도록 한다. 필요에 따라서는 간인에 갈음하여 천공방식으로 할 수 있다(사무관리규정 제12조, 개정 1996. 5. 3).

문서의 기안은 전자문서로 함을 원칙으로 한다. 다만 업무의 성격 기타 특별한 사정이 있을 경우는 그렇게 하지 않는다. 문서의 기안은 행정안전부령이 정하는 기안문서로 한다. 하지만 관계서식이 따로 있는 경우는 그 내용을 관계서식에 기입하는 방법으로 한다.

기안문에는 행정안전부령이 정하는 바에 따라 발의자(기안하도록 지시한 자를 말하며, 기안자가 스스로 입안한 경우에는 기안자를 말함)와 보고자(결재권자에게 직접 보고하는 자를 말함)를 알 수 있도록 표시하여야 한다. 하지만 검토 및 결정을 요하지 않거나 제증명 발급, 회의록이나 기타 단순 사실을 기록한 문서, 일상적 · 반복적인 업무로서 경미한 사항에 관한 문서는 이를 생략할 수 있다.

문서의 결재는 문서의 효력을 의미하므로 반드시 행정기관의 장의 결재를 받아야 한다. 단 보조기관 또는 보좌기관의 명의로 발신하는 문서는 그 보조기관 또는 보좌기관의 결재를 받아야 한다. 행정기관의 장은 사무내용에 따라 위임전결하게 할 수 있는데 이럴 때는 당해기관의 장이 훈령 또는 규칙으로 정한다.

결재권자가 휴가 · 출장 기타의 사유로 결재할 수 없을 때에는 그 직무를 대리하는 자가 대결하되, 내용이 중요한 문서에 대하여는 결재권자에게 사후 보고하여야 한다(사무관리규정 제16조, 개정 2002. 12. 26, 1998. 8. 7).

기안문은 결재권자의 결재를 받기 전에 보조기관 또는 보좌기관의 검토를 받아야 한다. 다만, 보조기관 또는 보좌기관의 출장 등의 사유로 검토를 받을 수 없는 등 부득이한 경우에는 이를 생략할 수 있으며 이 경우 검토자의 서명란에 출장 등의 사유를 명시하여야 한다. 문서의 내용이 행정기관 내의 다른 보조기관 또는 보좌기관이나 다른 행정기관의 업무와 관련이 있는 때에는 그 기관의 협조를 받아야 한다.

기안문을 검토 또는 협조함에 있어서 그 내용과 다른 의견이 있는 때에는 당해 문서 또는 별지에 그 의견을 표시하여야 한다(사무관리규정 제15조). 행정기관의 장은 결재권자의 결재에 이르기까지 검토자의 수가 2인을 넘지 않도록 노력하여야 한다(사무관리규정 제15조 2).

문서의 발신명의는 행정기관의 장(법령에 의하여 행정권한이 위임 또는 위탁된 경우에는 그 위임 또는 위탁을 받은자를 말한다)으로 한다. 다만 행정기관 내의 보조기관 또는 보좌기관 상호간에 발신하는 문서('대내문서'라고 한다)는 당해 보조기관의 명의로 한다(사무관리규정 제13조, 개정 1996. 5. 3). 합의제기관의 권한에 속하는 문서의 발신명의는 당해 행정기관으로 한다. 그리고 내부 결재문서는 발신명의를 표시하지 않는다(항신설 2002. 12. 26).

기안문의 처리 요령은 부록 2에 첨부되어 있다.

제3절 시행문 작성

결재를 받은 문서는 시행문을 만들어 발신하게 되는데 이는 행정부령이 정하는 바에 따라 수신자별로 시행문을 작성하여야 한다. 다만, 관보규정에 의하여 시행문에 갈음하여 관보에 게재 · 공포하도록 한 문서에 대하여는 그 시행문을 1부만 작성할 수 있으며 전신 · 전신타자 또는 전화로 발신하는 문서에 대하여는 시행문을 작성하지 않도록 하고 있다(사무관리규정 제18조, 개정 2008. 2. 29).

행정기관의 장 또는 합의제기관의 명의로 발신하는 문서의 시행문, 게시판 등에 고시 또는 공고하는 문서 임용장, 상장 및 각종 증명서에 속하는 문서에는 관인을 찍거나 행정기관의 장이 서명을 하고 보조기관 및 보좌기관의 명의로 발신하는 문서의 시행문에는 보조기관 또는 보좌기관이 서명을 한다. 다만 전신 · 전신타자 또는 전화로 발신하는 문서나 관보 · 신문 등에 게재하는 문서에는 관인을 찍거나 서명하지 아니하며 경미한 내용의 문서에는 행정안전부령이 정하는 바에 따라 관인을 찍는 것과 서명하는 것을 생략할 수 있다(사무관리규정 제21조). 여기서 경미한 문서란 일일명령 등 단순 업무처리에 관한 지시문서와 행정기관간의 단순한 자료요구 · 업무연락 · 통보 등을 위한 문서로서 기안자가 결정한 문서를 말한다(사무관리규정시행규칙 제25조 ①, 2008. 9. 2, 행정안전부령 제32호). 시행문 양식은 부록 3에 첨부되어 있다.

시행문의 발송은 처리과에서 발송하며 종이 문서인 경우에는 이를 복사해서 발송하고 전자문서인 경우에는 전자문서시스템 또는 업무관리시스템에서 발송하여야 한다. 문서는 정보통신망을 통하여 발송하는 것을 원칙으로 한다.

다만, 업무의 성격 기타 특별한 사정이 있는 경우에는 인편 · 우편 · 모사전송 · 전신 · 전신기타 · 전화 등의 방법으로 발신할 수 있으며 내용이 중요한 문서는 인편 · 등기우편 등 기타 발송 사실을 증명할 수 있는 특수한 방법으로 발신하여야 한다. 전자문서는 행정기관의 홈페이지 또는 공무원의 공식 전자우편 주소를 이용하여 행정기관 외의 자에게 발송할 수 있으며, 인편 또는 우편으로 발송하는 문서는 문서과의 지원을 받아 발송할 수 있다(사무관리규정 제22조 ①②③④).

문서의 접수 · 처리와 관련하여 처리과에서 접수하여야 한다. 문서과에서 직접받은 문서는 지체없이 처리과에 배부하여 접수하게 하되 이 경우 배부정보는 공공기록물 관리에 관한 법률 시행령 제20조에 따른 등록 정보로 관리하여야 한다(사무관리규정 제23조). 동법률 시행령 20조를 살펴보면 공공기관이 기록물을 생산 또는 접수한 때에는 그 기관의 전자기록생산시스템으로 생산 또는 접수 등록번호를 부여하고 이를 기록물에 표기하며 등록 정보를 전자적으로 생산 · 관리하여야 한다. 공공기관은 등록 정보를 임의로 수정 또는 삭제되지 않도록 관리하여야 한다. 기록물이 본문과 첨부물 사이의 규격 차이로 본문과 분리하여 각각 관리하여야 할 필요가 있는 경우는 첨부물을 별도로 등록하고 첨부물의 등록 번호는 본문의 생산등록번호 또는 접수법호에 첨부 일련번호를 추가한 번호로 구성한다(공공기록물 관리에 관한 법률시행령 제20조 발췌 요약).

각 문서 접수 · 처리와 관련한 관리대장에는 색인표가 첨부되어 일목요연하게 정리될 필요가 있다.

제4절 감 사

감사는 종합감사, 부분감사, 기강감사, 일상감사로 나누어지는데 종합감사는 감사를 받는 대상기관의 업무 전반에 대하여 감사한다. 부분감사는 감사대상기관의 업무 중 일부에 대하여 실시하는 감사로서 감사실시기관의 장이 필요하다고 인정하는 특정한 행정운영 사항 및 취약 분야의 업무에 대하여 실시한다. 기강감사는 비위사실 · 부조리 또는 복무의무위반이 발생하였거나 발생할 우려가 있는 기관 및 소속공무원에 대하여 실시한다. 일상감사는 주요 업무의 처리과정에서 필요한 경우 결재권자의 결재에 앞서 감사 부서가 예방 · 지도의 목적으로 실시한다(교육과학기술부 행정감사규칙 제3조, 2008. 7. 23, 제정 교육과학기술부령 제10호).

감사는 실지감사 또는 서면감사의 방법으로 하며 실지감사는 감사반이 감사대상기관에 출장하여 실시하고 서면감사는 감사반이 삼사대상기관의 장에게 관계서류를 제출하도록 하여 이를 확인하는 방법으로 실시한다(교육과학기술부 행정감사규칙 제8조, 2008. 7. 23, 제정 교육과학기술부령 제10호).

감사시 유의할 사항으로는 감사는 감사세부계획에 따라 실시하되 정책의 실천 상황의 파악과 제도 및 행정운영상의 개선이 필요한 사항에 중점을 두어 감사하여야 한다(교육과학기술부 행정감사규칙 제12조, 2008. 7. 23, 제정 교육과학기술부령 제10호).

감사결과처리가 필요한 사항의 증거를 보강하기 위하여 필요한 경우에는 관계자로부터 관련 사항에 대한 사실관계 등을 기술한 확인서를 받을 수 있다. 또 감사결과 확인된 사안이 변상 또는 징계사유에 해당되거나 그 밖에 주요 사안과 관련되어 그 책임 소재와 한계를 분명히 하고 행위의 동기 · 배경 또는 변명을 듣기 위하여 필요한 경우에는 문답서를 작성하여야 한다(교육과학기술부 행정감사규칙 제13, 14조, 2008. 7. 23, 제정 교육과학기술부령 제10호).

또 감사결과 위법 · 부당하다고 인정되는 사항과 사무처리의 내용이 분명하지 않은 사항 등에 대하여 설명 · 변명 또는 처리대책 등의 의견을 구하려고 할 때에는 질문서를 보내고 답변서를 받아 감사처분시 고려하여야 한다. 감사반장은 실지감사를 실시하면서 지적된 위법 · 부당한 사항 중 그 내용이 경미하고 행위자의 고의 · 중과실에 기인하지 아니한 사항에 대하여는 감사대상기관의 장에게 감사결과 현지조치사항을 작성하여 전달하고 그 시정 · 주의 등의 조치를 요구할 수 있다(교육과학기술부 행정감사규칙 제15, 16조, 2008. 7. 23, 제정 교육과학기술부령 제10호).

감사실시기관의 장은 감사결과 징계 · 경고 · 주의 · 변상조치, 시정 · 개선 · 통보 또는 그 밖의 처분을 요구할 사항이 있을 때에는 특별한 사유가 있는 경우가 아니면 감사대상기관의 장에게 감사종료 후 2개월 이내에 문서로 처분을 요구하여야 한다. 이 경우 징계처분을 요구할 때에는 그 종류를 지정할 수 있다. 또 감사기관의 장은 감사결과 범죄 혐의가 있다고 인정되면 감사대상기관의 장에게 고발조치하도록 요구하거나 수사기관에 직접 고발할 수 있다(교육과학기술부 행정감사규칙 제18조, 19조, 2008. 7. 23, 제정 교육과학기술부령 제10호).

조치결과와 관련하여 감사대상기관의 장이 감사결과의 처분요구를 받은 경우는 2개월 이내에 조치하고 그 결과를 감사실시기관의 장에게 보고하여야 한다. 다만 예산 부족 등의 사유로 그 조치에 장기간이 소요되는 경우에는 그 조치계획을 제출하고 조치가 끝난 때에는 그 결과를 보고할 수 있다(교육과학기술부 행정감사규칙 제23조, 2008. 7. 23, 제정 교육과학기술부령 제10호). 이 규칙은 사립학교, 학교법인, 사립학교경영자 등에게도 준용될 수 있다.

참고 문헌

교육과학기술부(2009). 유치원지도서1 총론. 11쪽.

교육과학기술부(2010). 교원자격검정실무편람. 252쪽.

교육법전편찬위원회(2010). 교육법전. 서울 : 교육주보사.

교육출판공사(1980). 교육학대사전. 서울 : 만리사인쇄사.

권석만(2002). 인간관계심리학. 서울 : 학지사.

김성애(2007). 「우리나라 유아 통합교육의 과제와 전망」. 유아통합교육의 현실과 전망. 한국전문대학교육협의회 · 영유아교육학회. 제31회 유아교육학술대회 및 연수.

김성재(1999). 21세기 지식기반 사회를 대비한 국가발전 전략과 교육개혁. 대통령자문 새교육공동체위원회.

김계현 외(2002). 학교상담과 생활지도. 서울 : 학지사.

김재복, 박문태, 배천웅, 정영수, 조남두(2003). 새로쓴 교육학의 이해. 서울 : 삼경사.

김충기(1992). 새로운 교육혁신과 진로. 서울 : 성원사.

김충기, 장선철(2001). 유아생활지도. 서울 : 동문사.

김효진(2010). 월 가구소득 436만 이하 땐 유아교육비 지원. 메디컬투데이 2001년 2월 11일자.

박낭자, 양승희(2002). 주제중심 통합교육과정의 이론과 실제. 서울 : 창지사.

박재권(1998). 정보화 컴퓨터 그리고 통신. 중앙대산업대학원 편저. 21세기를 준비하라. 서울 : 형설출판사.

서재복 외 7(2010). 교사교육론. 서울 : 태영출판사

윤기영, 조경희(1993). 유치원의 환경교육. 서울 : 교문사.

이대균, 김주영, 임자영, 박지선(2010). 경기 : 양서원.

이덕무 저 김종권 역(1983). 사소절. 서울 : 양현각.
이윤식(1996). 장학론. 서울 : 교육과학사.
이은화 외 5역(2003). 어린이 문화 · 놀이. 서울 : 창지사.
이장호, 김정희(1992). 집단상담의 원리와 실제. 서울 : 박영사.
이형득(1986). 집단상담의 이론과 실제. 서울 : 중앙적성출판사.
임갑빈(2000). 신인간관계론(개정증보판). 서울 : 동문사.
임승권(1991). 정신위생. 서울 : 양성원.
임창재(1997). 교육심리학. 서울 : 학지사.
임재택, 김은주, 하정연, 권미량, 조채영(2006). 생태유아교육프로그램 운영. 서울 : 공동체.
임채식, 남궁용권, 정찬주, 권건일, 김의석, 김남곤, 김노연(2008). 교육철학 및 교육사. 경기 : 양서원
임채식, 이경희, 임은숙, 신순식(2008). 교과교육론, 서울 : 태영출판사.
임채식, 채종옥, 이경희, 이시자, 임은숙(2002). 유아교육실습. 서울 : 창지사.
임채식, 하종덕, 박주신(2010). 교육학개론. 서울 : 형설출판사.
재능대학부속유치원(2010). 각종행사 안내문.
전국교직원노동조합 홈페이지(http : //www.eduhope.net. 2010)
정동화(2003). 유아생활지도와 상담. 서울 : 서현사.
조부경, 백은주, 서소영(2001). 유아교사의 발달을 돕는 장학. 서울 : 양서원.
한공우, 임창원(2006). 교육행정 및 교육경영. 서울 : 태영출판사.
한국교원단체총연합회 홈페이지(http : //www.kfta.or.kr. 2010)
한국교육신문. 2010. 9. 20일자. 3면.
한국보육진흥원(재)(발간등록번호 진흥원-2010-903). 보육인력국가자격증 자격기준 및 신청 방법안내.
한석실(2008). 다문화시대 유아교육자의 역할. 영유아다문화교육의 이해와 방향. 한국전문대학유아교육과교수협의회 · 영유아교육학회.
형태근(2010. 8. 11). '이제 스마트워크는 꿈아닌 현실'. 조선일보. A35면.

Bates, M., Johnson, C. D., & Blaker, K. E.(1982). *Group leadership : A matural for group counseling*(2nd ed). Derve : Love.
Harold, P. Adams and France, G. Dickey(1953). *Basic Principles of Supervison*. American Book Company.
Hanne, J. Hicks(1960). *Eduvational supervison in principje and Practice*. New York : The Ronald Press Co.
Hansen, J. C., Warner, R. W., & Smith, E. J.(1980). *Group counseling theory and process*. Boston : Houghton Mifflin Company.

Root-Bernstein, R. & Root-Bernstein, M.(1999), 생각의 탄생(박종성 역. 2007). 서울 : 에코의 서재.

Wlilam, H. Burton(1927). *Supervison and Improvement of Teaching*. New York : Appleton and Co.

http : //blog.naver.com/phishkim/20110007584

http : //media.daum.net/nms/service/news/print/print-news?newsid=20...2010-07-28

부 록

1. 사무인계 · 인수서[별지 1호의 서식]
2. 기안문[별지 1호의 2서식] 처리요령
3. 시행문[별지 제3호서식] (개정 2003.7.14)
4. 유아교육법
5. 유아교육법 시행령
6. 유아교육법 시행규칙
7. 보육인력 국가자격증 자격기준

1. 사무인계 · 인수서

[별지 제1호서식](신설 1999. 9. 2)

1. 업무현황
   - 가. 담당업무
   - 나. 주요업무계획 및 진행사항
   - 다. 현안사항 및 문제점
   - 라. 주요미결사항

2. 관련문서 현황

3. 주요물품 및 예산 중 인계 · 인수가 필요한 사항

4. 기타 참고 사항

위와 같이 인계 · 인수합니다.

년 월 일

인계자 ○ ○ ○ (서명)

인수자 ○ ○ ○(서명)

입회자 ○ ○ ○(서명)

비고

1. 입회자는 인계 · 인수자의 직근 상급자가 된다. 다만, 인계 · 인수자가 기관장 및 부기관장의 경우에는 직근 하급자가 된다.

2. 동 서식은 예시이므로 기관의 실정 및 인계 · 인수사항에 따라 조정할 수 있다.

15012-15511일
99. 8. 20 승인

2. 기안문

[별지 1호의 2서식](개정 2003. 7. 14, 2008. 9. 2)

행 정 기 관 명

수신자 ( )
(경유)
제목

발 신 명 의 인

기안자(직위/직급) 서명 검토자(직위/직급) 서명 결재권자(직위/직급) 서명
협조자(직위/직급)
시행 처리과명-일련번호(시행일자) 접수 처리과명-일련번호(접수일자)
우 주소 / 홈페이지 주소
전화( ) 전송( ) / 공무원의공식 전자우편주소/공개구분
210mm X 297mm(보존용지(2종) 70g/㎡), (일반용지 60g/㎡(재활용품)) 또는 (보존용지(1종) 70g/㎡)

[기안문 처리요령]

1. 행정기관명 : 그 문서를 기안한 부서가 속한 행정기관명을 기재한다.
2. 수신자( ) : 수신자명 또는 수신자기호를 먼저 쓰고 이어서 괄호 안에는 처리할 자(보조기관 또는 보좌기관을 말한다)의 직위를 쓰되 처리할 자의 직위가 분명하지 아니한 경우에는 ○ ○업무담당과장 등으로 쓰며 수신자가 많아 본문의 내용을 기재할 란이 줄어들어 본문의 내용을 첫장에서 파악하기 곤란한 경우는 두문의 수신자란에 "수신자 참조"라고 쓰고 결문의 발신명의 밑이 왼쪽 기본선에 맞추어 수신자란을 설치하여 수신자명 또는 수신자 기호를 표시한다.
3. (경유) : 경유문서의 경우에 (경유)란에 "이 문서는 경유기관의 장은 ○ ○ ○(또는 제1차 경유기관의 장은 ○ ○ ○, 제2차 경유기관의 장은 ○ ○ ○)이고 최종 수신기관의 장은 ○ ○ ○ 입니다."라고 표시하고 경유기관의 장은 제목란에 "경유문서의 이송"이라고 표시하여 순차적으로 이송하여야 한다.
4. 제목 : 그 문서의 내용을 쉽게 알 수 있도록 간단하고 명확하게 기재한다.
5. 발신명의 : 합의제 행정기관 또는 행정기관의 장이 명의를 기재하고 보조기관 또는 보좌기관 상호간에 발신하는 문서는 그 보조기관 또는 보좌기관이 명의를 기재한다.
6. 기안자 · 검토자 · 협조자 · 결재권자의 직위/직급 : 직위가 있는 경유에는 직위를 온전하게 쓰고 직위가 없는 경우에는 직급을 온전하게 쓴다. 다만, 기관장과 부기관장의 직위는 간략하게 쓴다.
7. 시행 처리과명-일련번호(시행일자) 접수 처리과명-일련번호(접수일자) : 처리과명(처리과가 없는 행정기관은 10자 이내의 행정기관명의 약칭)을 기재하고 일련번호는 연도별 일련번호를 기재하며, 시행일자와 접수일자란에는 연월일을 각각 온점(.)을 찍어 숫자로 기재한다. 다만, 민원문서인 경우로서 필요한 경우에는 시행일자와 접수일자란에 시 · 분까지 기재한다.
8. 우 주소 : 우편번호를 기재한 다음 행정기관이 위치한 도로명 및 건물번호 다음에 괄호하여 주소를 기재하고 사무실이 위치한 층수와 호수를 괄호안에 기재한다. (예) 우 110-034 서울특별시 종로구 효자로 39(창성동 117) (2층 208호)
9. 홈페이지 주소 : 행정기관의 홈페이지 주소를 기재한다.
10. 전화( ) 전송( ) : 전화번호와 모사전송번호를 기재하되 ( ) 안에는 지역번호를 기재한다. 기관 내부문서인 경우는 구내 전화번호를 기재한다.
11. 공무원 공식 전자우편주소 : 행정기관에서 공무원에게 부여한 전자우편주소를 기재한다.
12. 공개구분 : 공개, 부분공개, 비공개로 구분하여 표시한다. 부분공개 또는 비공개인 경우에는 「공공기록물관리에 관한 법률 시행규칙」 제18조에 따라 "부분공개( )" 또는 "비공개( )"로 표시하고 「공공기관의 정보공개에 관한 법률」 제9조 1항 각 호의 번호

중 해당 번호를 괄호 안에 표시한다.

13. 관인생략 등 표시 : 발신명의의 오른쪽에 관인생략 또는 서명생략을 표시한다.

* 기안자 · 검토자 및 결재권자 (직위/직급) 서명 : "기안자 · 검토자 및 결재권자"의 용어는 표시하지 아니하고 기안자 · 검토자 및 결재권자의 직위/직급을 쓰고 서명한다.
* 협조자(직위/직급) 서명 : "협조자"의 용어를 표시한 다음 이어서 직위/직급을 쓰고 서명한다.
* 전결 및 서명표시 위치 : 사무관리규정 제16조 제2항 및 동규정시행규칙 제19조 제1항의 규정에 의하여 결재권이 위임된 사항을 전결하는 경우에는 행정기관이 장의 결재란을 설치하지 아니하고 전결하는 자의 서명란에 "전결"표시를 한 후 서명한다.
* 전결 · 대결 및 서명표시 위치 : 사무관리규정 제16조 제3항 및 동규정시행규칙 제19조 제2항의 규정에 의하여 위임전결 사항을 대결하는 경우에는 행정기관의 장의 결재란을 설치하지 아니하고 전결하는 자의 서명란에 "전결"표시를 한 후 대결하는 자의 서명란에 "대결" 표시를 하고 서명하며 위임전결 사항이 아닌 사항을 대결한 경우에는 행정기관의 장의 결재란을 설치하지 아니하고 대결하는 자의 서명란에 "대결" 표시를 하고 서명한다.
* 발의자( ) · 보고자( )의 표시는 직위 또는 직급 앞 또는 위에 한다.
* "수신자"는 "받는 자"로 사용할 수 있다.

3. 시행문

[별지 3호서식](개정 2003. 7. 14)

행 정 기 관 명

수신자 ( )
(경유)
제목

본 서식은 표제부입니다.
본문 내용은 본문부(별도화일)를 이용하시기 바랍니다.

본문 내용에 대한 의견이 있는 경우에만 아래에 기재합니다.
1. 의견내용
2. 의견을 표시한 자의 소속, 직위(직급) 및 성명

발 신 명 의 인

기안자(직위/직급) 서명 검토자(직위/직급) 서명 결재권자(직위/직급) 서명
협조자(직위/직급)
시행 처리과명-일련번호(시행일자) 접수 처리과명-일련번호(접수일자)
우 주소 / 홈페이지 주소
전화( ) 전송( ) / 공무원의공식 전자우편주소/공개구분

210mm×297mm(보존용지(2종) 70g/㎡), (일반용지 60g/㎡(재활용품)) 또는 (보존용지(1종) 70g/㎡)

(본문부)

제목____

(본 문 내 용)

붙임

4. 유아교육법

[법률 제11382호 일부개정 2012. 03. 21.]

제1장 총칙

제1조 (목적)

이 법은 「교육기본법」 제9조에 따라 유아교육에 관한 사항을 정함을 목적으로 한다. [개정 2010.3.24]

제2조 (정의)

이 법에서 사용하는 용어의 뜻은 다음 각 호와 같다. [개정 2010.3.24, 2012.3.21]

1. "유아"란 만 3세부터 초등학교 취학전까지의 어린이를 말한다.
2. "유치원"이란 유아의 교육을 위하여 이 법에 따라 설립 · 운영되는 학교를 말한다.
3. "보호자"란 친권자 · 후견인 그 밖의 자로서 유아를 사실상 보호하는 자를 말한다.
4. 삭제 [2012.3.21]
5. 삭제 [2012.3.21]
6. "방과후 과정"이란 제13조제1항에 따른 교육과정 이후에 이루어지는 그 밖의 교육활동과 돌봄활동을 말한다.

제3조 (책임)

국가 및 지방자치단체는 보호자와 더불어 유아를 건전하게 교육할 책임을 진다.

제3조의2 (유아교육발전기본계획)

① 교육과학기술부장관은 유아교육의 발전을 위하여 유아교육에 관한 중장기 정책 목표 및 방향을 설정하고, 유아교육발전기본계획(이하 "기본계획"이라 한다)을 수립하여 추진하여야 한다.

② 교육과학기술부장관은 제5조제1항에 따른 중앙유아교육위원회의 심의를 거쳐 5년마다 기본계획을 수립하여야 한다.

③ 기본계획의 내용 등에 관한 사항은 대통령령으로 정한다.

④ 교육과학기술부장관은 기본계획을 수립하기 위하여 필요한 경우 유아교육에 관한 전반적인 실태를 조사할 수 있다.

⑤ 특별시 · 광역시 · 특별자치시 · 도 및 특별자치도(이하 "시 · 도"라 한다)의 교육감(이하 "교육감"이라 한다)은 기본계획에 따라 연도별 시행계획을 수립하여 추진하여야 한다. [[시행일 2012.7.1: 특별자치시에 관한 부분]]

⑥ 교육과학기술부장관은 제1항에 따라 수립한 기본계획의 지난해 추진 실적을 매년 제5조제1항에 따른 중앙유아교육위원회의 심의를 받아야 하며, 시 · 도교육감은 제5항에 따른 다음해 시행계획 및 지난해 추진실적을 종합하여 매년 제5조제1항에 따른 시 · 도유아교육위원회의 심의를 받아야 한다. [[시행일 2012.7.1: 특별자치시에 관한 부분]]
[본조신설 2012.1.26] [[시행일 2012.4.27]]

제4조 (유아교육 · 보육위원회)

① 유아교육 및 「영유아보육법」 제2조에 따른 보육에 관한 다음 각호의 사항을 심의하기 위하여 국무총리 소속으로 유아교육 · 보육위원회를 둔다. [개정 2010.3.24, 2011.6.7 제10789호(영유아보육법)][[시행일 2011.12.8]]
1. 유아교육 및 보육에 관한 기본계획
2. 유치원과 어린이집간의 연계운영
3. 그 밖에 위원장이 회의에 부치는 사항
② 제1항에 따른 위원회는 위원장을 포함한 11명의 위원으로 구성하되, 위원장은 국무총리실장이 되고 위원은 다음 각 호에 해당하는 사람이 된다.[개정 2005.3.24 제7413호(정부조직법), 2008.2.29 제8852호(정부조직법), 2010.1.18 제9932호(정부조직법), 2010.1.18, 2010.3.24, 2012.3.21]
1. 기획재정부차관 · 교육과학기술부차관 · 보건복지부차관 및 여성가족부차관
2. 제1호의 위원이 추천하여 위원장이 위촉하는 유아교육계 · 보육계 및 여성계를 대표하는 사람 각 2명
③ 제1항에 따른 위원회의 구성 및 운영에 필요한 사항은 대통령령으로 정한다.[개정 2010.3.24]

제5조 (유아교육위원회)

① 유아교육에 관한 정책, 사업의 기획 · 조사 등에 관한 사항을 심의하기 위하여 교육과학기술부에 중앙유아교육위원회를 두고, 시 · 도 교육청에 시 · 도 유아교육위원회를 둔다. [개정 2008.2.29 제8852호(정부조직법), 2010.3.24, 2012.1.26] [[시행일 2012.7.1]]
② 중앙유아교육위원회와 시 · 도 유아교육위원회는 유아교육전문가, 유치원대표, 유치원교사(수석교사를 포함한다)대표, 학부모대표 및 관계공무원 등으로 구성한다.[개정 2010.3.24, 2011.7.25] [[시행일 2011.10.26]]
③ 중앙유아교육위원회와 시 · 도 유아교육위원회의 조직 · 운영 등에 필요한 사항은 대통령령으로 정한다.[개정 2010.3.24]

제6조 (유아교육진흥원)

① 국가 및 지방자치단체는 유아교육에 관한 연구와 정보제공, 프로그램 및 교재 개발, 유치원교원 연수 및 평가, 유아 체험교육 등을 담당하는 유아교육진흥원을 설치하거나

해당 업무를 교육관련연구기관 등에 위탁할 수 있다. [개정 2010.3.24, 2012.3.21]
② 제1항에 따른 유아교육진흥원의 설치 · 운영 및 위탁 등에 필요한 사항은 대통령령으로 정한다. [개정 2010.3.24]

제2장 유치원의 설립 등

제7조 (유치원의 구분)

유치원은 다음 각호와 같이 구분한다. [개정 2010.3.24]
1. 국립유치원 : 국가가 설립 · 경영하는 유치원
2. 공립유치원 : 지방자치단체가 설립 · 경영하는 유치원(설립주체에 따라 시립유치원과 도립유치원으로 구분할 수 있다)
3. 사립유치원 : 법인 또는 사인(私人)이 설립 · 경영하는 유치원

제8조 (유치원의 설립 등)

① 유치원을 설립하려는 자는 시설 · 설비 등 대통령령으로 정하는 설립기준을 갖추어야 한다. [개정 2010.3.24]
② 사립유치원을 설립하려는 자는 교육감의 인가를 받아야 한다.[개정 2010.3.24, 2012.1.26] [[시행일 2012.7.1]]
③ 교육감은 제2항에 따른 인가 신청이 있는 경우에는 다음 각 호의 어느 하나에 해당하는 경우를 제외하고는 유치원 설립을 인가하여야 한다. [신설 2012.3.21] [[시행일 2012.9.22]]
1. 제1항에 따른 시설 · 설비 등 설립기준을 갖추지 아니한 경우
2. 교육감이 대통령령으로 정하는 바에 따라 수립하는 유아수용계획에 적합하지 아니한 경우
3. 그 밖에 이 법 또는 다른 법령에 따른 제한에 위반되는 경우
④ 사립유치원을 설립 · 경영하는 자가 유치원을 폐쇄하려는 경우나 대통령령으로 정하는 중요사항을 변경하려는 경우에는 교육감의 인가를 받아야 한다.[개정 2010.3.24, 2012.3.21] [[시행일 2012.9.22]]

제9조 (유치원의 병설)

유치원은 「초 · 중등교육법」 제2조에 따른 초등학교 · 중학교 및 고등학교에 병설될 수 있다. [개정 2010.3.24]

제10조 (유치원규칙)

① 유치원의 장(유치원을 설립하는 경우에는 해당 유치원을 설립하려는 자를 말한다. 이하 "원장"이라 한다)은 법령의 범위에서 지도 · 감독기관(국립유치원인 경우에는 교육과학기술부장관, 공립 · 사립유치원인 경우에는 교육감을 말한다. 이하 "관할청"이라 한다)의 인

가를 받아 유치원규칙을 제정할 수 있다. [개정 2008.2.29 제8852호(정부조직법), 2010.3.24]

② 유치원규칙의 기재사항 및 제정절차 등에 관하여 필요한 사항은 대통령령으로 정한다.

제11조 (입학연령)

유치원에 입학할 수 있는 사람은 유아로 한다. [개정 2010.3.24]

제12조 (학년도 등)

① 유치원의 학년도는 3월 1일부터 다음해 2월 말일까지로 한다.

② 유치원은 보호자의 요구 및 지역실정에 따라 방과후 과정을 운영할 수 있다. [개정 2012.3.21]

③ 유치원의 학기 · 수업일수 · 학급편성 · 휴업일 및 반의 편성 · 운영 등에 필요한 사항은 대통령령으로 정한다.[개정 2010.3.24]

제13조 (교육과정 등)

① 유치원은 교육과정을 운영하여야 하며, 교육과정 운영 이후에는 방과후 과정을 운영할 수 있다. [개정 2012.3.21]

② 교육과학기술부장관은 제1항에 따른 교육과정 및 방과후 과정의 기준과 내용에 관한 기본적인 사항을 정하며, 교육감은 교육과학기술부장관이 정한 교육과정 및 방과후 과정의 범위에서 지역 실정에 적합한 기준과 내용을 정할 수 있다.[개정 2008.2.29 제8852호(정부조직법), 2010.3.24, 2012.3.21]

③ 교육과학기술부장관은 유치원의 교육과정 및 방과후 과정 운영을 위한 프로그램 및 교재를 개발하여 보급할 수 있다.[개정 2008.2.29 제8852호(정부조직법), 2012.3.21]

제14조 (유치원생활기록)

원장은 유아의 생활지도 및 초등학교 교육과의 연계지도에 활용할 수 있도록 유아의 발달 등을 종합적으로 관찰하고 평가하여 교육과학기술부장관이 정하는 기준에 따라 생활기록부를 작성 · 관리하여야 한다. [개정 2008.2.29 제8852호(정부조직법), 2010.3.24]

제15조 (특수학교 등)

① 특수학교는 신체적 · 정신적 · 지적 장애 등으로 특수교육이 필요한 유아에게 유치원에 준하는 교육과 실생활에 필요한 지식 · 기능 및 사회적응 교육을 하는 것을 목적으로 한다. [개정 2010.3.24]

② 국가 및 지방자치단체는 특수교육이 필요한 유아가 유치원에서 교육을 받으려는 경우에는 따로 입학절차 · 교육과정 등을 마련하는 등 유치원과의 통합교육 실시에 필요한 시책을 마련하여야 한다.[개정 2010.3.24]

제16조 (외국인유치원)

① “외국인유치원”이란 국내에 체류중인 외국인의 자녀를 교육하기 위하여 설립된 유치원을 말하며, 외국인유치원에 대하여는 제11조부터 제14조까지, 제17조, 제18조제2항, 제19조, 제19조의2부터 제19조의8까지, 제22조, 제24조부터 제26조까지 및 제27조를 적용하지 아니한다. [개정 2010.3.24, 2012.3.21] [[시행일: 부칙참조(제11382호)]]
② 외국인유치원의 설립기준 · 교육과정 · 수업연한 · 학력인정과 그 밖에 설립 · 운영에 필요한 사항은 대통령령으로 정한다.[개정 2010.3.24]

제17조 (건강검진 및 급식)

① 원장은 교육하고 있는 유아에 대하여 건강검진을 실시하고, 그 결과 치료가 필요한 유아에게는 보호자와 협의하여 필요한 조치를 하여야 한다. [개정 2010.3.24]
② 원장은 교육하고 있는 해당 유치원의 유아에게 적합한 급식을 할 수 있다.[개정 2010.3.24]
③ 제1항에 따른 건강검진의 실시시기 및 그 결과처리에 관한 사항과 제2항에 따른 급식시설 · 설비기준 등에 관하여 필요한 사항은 교육과학기술부령으로 정한다. [개정 2008.2.29 제8852호(정부조직법), 2010.3.24]

제17조의2 (유아 관련 자료제공의 제한)

① 원장은 제14조에 따른 유치원생활기록 및 제17조에 따른 건강검진에 관한 자료를 해당 유아의 보호자의 동의 없이 제3자에게 제공하여서는 아니 된다. 다만, 다음 각 호의 어느 하나에 해당하는 경우에는 그러하지 아니하다.
1. 유치원에 대한 감독 · 검사의 권한을 가진 행정기관이 그 업무를 처리하기 위하여 필요한 경우
2. 통계작성 및 학술연구 등의 목적을 위한 경우로서 특정 개인을 식별할 수 없는 형태로 제공하는 경우
3. 범죄의 수사와 공소의 제기 및 유지에 필요한 경우
4. 법원의 재판업무 수행을 위하여 필요한 경우
5. 그 밖에 관계 법률에 따라 제공하는 경우
② 원장은 제1항 단서에 따라 제3자에게 자료를 제공하는 때에는 해당 자료를 제공받은 자에 대하여 사용목적 · 사용방법, 그 밖에 필요한 사항에 대하여 제한을 하거나 해당 자료의 안전성 확보를 위하여 필요한 조치를 마련하도록 요청할 수 있다.
③ 제1항에 따라 자료를 제공받은 자는 그 본래의 목적 외의 용도로 이를 이용하여서는 아니 된다.
[본조신설 2012.3.21]

제18조 (지도 · 감독)

① 국립유치원은 교육과학기술부장관의 지도 · 감독을 받으며, 공립 · 사립유치원은 교육감의 지도 · 감독을 받는다. [개정 2008.2.29 제8852호(정부조직법), 2010.3.24]

② 교육감은 유아교육을 충실히 하기 위하여 유치원 교육과정 운영에 대한 장학지도를 할 수 있다.[개정 2008.2.29 제8852호(정부조직법), 2010.3.24, 2012.1.26] [[시행일 2012.4.27]]

제19조 (평가)

① 교육감은 유아교육을 효율적으로 하기 위하여 필요하면 유치원 운영실태 등에 대한 평가를 할 수 있다. [개정 2008.2.29 제8852호(정부조직법), 2010.3.24, 2012.1.26] [[시행일 2012.4.27]]

② 교육과학기술부장관은 필요한 경우 각 시 · 도 교육청의 유아교육 전반에 대한 평가를 실시할 수 있다. [개정 2012.1.26] [[시행일 2012.4.27]]

③ 제1항과 제2항에 따른 평가의 대상 · 기준 및 절차와 평가결과의 공개 등에 필요한 사항은 대통령령으로 정한다. [신설 2012.1.26] [[시행일 2012.4.27]]

제19조의2 (유아교육정보시스템의 구축 · 운영 등)

① 교육과학기술부장관 및 교육감은 유치원 및 교육행정기관의 업무를 전자적으로 처리할 수 있도록 유아교육정보시스템(이하 "정보시스템"이라 한다)을 구축 · 운영할 수 있다.

② 교육과학기술부장관 및 교육감은 정보시스템의 운영 및 지원을 위하여 정보시스템운영센터를 설치 · 운영하거나 정보시스템의 효율적 운영을 위하여 필요하다고 인정하는 경우 정보시스템의 운영 및 지원 업무를 교육의 정보화를 지원하는 법인 또는 기관에 위탁할 수 있다. 이 경우 교육과학기술부장관 및 교육감은 그 위탁업무의 원활한 수행을 위하여 예산의 범위에서 보조금 및 출연금을 지급할 수 있다.

③ 제1항에 따른 정보시스템의 구축 · 운영 · 접속방법 및 제2항에 따른 정보시스템운영센터의 설치 · 운영 등에 필요한 사항은 교육과학기술부령으로 정한다.

④ 정보시스템은 「초 · 중등교육법」 제30조의4제1항에 따른 교육정보시스템 또는 「사회복지사업법」 제6조의2제2항에 따른 정보시스템과 연계하여 활용할 수 있다.

[본조신설 2012.3.21] [[시행일 2013.3.1]]

제19조의3 (유치원운영위원회의 설치)

① 유치원 운영의 자율성을 높이고 지역의 실정과 특성에 맞는 다양한 교육을 창의적으로 실시할 수 있도록 하기 위하여 유치원에 유치원운영위원회를 둘 수 있다. 다만, 「교육공무원법」 제29조의3에 따라 공모절차를 통하여 원장을 선발하는 유치원과 대통령령으로 정하는 규모 이상의 유치원은 유치원운영위원회를 두어야 한다.

② 유치원에 두는 유치원운영위원회는 해당 유치원의 교원 대표 및 학부모 대표로 구성한

다.
③ 유치원에 두는 유치원운영위원회의 위원 정수는 5명 이상 11명 이내의 범위에서 유치원의 규모 등을 고려하여 대통령령으로 정한다.
④ 제9조에 따라 병설된 유치원의 경우에는 필요하면 유치원운영위원회를 해당 유치원을 병설한 학교의 학교운영위원회와 통합하여 운영할 수 있다. 이 경우 학교운영위원회에는 유치원 교원 대표 및 학부모 대표가 각각 1명 이상 포함되어야 한다.
[본조신설 2012.3.21] [[시행일: 부칙참조(제11382호)]]

제19조의4 (유치원운영위원회의 기능)

① 국립 · 공립 유치원에 두는 유치원운영위원회는 다음 각 호의 사항을 심의한다.
1. 유치원규칙의 개정에 관한 사항
2. 유치원 예산 및 결산에 관한 사항
3. 유치원 교육과정의 운영방법에 관한 사항
4. 학부모가 부담하는 경비에 관한 사항
5. 유치원 급식에 관한 사항
6. 방과후 과정 운영에 관한 사항
7. 유치원 운영에 대한 제안 및 건의에 관한 사항
8. 「교육공무원법」 제29조의3제8항에 따른 공모 원장의 공모 방법, 임용, 평가 등에 관한 사항
9. 「교육공무원법」 제31조제2항에 따른 초빙교사의 추천에 관한 사항
10. 그 밖에 대통령령 및 시 · 도 조례로 정하는 사항
② 사립유치원의 장은 제1항 각 호의 사항(제8호 및 제9호는 제외한다)에 대하여 유치원운영위원회의 자문을 거쳐야 한다.
[본조신설 2012.3.21] [[시행일 2012.9.1]]

제19조의5 (유치원운영위원회의 구성 · 운영)

① 제19조의3에 따른 유치원운영위원회 중 국립유치원에 두는 유치원운영위원회의 구성 · 운영에 필요한 사항은 대통령령으로 정하고, 공립유치원에 두는 유치원운영위원회의 구성 · 운영에 필요한 사항은 대통령령으로 정하는 범위에서 시 · 도의 조례로 정한다.
② 사립유치원에 두는 유치원운영위원회의 위원 구성에 관한 사항은 대통령령으로 정하고, 그 밖에 운영에 필요한 사항은 정관 또는 유치원규칙으로 정한다.
[본조신설 2012.3.21] [[시행일 2012.9.1]]

제19조의6 (유치원운영위원회 위원의 연수 등)

① 교육감은 유치원운영위원회 위원의 자질과 직무수행능력의 향상을 위한 연수를 실시할 수 있다.

② 교육감은 제1항에 따른 연수를 연수기관 또는 민간기관에 위탁하여 실시할 수 있다.
③ 교육감은 제2항에 따라 연수를 위탁받은 기관에 행정적 · 재정적 지원을 할 수 있다.
④ 제1항부터 제3항까지에서 규정한 사항 외에 위원의 연수에 필요한 사항은 대통령령으로 정한다.
[본조신설 2012.3.21] [[시행일 2012.9.1]]

제19조의7 (유치원회계의 설치)

① 국립 · 공립 유치원에 유치원회계를 설치한다.
② 유치원회계는 다음 각 호의 수입을 세입으로 한다.
1. 국가의 일반회계 또는 지방자치단체의 교육비특별회계로부터의 전입금
2. 제25조에 따른 수업료 등 교육비용과 그 밖의 납부금
3. 국가 또는 지방자치단체의 보조금 및 지원금
4. 사용료 및 수수료
5. 이월금
6. 물품매각대금
7. 그 밖의 수입
③ 유치원회계는 유치원의 운영 및 시설 설치 등을 위하여 필요한 일체의 경비를 세출로 한다.
④ 유치원회계는 예측할 수 없는 예산 외의 지출 또는 예산초과지출에 충당하기 위하여 예비비로서 상당한 금액을 세출예산에 계상할 수 있다.
⑤ 제9조에 따라 병설된 유치원의 경우에는 필요하면 유치원회계를 해당 유치원을 병설한 학교의 학교회계와 통합하여 운영할 수 있다.
⑥ 유치원회계의 설치에 필요한 사항은 국립유치원의 경우에는 교육과학기술부령으로, 공립유치원의 경우에는 시 · 도의 교육규칙으로 정한다.
[본조신설 2012.3.21] [[시행일 2013.3.1]]

제19조의8 (유치원회계의 운영)

① 유치원회계의 회계연도는 매년 3월 1일에 시작하여 다음 연도 2월 말일에 종료한다.
② 원장은 회계연도마다 유치원회계세입세출예산안을 편성하여 회계연도 개시 30일 전까지 제19조의3에 따른 유치원운영위원회에 제출하여야 한다.
③ 유치원운영위원회는 유치원회계세입세출예산안을 회계연도 개시 5일 전까지 심의하여야 한다.
④ 원장은 제3항에 따른 예산안이 새로운 회계연도가 개시될 때까지 확정되지 아니한 때에는 다음 각 호의 경비를 전년도 예산에 준하여 집행할 수 있다. 이 경우 전년도 예산에 준하여 집행된 예산은 해당 연도의 예산이 확정되면 그 확정된 예산에 의하여 집행된 것으로 본다.

1. 교직원 등의 인건비
2. 교육에 직접 사용되는 교육비
3. 유치원 시설의 유지관리비
4. 법령상 지급의무가 있는 경비
5. 이미 예산으로 확정된 경비

⑤ 원장은 회계연도마다 결산서를 작성하여 회계연도 종료 후 2개월 이내에 유치원운영위원회에 제출하여야 한다.

⑥ 유치원회계의 운영에 필요한 사항은 국립유치원의 경우에는 교육과학기술부령으로, 공립유치원의 경우에는 시 · 도의 교육규칙으로 정한다.

[본조신설 2012.3.21] [[시행일 2013.3.1]]

제3장 교직원

제20조 (교직원의 구분)

① 유치원에는 교원으로 원장 · 원감 · 수석교사 및 교사를 두되, 대통령령으로 정하는 일정 규모 이하의 유치원에는 원감을 두지 아니할 수 있다. [개정 2010.3.24, 2011.7.25] [[시행일 2011.10.26]]

② 유치원에는 교원외에 촉탁의사, 영양사, 간호사 또는 간호조무사, 행정직원 등을 둘 수 있다.

③ 유치원에 두는 교원과 직원(이하 "교직원"이라 한다)의 정원 · 배치기준 등에 관하여 필요한 사항은 대통령령으로 정한다.

제21조 (교직원의 임무)

① 원장은 원무를 총괄하고 소속교직원을 지도 · 감독하며 해당 유치원의 유아를 교육한다. [개정 2010.3.24]

② 원감은 원장을 보좌하여 원무를 관리하고 해당 유치원의 유아를 교육하며, 원장이 부득이한 사유로 직무를 수행할 수 없을 때에는 그 직무를 대행한다. 다만, 원감을 두지 아니하는 유치원은 원장이 미리 지명한 교사(수석교사를 포함한다)가 그 직무를 대행한다.[개정 2010.3.24, 2011.7.25] [[시행일 2011.10.26]]

③ 수석교사는 교사의 교수 · 연구활동을 지원하며, 유아를 교육한다. [신설 2011.7.25] [[시행일 2011.10.26]]

④ 교사는 법령에서 정하는 바에 따라 해당 유치원의 유아를 교육한다.[개정 2010.3.24, 2011.7.25] [[시행일 2011.10.26]]

⑤ 행정직원 등 직원은 법령에서 정하는 바에 따라 유치원의 행정사무와 그 밖의 사무를 담당한다. [개정 2011.7.25, 2012.1.26] [[시행일 2012.4.27]]

제22조 (교원의 자격)

① 원장 및 원감은 별표 1의 자격기준에 해당하는 사람으로서 대통령령으로 정하는 바에 따라 교육과학기술부장관이 검정 · 수여하는 자격증을 받은 사람이어야 한다. [개정 2008.2.29 제8852호(정부조직법), 2010.3.24]
② 교사는 정교사(1급 · 2급) · 준교사로 나누되,별표 2의 자격기준에 해당하는 사람으로서 대통령령으로 정하는 바에 따라 교육과학기술부장관이 검정 · 수여하는 자격증을 받은 사람이어야 한다.[개정 2008.2.29 제8852호(정부조직법), 2010.3.24]
③ 수석교사는 제2항의 자격증을 소지한 사람으로서 15년 이상의 교육경력(「교육공무원법」 제2조제1항제2호 및 제3호에 따른 교육전문직원으로 근무한 경력을 포함한다)을 가지고 교수 · 연구에 우수한 자질과 능력을 가진 사람 중에서 대통령령으로 정하는 바에 따라 교육과학기술부장관이 정하는 연수 이수 결과를 바탕으로 검정 · 수여하는 자격증을 받은 사람이어야 한다. [신설 2011.7.25] [[시행일 2011.10.26]]
④ 삭제[2010.3.24]
⑤ 삭제[2010.3.24]

제23조 (강사 등)

① 유치원에는 교육과정 운영에 필요한 경우 제20조제1항에 따른 교원외에 강사, 기간제교사 또는 명예교사 등을 두어 유아교육을 담당하거나 보조하게 할 수 있다. 이 경우 국립 · 공립 유치원은 「교육공무원법」 제10조의3제1항 및 제10조의4를, 사립유치원은 「사립학교법」 제54조의3제4항 및 제5항을 각각 준용한다. [개정 2010.3.24, 2011.5.19, 2012.1.26]
② 제1항에 따라 유치원에 두는 강사 등의 종류 · 자격기준 및 임용 등에 필요한 사항은 대통령령으로 정한다.[개정 2010.3.24]

제4장 비용

제24조 (무상교육)

① 초등학교 취학직전 3년의 유아교육은 무상(無償)으로 실시하되, 무상의 내용 및 범위는 대통령령으로 정한다. [개정 2012.3.21] [[시행일 2013.3.1]]
② 제1항에 따라 무상으로 실시하는 유아교육에 드는 비용은 국가 및 지방자치단체가 부담하되, 유아의 보호자에게 지원하는 것을 원칙으로 한다.[개정 2010.3.24]
③ 제2항에 따라 국가 및 지방자치단체가 부담하는 비용은 제4항의 표준유아교육비를 기준으로 교육과학기술부장관이 예산의 범위에서 관계 행정기관의 장과 협의하여 고시한다. [신설 2012.3.21] [[시행일 2013.3.1]]
④ 교육과학기술부장관은 제5조제1항에 따른 중앙유아교육위원회의 심의를 거쳐 표준유아교육비를 정한다. [신설 2012.3.21] [[시행일 2013.3.1]]

⑤ 제2항에 따른 지원방법, 제3항에 따른 비용 고시 및 제4항에 따른 표준유아교육비 산정 등에 관하여 필요한 사항은 교육과학기술부령으로 정한다. [개정 2012.3.21] [[시행일 2013.3.1]]

제25조 (교육비용 등)

① 유치원의 설립·경영자는 교육과학기술부령으로 정하는 바에 따라 수업료 등의 교육비용과 그 밖의 납부금을 받을 수 있다. 이 경우 다음 각 호의 기준에 따라 교육비용과 그 밖의 납부금을 달리 정할 수 있다. [개정 2008.2.29 제8852호(정부조직법), 2010.3.24]

1. 제12조제2항에 따른 유치원의 이용형태
2. 교육 대상인 유아가 「국민기초생활 보장법」에 따른 수급권자의 자녀인지 여부
3. 해당 지역이 저소득층 밀집지역 또는 농어촌지역 등 사회적 취약지역인지 여부

② 제1항제3호에 따른 사회적 취약지역의 결정기준에 대하여는 대통령령으로 정하고, 교육비용과 그 밖의 납부금 징수방법 등에 필요한 사항은 교육과학기술부령으로 정한다. [개정 2008.2.29 제8852호(정부조직법), 2010.3.24]

제26조 (비용의 부담 등)

① 삭제 [2012.3.21] [[시행일 2013.3.1]]

② 삭제 [2012.3.21] [[시행일 2013.3.1]]

③ 국가 및 지방자치단체는 대통령령으로 정하는 바에 따라 사립유치원의 설립 및 유치원 교사의 인건비 등 운영에 드는 경비의 전부 또는 일부를 보조한다.[개정 2010.3.24]

제26조의2

삭제 [2012.3.21] [[시행일 2013.3.1]]

제26조의3

삭제 [2012.3.21] [[시행일 2013.3.1]]

제26조의4

삭제 [2012.3.21] [[시행일 2013.3.1]]

제26조의5

삭제 [2012.3.21] [[시행일 2013.3.1]]

제27조 (방과후 과정 운영 등에 대한 지원)

국가 및 지방자치단체는 방과후 과정을 운영하거나 제12조제3항에 따라 대통령령으로

정하는 수업일수를 초과하여 운영하는 유치원에 대하여는 대통령령으로 정하는 바에 따라 운영에 드는 경비를 보조할 수 있다. [개정 2010.3.24, 2012.3.21]
[본조제목개정 2012.3.21]

제28조 (보조금의 반환)

① 국가 및 지방자치단체는 사립유치원의 장이 다음 각 호의 어느 하나에 해당하는 경우에는 이미 지급한 보조금의 전부 또는 일부의 반환을 명할 수 있다. [개정 2010.3.24, 2012.3.21] [[시행일 2013.3.1]]
1. 유치원 목적외에 보조금을 사용한 경우
2. 거짓이나 그 밖의 부정한 방법으로 보조금을 지급받은 경우
3. 제22조에 따른 교원자격기준을 갖추지 아니한 사람을 교원으로 임용한 경우
② 국가 및 지방자치단체는 유아의 보호자가 거짓이나 그 밖의 부정한 방법으로 제24조제2항에 따른 비용을 지원받은 경우에는 그 비용의 전부 또는 일부의 반환을 명할 수 있다. [신설 2012.3.21] [[시행일 2013.3.1]]
③ 제1항 및 제2항에 따라 보조금 등을 환수하는 경우에 반환할 자가 기한 내에 반환하지 아니한 때에는 국세 체납처분 또는 지방세 체납처분의 예에 따라 징수한다. [신설 2012.3.21] [[시행일 2013.3.1]]

제5장 보칙 및 벌칙

제28조의2 (유치원 명칭의 사용금지)

이 법에 따른 유치원이 아니면 유치원 또는 이와 유사한 명칭을 사용하지 못한다.
[본조신설 2012.3.21] [[시행일 2012.9.22]]

제29조 (권한 등의 위임 및 위탁)

① 이 법에 따른 교육과학기술부장관의 권한은 대통령령으로 정하는 바에 따라 그 일부를 교육감에게 위임할 수 있다.
② 이 법에 따른 교육과학기술부장관 및 교육감의 업무는 대통령령으로 정하는 바에 따라 그 일부를 보건복지부장관 또는 지방자치단체의 장에게 위탁할 수 있다.
[전문개정 2010.3.24]

제30조 (시정 또는 변경 명령)

① 관할청은 유치원이 시설 · 설비, 교육과정 운영 및 그 밖의 사항에 관하여 교육관계법령 또는 이에 따른 명령이나 유치원규칙을 위반한 경우에는 원장 또는 그 설립 · 경영자에게 기간을 정하여 그 시정 또는 변경을 명할 수 있다. [개정 2010.3.24]
② 관할청은 제1항에 따른 시정 또는 변경 명령을 받은 자가 정당한 사유없이 지정된

기간에 이를 이행하지 아니하면 대통령령으로 정하는 바에 따라 해당 유치원의 정원감축, 학급감축 또는 유아모집정지 등의 조치를 할 수 있다.[개정 2010.3.24]

제31조 (휴업 및 휴원 명령)

① 관할청은 재해 등의 긴급한 사유로 정상적인 교육이 불가능하다고 인정하는 경우에는 원장에게 휴업을 명할 수 있다.
② 제1항에 따른 명령을 받은 원장은 지체없이 휴업을 하여야 한다.[개정 2010.3.24]
③ 관할청은 원장이 제1항에 따른 명령에도 불구하고 휴업을 하지 아니하거나 특별히 긴급한 사유가 있는 경우에는 휴원처분을 할 수 있다.[개정 2010.3.24]
④ 제1항과 제2항에 따라 휴업된 유치원은 휴업기간중 해당 유치원에서 교육받는 유아의 등교와 교육이 정지되며, 제3항에 따라 휴원된 유치원은 휴원기간중 단순한 관리업무 외에 유치원의 모든 기능이 정지된다.[개정 2010.3.24]

제32조 (유치원의 폐쇄)

① 관할청은 유치원이 다음 각 호의 어느 하나에 해당하여 정상적인 교육과정 운영이 불가능한 경우에는 그 폐쇄를 명할 수 있다. [개정 2010.3.24]
1. 원장 또는 설립 · 경영자가 고의 또는 중대한 과실로 이 법 또는 이 법에 따른 명령을 위반한 경우
2. 원장 또는 설립 · 경영자가 이 법 또는 그 밖의 교육관계법령에 따른 관할청의 명령을 3회 이상 위반한 경우
3. 휴업기간을 제외하고 계속하여 3개월 이상 교육과정을 운영하지 아니한 경우
② 관할청은 제8조제2항에 따른 유치원 설립인가를 받지 아니하고 유치원 또는 이와 유사한 명칭을 사용하거나 유치원을 운영한 자에 대하여 그 시설의 폐쇄를 명할 수 있다.[개정 2010.3.24, 2012.3.21] [[시행일 2012.9.22]]

제33조 (청문)

관할청은 제32조에 따라 유치원 또는 시설의 폐쇄를 명하려면 청문을 하여야 한다 [개정 2010.3.24]

제34조 (벌칙)

① 삭제 [2012.3.21] [[시행일 2013.3.1]]
② 다음 각 호의 어느 하나에 해당하는 자는 3년 이하의 징역 또는 2천만원 이하의 벌금에 처한다.[개정 2010.3.24, 2012.3.21] [[시행일 2012.9.22]]
1. 제8조제2항에 따른 유치원 설립인가를 받지 아니하고 유치원을 운영한 자
2. 제8조제4항을 위반하여 폐쇄인가 또는 변경인가를 받지 아니한 자
3. 거짓이나 그 밖의 부정한 방법으로 제8조제2항 또는 제4항에 따른 유치원의 설립인가 ·

폐쇄인가 또는 변경인가를 받은 자
4. 제17조의2제1항 또는 제3항을 위반하여 보호자의 동의 없이 제3자에게 유아 관련 자료를 제공하거나 제공받은 자료를 그 본래의 목적 외의 용도로 이용한 자
③ 다음 각 호의 어느 하나에 해당하는 자는 1년 이하의 징역 또는 500만원 이하의 벌금에 처한다.[개정 2010.3.24, 2012.3.21] [[시행일 2013.3.1]]
1. 거짓이나 그 밖의 부정한 방법으로 제24조제2항에 따른 비용을 지원받거나 타인으로 하여금 지원을 받게 한 자
2. 제30조제1항에 따른 명령을 위반한 자
3. 제32조제1항에 따른 명령을 위반한 자

제35조 (과태료)

① 제28조의2를 위반하여 유치원 또는 이와 유사한 명칭을 사용한 자에게는 500만원 이하의 과태료를 부과한다.
② 제1항에 따른 과태료는 대통령령으로 정하는 바에 따라 관할청이 부과 · 징수한다. [본조신설 2012.3.21] [[시행일 2012.9.22]]

부칙 [2004.1.29]

제1조 (시행일) 이 법은 공포후 1년이 경과한 날부터 시행한다.
제2조 (폐지법률) 법률 제6400호 유아교육진흥법은 이를 폐지한다.
제3조 (유치원에 대한 경과조치) 이 법 시행 당시 종전의 초 · 중등교육법에 따라 설립된 유치원 및 이에 준하는 각종학교인 외국인학교는 이 법에 의하여 설립된 유치원으로 본다.
제4조 (유치원규칙에 관한 경과조치) 이 법 시행 당시 종전의 초 · 중등교육법에 따른 유치원 및 이에 준하는 각종학교인 외국인학교의 규칙은 이 법에 의한 유치원 규칙으로 본다.
제5조 (교원자격에 관한 경과조치) 이 법 시행 당시 종전의 초 · 중등교육법 제21조의 규정에 따라 검정 · 수여하는 유치원교원의 자격증을 받은 자는 이 법에 따라 검정 · 수여하는 유치원교원의 자격증을 받은 자로 본다.
제6조 (재직중인 교원에 대한 경과조치) 이 법 시행 당시 종전의 초 · 중등교육법에 따라 유치원의 원장 · 원감 또는 교사로 재직중인 자는 이 법에 따른 유치원의 교원으로 임용된 것으로 본다.
제7조 (벌칙에 관한 경과조치) 이 법 시행전의 행위에 대한 벌칙의 적용에 있어서는 종전의 규정에 따른다.
제8조 (다른 법률의 개정) ① 초 · 중등교육법중 다음과 같이 개정한다.
제1조중 "유아교육 및 초 · 중등교육"을 "초 · 중등교육"으로 한다.
제2조 각호외의 부분중 "유아교육 및 초 · 중등교육"을 "초 · 중등교육"으로 하고, 동조제1호를 삭제한다.
제5조중 "유치원 · 초등학교"를 "초등학교"로 한다.

제19조제1항제1호를 삭제한다.
제20조제1항중 "교장 또는 원장"을 "교장"으로, "교무 또는 원무"를 "교무"로, "학생 또는 원아를"을 "학생을"로 한다.
제20조제2항중 "교감 또는 원감"을 각각 "교감"으로, "교장 또는 원장"을 각각 "교장"으로, "교무 또는 원무"를 "교무"로, "학생 또는 원아를"을 "학생을"로, "학교 또는 유치원"을 "학교' '로 한다.
제20조제3항중 "학생 또는 원아를"을 "학생을"로 하고, 동조제4항중 "교장 또는 원장"을 "교장"으로 한다.
제21조제1항중 "교장 · 원장 · 교감 및 원감"을 "교장 및 교감"으로 한다.
제22조제1항중 "학생 또는 원아"를 "학생"으로 한다.
제4장제3절(제35조 내지 제37조)을 삭제한다.
제55조 및 제59조중 "유치원 · 초등학교"를 각각 "초등학교"로 한다.
제60조제1항 및 제2항중 "제2조제1호"를 각각 "제2조제2호"로 한다.
별표 1의 제목 "교장 · 교감 · 원장 · 원감자격기준(第21條第1項관련)"을 "교장 · 교감자격기준(제21조제1항관련)"으로 하고, 동표의 자격란중 "교장(園長)"을 "교장"으로 하며, 동표의 교장의 유치원란을 삭제한다.
별표 1의 자격란중 "교감(園監)"을 "교감"으로 하고, 동표의 교감의 유치원란을 삭제하며, 동표의 비고란 제2호를 다음과 같이 한다.
2. 교장 · 교감 · 교육장 · 장학관 · 장학사 · 교육연구관 · 교육연구사 및 유아교육법의 규정에 의한 원장 · 원감의 경력연수는 교육경력연수로 볼 수 있다.
별표 2의 정교사(1급)의 유치원란을 삭제하고, 동표의 정교사(2급)의 유치원란을 삭제하며, 동표의 준교사의 유치원란을 삭제하고, 동표의 사서교사 · 실기교사 · 보건교사(1급) · 보건교사(2급) · 영양교사(1급) · 영양교사(2급)란의 학교별란의 "유치원"을 삭제하며, 동표의 비고란 제2호를 다음과 같이 한다.
2. 교장 · 교감 · 교육장 · 장학관 · 장학사 · 교육연구관 · 교육연구사 및 유아교육법의 규정에 의한 원장 · 원감의 경력연수는 교육경력연수로 볼 수 있다.
② 사립학교법중 다음과 같이 개정한다.
제2조제1항중 "초 · 중등교육법 제2조 및 고등교육법 제2조"를 "유아교육법 제2조제2호와 초 · 중등교육법 제2조 및 고등교육법 제2조"로 하고, 동조제3항중 "초 · 중등교육법 및 고등교육법"을 "유아교육법, 초 · 중등교육법 및 고등교육법"으로 한다.
③ 교육공무원법중 다음과 같이 개정한다.
제2조제2항제1호중 "초 · 중등교육법 제2조"를 "유아교육법 제2조제2호의 규정에 의한 유치원, 초 · 중등교육법 제2조"로 한다.
④ 구강보건법중 다음과 같이 개정한다.
제12조제1항 각호외의 부분중 "초 · 중등교육법 제2조"를 "유아교육법 제2조제2호의 규정에 의한 유치원 및 초 · 중등교육법 제2조"로 한다.

제17조를 다음과 같이 한다.
제17조 (영유아의 구강건강진단) 영유아보육법에 의한 보육시설의 장이 영유아에 대하여 건강진단을 할 때에는 구강진단을 함께 실시하여야 한다.
⑤ 도로교통법중 다음과 같이 개정한다.
제2조제16호의2 가목중 "초 · 중등교육법에 의한 유치원 · 초등학교 · 특수학교"를 "유아교육법에 의한 유치원, 초 · 중등교육법에 의한 초등학교 · 특수학교"로 한다.
⑥ 소득세법중 다음과 같이 개정한다.
제52조제1항제4호 본문중 "초 · 중등교육법"을 "유아교육법, 초 · 중등교육법"으로 한다.
⑦ 학교보건법중 다음과 같이 개정한다.
제6조제12호중 "초 · 중등교육법 제2조제1호"를 "유아교육법 제2조제2호"로 한다.
⑧ 국가유공자등예우및지원에관한법률중 다음과 같이 개정한다.
제30조제1호 본문중 "초 · 중등교육법 제2조"를 "유아교육법 제2조제2호의 규정에 의한 유치원, 초 · 중등교육법 제2조"로 한다.
⑨ 발명진흥법중 다음과 같이 개정한다.
제6조제1항중 "초 · 중등교육법 제2조"를 "유아교육법 제2조제2호의 규정에 의한 유치원, 초 · 중등교육법 제2조"로 한다.
⑩ 산림법중 다음과 같이 개정한다.
제75조제1항제7호중 "초 · 중등교육법 제2조"를 "유아교육법 제2조제2호의 규정에 의한 유치원, 초 · 중등교육법 제2조"로 한다.
⑪ 지방교육자치에관한법률중 다음과 같이 개정한다.
제60조제3항제1호중 "초 · 중등교육법 제2조"를 "유아교육법 제2조제2호의 규정에 의한 유치원, 초 · 중등교육법 제2조"로 한다.
제9조 (다른 법령과의 관계) 이 법 시행 당시 다른 법령에서 종전의 유아교육진흥법 또는 초 · 중등교육법의 규정에 따른 유치원을 인용한 경우에 이 법중 그에 해당하는 조항이 있는 때에는 종전의 규정에 갈음하여 이 법 또는 이 법의 해당 조항을 인용한 것으로 본다.

부칙 [2005.3.24 제7413호(정부조직법)]

제1조 (시행일) 이 법은 공포한 날부터 시행한다. 다만, 다음 각 호의 사항은 각 호의 구분에 의한 날부터 시행한다.
1. 제26조제1항 및 제42조의 개정규정과 부칙 제2조 내지 제4조의 규정은 이 법 공포 후 3월 이내에 제42조의 개정규정에 의한 여성가족부의 조직에 관한 대통령령이 시행되는 날
2. 생략
제2조 생략
제3조 (다른 법률의 개정) ① 내지 ⑪ 생략

⑫ 유아교육법 일부를 다음과 같이 개정한다.
제4조제2항제1호 · 제2호중 "여성부차관"을 각각 "여성가족부차관"으로 한다.
⑬ 및 ⑭ 생략
제4조 생략

부칙 [2007.12.14 제8676호(평생교육법)]

제1조 (시행일) 이 법은 공포 후 2개월이 경과한 날부터 시행한다. 다만, 제33조제4항 · 제5항과 제34조는 2008년 4월 18일부터 시행한다.
제2조 내지 제14조 생략
제15조 (다른 법률의 개정) ① 생략
② 유아교육법 일부를 다음과 같이 한다.
별표 2 교사자격기준의 정교사(2급)란 제2호 중 "각종학교를"을 "각종학교와 「평생교육법」 제31조제4항에 따른 전문대학학력인정 평생교육시설을"로 한다.
③ 내지 ④ 생략
제16조 생략

부칙 [2008.2.29 제8852호(정부조직법)]

제1조 (시행일) 이 법은 공포한 날부터 시행한다. 단서 생략
제2조부터 제5조까지 생략
제6조 (다른 법률의 개정) ① 부터 〈89〉 까지 생략
〈90〉 유아교육법 일부를 다음과 같이 개정한다.
제4조제2항제1호를 다음과 같이 한다.
1. 기획재정부차관 · 교육과학기술부차관 · 보건복지가족부차관 및 여성부차관
제4조제2항제2호 중 "교육인적자원부차관 · 보건복지부차관 및 여성부차관이 추천하여 국무조정실장"을 "교육과학기술부차관 · 보건복지가족부차관 및 여성부차관이 추천하여 국무총리실장"으로 한다.
제5조제1항 중 "교육인적자원부"를 "교육과학기술부"로 한다.
제10조제1항, 제13조제2항 · 제3항, 제14조, 제18조제1항 · 제2항, 제19조제1항, 제22조제1항부터 제3항까지 및 제29조 중 "교육인적자원부장관"을 각각 "교육과학기술부장관"으로 한다.
제17조제3항, 제24조제3항, 제25조제1항 각 호 외의 부분 전단, 제25조제2항 및 제26조제2항 중 "교육인적자원부령"을 각각 "교육과학기술부령"으로 한다.
별표 1의 원장 자격기준 제2호 중 "교육인적자원부장관"을 "교육과학기술부장관"으로 한다.
별표 2의 정교사(1급) 자격기준 제2호 및 정교사(2급) 자격기준 제3호 중 "교육인적자원부장관"을 각각 "교육과학기술부장관"으로 한다.

〈91〉 부터 〈760〉 까지 생략
제7조 생략

부 칙[2010.1.18 제9932호(정부조직법)]
제1조(시행일) 이 법은 공포 후 2개월이 경과한 날부터 시행한다. 〈단서 생략〉
제2조 및 제3조 생략
제4조(다른 법률의 개정) ① 부터 〈88〉 까지 생략
〈89〉 유아교육법 일부를 다음과 같이 개정한다.
제4조제2항제1호 · 제2호 중 "보건복지가족부차관 및 여성부차관"을 각각 "보건복지부차관 및 여성가족부차관"으로 한다.
〈90〉 부터 〈137〉 까지 생략
제5조 생략

부 칙[2010.3.24 제10176호]
이 법은 공포한 날부터 시행한다.

부 칙[2011.5.19 제10638호]
① (시행일) 이 법은 공포한 날부터 시행한다.
② (채용의 제한에 관한 적용례) 제23조제1항의 개정규정은 이 법 시행 후 「교육공무원법」 제10조의3제1항 각 호의 어느 하나의 행위로 인하여 최초로 파면 · 해임되거나 금고 이상의 형을 선고받은 사람(집행유예의 형을 선고받은 후 그 집행유예기간이 경과한 사람을 포함한다)부터 적용한다.

부 칙[2011.6.7 제10789호(영유아보육법)]
제1조(시행일) 이 법은 공포 후 6개월이 경과한 날부터 시행한다. 〈단서 생략〉
제2조부터 제5조까지 생략
제6조(다른 법률의 개정) ①부터 〈22〉까지 생략
〈23〉 유아교육법 일부를 다음과 같이 개정한다.
제4조제1항제2호 중 "보육시설"을 "어린이집"으로 한다.
〈24〉부터 〈32〉까지 생략

부 칙[2011.7.14 제10854호(금융실명거래 및 비밀보장에 관한 법률)]
제1조(시행일) 이 법은 공포한 날부터 시행한다. 〈단서 생략〉
제2조 생략
제3조(다른 법률의 개정) ①부터 ⑪까지 생략
⑫ 유아교육법 일부를 다음과 같이 개정한다.

제26조의3제1항 중 "「금융실명거래 및 비밀보장에 관한 법률」 제2조제1호에 따른 금융기관"을 "「금융실명거래 및 비밀보장에 관한 법률」 제2조제1호에 따른 금융회사등"으로 한다.

⑬ 부터 〈16〉까지 생략

부 칙[2011.7.25 제10913호]

이 법은 공포 후 3개월이 경과한 날부터 시행한다.

부 칙[2012.1.26 제11218호]

이 법은 공포 후 3개월이 경과한 날부터 시행한다. 다만, 제23조제1항 후단의 개정규정은 공포한 날부터 시행하고, 제3조의2제5항 및 제6항의 개정규정 중 특별자치시에 관한 부분과 제5조 및 제8조의 개정규정은 2012년 7월 1일부터 시행한다.

부 칙[2012.3.21 제11382호]

제1조(시행일) 이 법은 공포한 날부터 시행한다. 다만, 다음 각 호의 개정규정은 각 호의 구분에 따른 날부터 시행한다.

1. 제8조, 제28조의2, 제32조, 제34조제2항제2호 · 제3호 및 제35조의 개정규정은 이 법 공포 후 6개월이 경과한 날
2. 제19조의3부터 제19조의6까지의 개정규정은 2012년 9월 1일. 다만, 제19조의3의 개정규정 중 「교육공무원법」 제29조의3에 관한 부분은 2013년 3월 1일
3. 제19조의2, 제19조의7, 제19조의8, 제24조, 제26조제1항 · 제2항, 제26조의2부터 제26조의5까지, 제28조 및 제34조제1항 · 제3항제1호의 개정규정은 2013년 3월 1일
4. 제16조제1항의 개정규정은 해당 조문의 각각의 시행일
5. 부칙 제3조제4항은 2012년 4월 1일

제2조(벌칙에 관한 경과조치) 이 법 시행 전의 행위에 대한 벌칙의 적용에 있어서는 종전의 규정에 따른다.

제3조(다른 법률의 개정) ① 교육공무원법 일부를 다음과 같이 개정한다.

제32조제1항제5호 중 "종일제를"을 "방과후 과정을"로 한다.

② 영유아보육법 일부를 다음과 같이 개정한다.

제50조제2항 중 "종일제"를 "방과후 과정"으로 한다.

③ 장애인 등에 대한 특수교육법 일부를 다음과 같이 개정한다.

제26조의 제목 중 "종일제를"을 "방과후 과정을"로 하고, 같은 조 제1항 중 "종일제를"을 "방과후 과정을"로, "종일제 운영"을 "방과후 과정 운영"으로 하며, 같은 조 제2항 중 "종일제"를 "방과후 과정"으로 한다.

④ 법률 제11135호 교육관련기관의 정보공개에 관한 특례법 일부개정법률 일부를 다음과 같이 개정한다.

제5조의2제1항제3호 중 "종일제"를 "방과후 과정"으로 한다.

5. 유아교육법 시행령

대통령령 제23745호 일부개정 2012. 04. 20

제1장 총칙 [개정 2010.5.31]

제1조 (목적)

이 영은 「유아교육법」에서 위임된 사항과 그 시행에 필요한 사항을 규정함을 목적으로 한다.
[전문개정 2010.5.31]

제1조의2 (유아교육발전기본계획의 내용 등)

① 교육과학기술부장관은 「유아교육법」(이하 "법"이라 한다) 제3조의2제3항에 따라 다음 각 호의 사항이 포함된 유아교육발전기본계획을 수립하여야 한다.
1. 유아교육에 관한 정책의 목표 및 기본방향에 관한 사항
2. 유아교육 발전을 위한 기반 구축에 관한 사항
3. 유아교육 관련 투자의 확대 및 필요한 재원에 관한 사항
4. 유아교육 정책에 대한 분석 및 평가에 관한 사항
5. 유치원의 환경개선에 관한 사항
6. 그 밖에 유아교육 발전을 위하여 필요한 사항
② 특별시 · 광역시 · 특별자치시 · 도 및 특별자치도(이하 "시 · 도"라 한다)의 교육감(이하 "교육감"이라 한다)은 법 제3조의2제5항에 따라 매년 2월 말까지 연도별 시행계획을 수립하여야 한다. [[시행일 2012.7.1: 특별자치시에 관한 부분]]
[본조신설 2012.4.20] [[시행일 2012.4.27]]

제2조 (유아교육 · 보육위원회 위원장의 직무 등)

① 법 제4조에 따른 유아교육 · 보육위원회의 위원장(이하 이 조에서 "위원장"이라 한다)은 유아교육 · 보육위원회를 대표하며, 유아교육 · 보육위원회의 직무를 총괄한다. [개정 2012.4.20] [[시행일 2012.4.27]]
② 위원장은 유아교육 · 보육위원회의 회의를 소집하고 그 의장이 된다.
③ 유아교육 · 보육위원회의 부위원장은 교육과학기술부차관이 된다.
④ 제3항의 부위원장은 위원장을 보좌하며, 위원장이 부득이한 사유로 직무를 수행할 수 없을 때에는 그 직무를 대행한다.
⑤ 유아교육 · 보육위원회의 위원(법 제4조제2항제1호의 위원은 제외한다)의 임기는 2년으로 하며, 한 차례만 연임할 수 있다. 다만, 보궐위원의 임기는 전임자 임기의 남은 기간으

로 한다.
[전문개정 2010.5.31]

제3조 (유아교육 · 보육위원회의 운영)

① 유아교육 · 보육위원회의 회의는 재적위원 과반수의 출석으로 개의(開議)하고, 출석위원 과반수의 찬성으로 의결한다.
② 유아교육 · 보육위원회의 위원장은 유아교육 · 보육위원회의 업무수행을 위하여 필요하다고 인정할 때에는 관계 행정기관 또는 관계 기관 · 단체의 장에게 자료 또는 의견의 제출 등을 요청할 수 있다.
③ 유아교육 · 보육위원회에 출석한 위원에게는 예산의 범위에서 수당과 여비를 지급할 수 있다. 다만, 공무원인 위원이 그 소관 업무와 직접적으로 관련되어 출석하는 경우에는 그러하지 아니하다.
④ 유아교육 · 보육위원회에 위원회의 사무를 처리할 간사 2명을 두며, 간사는 교육과학기술부 및 보건복지부에서 유아교육 및 보육 정책을 담당하는 국장 또는 심의관으로 한다.
⑤ 간사는 유아교육 · 보육위원회에 출석하여 발언할 수 있다.
⑥ 이 영에서 규정한 사항 외에 유아교육 · 보육위원회의 운영에 필요한 사항은 유아교육 · 보육위원회의 의결을 거쳐 그 위원장이 정한다.
[전문개정 2010.5.31]

제4조 (유아교육위원회의 위원장 등)

① 법 제5조에 따라 교육과학기술부에 두는 중앙유아교육위원회의 위원장은 교육과학기술부차관이 되고, 부위원장은 위원 중에서 호선(互選)하며, 위원은 교육과학기술부장관이 위촉하거나 임명한다.
② 법 제5조에 따라 시 · 도의 교육청에 두는 시 · 도 유아교육위원회의 위원장은 해당 시 · 도의 부교육감이 되고, 부위원장은 위원 중에서 호선하며, 위원은 해당 시 · 도의 교육감이 위촉하거나 임명한다. [개정 2012.4.20] [[시행일 2012.4.27]]
[전문개정 2010.5.31]

제5조 (유아교육위원회의 구성)

① 중앙유아교육위원회 및 시 · 도 유아교육위원회(이하 “유아교육위원회”라 한다)는 위원장 1명과 부위원장 1명을 포함한 9명 이상 15명 이하의 위원으로 구성한다.
② 유아교육위원회의 위원장(이하 이 조에서 “위원장”이라 한다)은 유아교육위원회를 대표하며, 유아교육위원회의 직무를 총괄한다.
③ 위원장은 유아교육위원회의 회의를 소집하고 그 의장이 된다.
④ 유아교육위원회의 부위원장은 위원장을 보좌하며, 위원장이 부득이한 사유로 직무를 수행할 수 없을 때에는 그 직무를 대행한다.

⑤ 공무원이 아닌 위원의 임기는 2년으로 하며, 한 차례만 연임할 수 있다. 다만, 보궐위원의 임기는 전임자 임기의 남은 기간으로 한다.
[전문개정 2010.5.31]

제6조 (유아교육위원회의 운영)

① 유아교육위원회의 회의는 재적위원 과반수의 출석으로 개의하고, 출석위원 과반수의 찬성으로 의결한다.
② 유아교육위원회의 위원장은 유아교육위원회의 업무수행을 위하여 필요하다고 인정할 때에는 관계 행정기관 또는 관계 기관 · 단체의 장에게 자료 또는 의견의 제출 등을 요청할 수 있다.
③ 유아교육위원회에 출석한 위원에게는 예산의 범위에서 수당과 여비를 지급할 수 있다. 다만, 공무원인 위원이 그 소관 업무와 직접적으로 관련되어 출석하는 경우에는 그러하지 아니하다.
④ 유아교육위원회에 유아교육위원회의 사무를 처리할 간사 1명을 두며, 간사는 교육과학기술부장관 및 교육감이 소속 공무원 중에서 임명한다.
⑤ 간사는 유아교육위원회에 출석하여 발언할 수 있다.
⑥ 이 영에서 규정한 사항 외에 유아교육위원회의 운영에 필요한 사항은 유아교육위원회의 의결을 거쳐 그 위원장이 정한다.
[전문개정 2010.5.31]

제7조 (유아교육에 관한 업무의 위탁)

① 교육과학기술부장관과 교육감은 법 제6조제1항에 따른 업무를 유아교육과 관련된 연구기관 또는 단체에 위탁할 수 있다.
② 교육과학기술부장관과 교육감은 제1항에 따른 수탁기관이 해당 업무를 수행하는 데에 필요한 비용을 보조할 수 있다.
③ 교육과학기술부장관과 교육감은 제1항에 따라 유아교육에 관한 업무를 위탁하려면 미리 위탁의 기준 · 절차 및 방법 등을 자체 게시판이나 인터넷 홈페이지를 이용하여 공고하여야 한다.
④ 유아교육에 관한 업무를 위탁받으려는 자는 다음 각 호의 사항이 기재된 서류를 갖추어 교육과학기술부장관 또는 교육감에게 신청하여야 한다. 이 경우 교육과학기술부장관 또는 교육감은 「전자정부법」 제36조제1항에 따른 행정정보의 공동이용을 통하여 법인의 등기사항증명서(신청인이 법인인 경우만 해당한다)를 확인하여야 한다.
1. 사업추진계획서
2. 업무수행에 필요한 시설 · 설비 및 전문인력 등에 관한 명세서 및 운영계획서
3. 정관(법인의 경우만 해당한다)
⑤ 교육과학기술부장관과 교육감은 제4항에 따라 유아교육에 관한 업무 위탁 신청을 받은

경우에는 제3항에 따른 위탁기준을 고려하여 위탁 여부를 결정하여야 한다.
[전문개정 2010.5.31]

제2장 유치원의 설립 및 운영 등

제8조 (유치원의 설립기준)

법 제8조제1항에 따라 유치원(법 제15조의 유치원에 준하는 특수학교를 포함한다. 이하 같다)을 설립하려는 자가 갖추어야 하는 시설 · 설비 등 유치원의 설립기준에 관한 사항은 따로 대통령령으로 정한다.
[전문개정 2010.5.31]

제9조 (사립유치원의 설립인가 신청 등)

① 법 제8조제2항에 따라 사립유치원의 설립인가를 받으려는 자는 다음 각 호의 사항이 기재된 서류를 갖추어 교육감에게 신청하여야 한다.
1. 목적
2. 명칭
3. 위치
4. 법 제10조에 따른 유치원규칙
5. 유치원의 토지 · 건물 및 체육장의 평면도
6. 개원 예정 연월일
7. 설립자가 법인인 경우에는 등기 및 출연금에 관한 서류
8. 설립자가 사인(私人)인 경우에는 경비의 지급 및 변제 능력에 관한 서류
9. 해당 유치원의 장으로 임용될 사람의 자격증명에 필요한 서류

② 법 제8조제3항에 따라 유치원의 폐쇄인가를 받으려는 사립유치원의 설립 · 경영자는 다음 각 호의 사항이 기재된 서류를 갖추어 교육감에게 신청하여야 한다.
1. 폐쇄 사유
2. 해당 유치원의 유아 지원 및 설비처리 계획
3. 폐쇄 연월일

③ 법 제8조제3항에서 "대통령령으로 정하는 중요사항"이란 유치원의 설립 · 경영자 및 제1항제1호부터 제5호까지의 사항을 말한다.

④ 법 제8조제3항에 따라 변경인가를 받으려는 사립유치원의 설립 · 경영자는 다음 각 호의 사항이 기재된 서류를 갖추어 교육감에게 신청하여야 한다.
1. 변경 사유
2. 변경 사항
3. 변경 연월일
[전문개정 2010.5.31]

제10조 (유치원규칙의 기재사항)

법 제10조에 따른 유치원규칙에는 다음 각 호의 사항이 포함되어야 한다.

1. 교육연한, 학기 및 휴업일
2. 학급편제 및 정원
3. 교육 내용
4. 수업일수 및 수업 운영방법
5. 입학, 재입학, 편입학, 전학, 휴학, 퇴학, 수료 및 졸업
6. 수업료 · 입학금과 그 밖의 비용 징수
7. 유치원규칙의 개정절차
8. 그 밖에 법 제18조제1항에 따른 해당 유치원의 지도 · 감독기관(이하 "관할청"이라 한다)이 정하는 사항

[전문개정 2010.5.31]

제11조 (학기)

법 제12조제3항에 따라 유치원의 학기는 매 학년도를 두 학기로 나누되, 제1학기는 3월 1일부터 유치원의 수업일수 · 휴업일 및 교육과정 운영을 고려하여 유치원의 장(이하 "원장"이라 한다)이 정한 날까지로 하고, 제2학기는 제1학기 종료일 다음 날부터 다음 해 2월 말일까지로 한다.

[전문개정 2010.5.31]

제12조 (수업일수)

법 제12조제3항에 따라 유치원의 수업일수는 매 학년도 180일 이상을 기준으로 원장이 정한다. 다만, 원장은 천재지변의 발생, 연구학교의 운영 등 교육과정의 운영에 필요한 경우에는 10분의 1의 범위에서 수업일수를 줄일 수 있으며,이 경우 다음 학년도 개시 30일 전까지 관할청에 보고하여야 한다. [개정 2011.10.25] [[시행일 2012.3.1]]

[전문개정 2010.5.31]

제13조 (학급편성)

법 제12조제3항에 따라 유치원의 학급편성은 같은 연령으로 한다. 다만, 원장은 교육과정의 운영에 특히 필요한 경우에는 혼합연령으로 학급을 편성할 수 있다.

[전문개정 2010.5.31]

제14조 (휴업일 등)

① 법 제12조제3항에 따라 유치원의 휴업일은 원장이 매 학년도가 시작되기 전에 보호자의 요구 및 지역실정을 고려하여 정하되, 관공서의 공휴일 및 여름 · 겨울 휴가가 포함되어야 한다.

② 원장은 비상재해나 그 밖의 급박한 사정이 발생한 경우에는 임시휴업을 할 수 있다. 이 경우 원장은 지체 없이 관할청에 이를 보고하여야 한다.
[전문개정 2010.5.31]

제15조 (수료 및 졸업)

원장은 법 제10조에 따른 유치원규칙으로 정하는 바에 따라 해당 유치원 유아의 교육과정 이수정도 등을 고려하여 수료 및 졸업을 인정한다.
[전문개정 2010.5.31]

제16조 (학급 수 및 학급당 유아 수)

유치원의 학급 수 및 학급당 유아 수는 관할청이 정한다.
[전문개정 2010.5.31]

제17조 (유아수용계획)

관할청은 관할 유치원의 적정한 유아 수용을 위하여 학년도별로 유아수용계획을 수립하여야 한다.
[전문개정 2010.5.31]

제18조 (외국인유치원의 설립 · 운영)

법 제16조에 따른 외국인유치원의 설립기준, 교육과정, 수업연한, 학력인정, 그 밖에 외국인유치원의 설립 · 운영에 필요한 사항은 따로 대통령령으로 정한다.
[전문개정 2010.5.31]

제19조 (장학지도)

교육감은 법 제18조제2항에 따른 장학지도를 할 때에는 매 학년도 장학지도의 대상 · 절차 · 항목 · 방법 및 결과처리 등에 관한 세부 계획을 수립하여 장학지도 대상 유치원에 미리 통보하여야 한다. [개정 2012.4.20] [[시행일 2012.4.27]]
[전문개정 2010.5.31]

제20조 (평가의 대상)

법 제19조제1항에 따른 유치원에 대한 평가는 국립 · 공립 · 사립유치원을 각각 그 대상으로 한다.
[전문개정 2010.5.31]

제21조 (평가의 기준)

① 법 제19조제1항에 따른 유치원 평가는 다음 각 호의 사항을 기준으로 하여 실시한다.

1. 교육과정의 편성 · 운영 및 교수 · 학습 지원
2. 방과후 과정의 편성 · 운영
3. 교원에 대한 연수 지원
4. 그 밖에 유치원 운영에 관한 사항으로 교육감이 필요하다고 인정하는 사항

② 법 제19조제2항에 따른 시 · 도 교육청의 유아교육 전반에 대한 평가는 다음 각 호의 사항을 기준으로 하여 실시한다.

1. 유아교육 관련 예산의 편성 및 운용
2. 유치원의 설립 · 운영
3. 유치원 교육 지원 및 유아교육 성과
4. 유아교육 지원 기구 및 공무원 배치 현황
5. 유아 및 교원의 교육 복지
6. 그 밖에 시 · 도 교육청의 유아교육에 관한 사항으로서 교육과학기술부장관이 필요하다고 인정하는 사항

[전문개정 2012.4.20] [[시행일 2012.4.27]]

제22조 (평가의 절차 등)

① 교육감은 매 학년도가 시작되기 전까지 유치원 평가에 관한 기본계획을 수립하여 평가대상 유치원에 통보하여야 한다. [개정 2012.4.20] [[시행일 2012.4.27]]

② 교육감은 유치원 평가를 하는 경우에는 서면평가 · 현장평가 및 종합평가의 방법으로 하되, 설문조사, 관계자 면담 등 다양한 방법을 사용하여 평가대상 유치원에 대한 교직원, 해당 유치원의 유아 및 학부모 등의 반응을 조사하고 그 결과를 평가에 반영하여야 한다. [개정 2012.4.20] [[시행일 2012.4.27]]

③ 교육과학기술부장관은 매 학년도가 시작되기 전까지 시 · 도 교육청의 유아교육 전반에 대한 평가 기본계획을 수립하여 이를 공표하여야 한다. [신설 2012.4.20] [[시행일 2012.4.27]]

④ 교육과학기술부장관은 시 · 도 교육청의 유아교육 전반에 대한 평가를 하는 경우에는 서면평가, 현장평가, 설문조사, 관계자 면담 등의 방법으로 한다. [신설 2012.4.20] [[시행일 2012.4.27]]

⑤ 교육과학기술부장관 및 교육감은 평가의 결과를 공개하여야 한다. [개정 2012.4.20] [[시행일 2012.4.27]]

⑥ 교육과학기술부장관 및 교육감은 평가를 효율적으로 하기 위하여 각각 평가위원회를 구성 · 운영할 수 있다. [개정 2012.4.20] [[시행일 2012.4.27]]

⑦ 제1항부터 제6항까지에서 규정한 사항 외에 유치원 평가에 필요한 사항은 교육감이, 시 · 도 교육청 유아교육 전반에 대한 평가에 필요한 사항은 교육과학기술부장관이 정한다. [개정 2012.4.20] [[시행일 2012.4.27]]

[전문개정 2010.5.31]

제3장 교직원

제23조 (유치원 교원의 배치기준)

① 법 제20조에 따라 유치원에는 원장 · 원감 외에 학급마다 교사 1명 이상을 배치하여 학급을 담당하게 한다. 다만, 2학급 이하인 유치원의 경우에는 원장 및 원감이 학급을 담당할 수 있다.

② 법 제20조제1항에서 "대통령령으로 정하는 일정 규모 이하의 유치원"이란 2학급 이하의 유치원을 말한다.

③ 방과후 과정을 운영하는 유치원에는 각 학급 담당교사 외에 방과후 과정 운영을 담당할 교사를 1명 이상 둘 수 있으며, 유치원별 방과후 과정 운영 담당 교사의 배치기준은 관할청이 정한다. [개정 2012.4.20]

④ 유치원에는 교사 중에서 다음 각 호의 구분에 따른 수의 보직교사를 둘 수 있다. 다만, 11학급 이하의 유치원으로서 교육과학기술부장관이 지정하는 연구학교에는 다음 각 호의 구분에 따른 수보다 보직교사 1명을 더 둘 수 있다.

1. 3학급 이상 5학급 이하의 유치원: 1명
2. 6학급 이상 11학급 이하의 유치원: 2명
3. 12학급 이상의 유치원: 3명

⑤ 제4항에 따른 보직교사의 명칭은 관할청이 정하고, 유치원별 보직교사의 종류 및 그 업무분장은 원장이 정한다.

[전문개정 2010.5.31]

제23조의2 (수석교사의 배치기준)

① 수석교사는 유치원별로 1명씩 두되, 유아 수가 100명 이하인 유치원 또는 학급 수가 4학급 이하인 유치원에는 수석교사를 두지 아니할 수 있다.

② 수석교사는 학급을 담당하지 아니한다. 다만, 유치원 규모 등 유치원 여건에 따라 학급을 담당할 수 있다.

③ 제1항 및 제2항에서 규정한 사항 외에 수석교사의 배치에 필요한 구체적인 사항은 교육과학기술부장관이 정하는 기준에 따라 관할청이 정한다.

[본조신설 2011.10.25]

제24조 (직원의 배치기준)

법 제20조제2항에 따라 유치원에는 필요한 경우 직원을 1명 이상 둘 수 있으며, 유치원별 배치기준은 관할청이 정한다.

[전문개정 2010.5.31]

제25조 (특수학교의 교직원)

법 제15조에 따른 특수학교의 장은 제23조 및 제24조에도 불구하고 필요한 경우 교직원을 더 둘 수 있다.
[전문개정 2010.5.31]

제26조 (교원의 자격)

법 제22조에 따른 유치원 교원의 자격검정에 필요한 사항은 따로 대통령령으로 정한다.
[전문개정 2010.5.31]

제27조 (강사 등)

법 제23조에 따른 강사 등은 별표의 자격기준에 해당하는 사람 중에서 국립 · 공립유치원의 경우에는 원장이 임용하고, 사립유치원의 경우에는 법인 또는 사립유치원 경영자가 임용한다. 다만, 사립유치원의 경우에는 법인의 정관 등에서 정하는 바에 따라 그 임용권한을 원장에게 위임할 수 있다.
[전문개정 2010.5.31]

제28조 (교원의 교육 및 연수)

① 교육과학기술부장관과 교육감은 유치원 교원의 자질 향상을 위한 교육 및 연수를 정기적으로 실시하여야 한다.
② 교육과학기술부장관과 교육감은 교원의 각종 교육 및 연수 계획을 수립하거나 집행할 경우 유치원 교원을 다른 교원과 같게 대우하여야 하며 차별해서는 아니 된다.
[전문개정 2010.5.31]

제4장 비용 [개정 2010.5.31]

제29조 (무상교육 대상자 등)

① 법 제24조제1항에 따라 초등학교 취학 직전 1년의 유아에 대하여 실시하는 무상교육은 매년 1월 1일 현재 만 5세에 도달한 유아로서 다음 각 호의 어느 하나에 해당하는 기관에서 교육과학기술부장관과 보건복지부장관이 협의하여 정하는 공통의 교육 · 보육과정을 제공받는 유아를 대상으로 한다.
1. 유치원
2. 「영유아보육법」에 따른 어린이집
3. 그 밖에 교육과학기술부령으로 정하는 바에 따라 유아교육을 실시하도록 지정받은 기관
② 제1항에 따른 비용은 예산의 범위에서 지원한다.
[전문개정 2011.9.30] [[시행일 2012.3.1]]

제30조 (사회적 취약지역의 결정기준)

법 제25조제1항제3호에 따른 사회적 취약지역의 범위는 다음 각 호와 같다.

1. 「공무원수당 등에 관한 규정」 제12조에 따른 공무원 특수지근무수당 지급대상지역
2. 「지방공무원 수당 등에 관한 규정」 제12조에 따른 지방공무원 특수지근무수당 지급대상지역
3. 「도서 · 벽지 교육진흥법」 제2조에 따른 도서 · 벽지
4. 그 밖에 교육과학기술부장관과 교육감이 필요하다고 인정하는 지역

[전문개정 2010.5.31]

제31조 (저소득층 자녀의 범위 및 기준)

① 법 제26조제1항에서 "대통령령으로 정하는 저소득층 자녀"란 해당 가구의 소득금액(소득과 교육과학기술부령으로 정하는 바에 따라 재산을 소득으로 환산한 금액을 합한 금액을 말한다. 이하 같다)이 매년 교육과학기술부장관이 기획재정부장관과 협의하여 정하는 금액 이하인 가구의 자녀를 말한다.

② 제1항에 따른 소득금액에 포함되는 소득의 범위는 다음 각 호와 같다. [개정 2012.4.17 제23734호(고엽제후유의증 등 환자지원에 관한 법률 시행령)]

1. 근로소득: 근로의 제공으로 얻는 소득. 다만, 「소득세법」에 따라 비과세되는 근로소득은 제외하되, 다음 각 목의 급여는 근로소득에 포함한다.

가. 「소득세법」 제12조제4호거목에 따라 비과세되는 급여

나. 「소득세법 시행령」 제16조제1항제1호에 따라 비과세되는 급여

2. 사업소득: 다음 각 목에 해당하는 소득

가. 농업소득: 경종업(耕種業), 과수 · 원예업, 양잠업, 종묘업, 특수작물생산업, 가축의 사육업, 종축업 또는 부화업과 이에 부수하는 업무에서 얻는 소득

나. 임업소득: 영림업 · 임산물생산업 또는 야생조수사육업과 이에 부수하는 업무에서 얻는 소득

다. 어업소득: 어업과 이에 부수하는 업무에서 얻는 소득

라. 그 밖의 사업소득: 도매업 · 소매업 · 제조업이나 그 밖의 사업에서 얻는 소득

3. 재산소득: 다음 각 목에 해당하는 소득

가. 임대소득: 부동산 · 동산 · 권리나 그 밖의 재산의 대여로 발생하는 소득

나. 이자소득: 예금 · 주식 · 채권의 이자와 배당 또는 할인에 의하여 발생하는 소득 중 교육과학기술부장관이 정하는 금액 이상의 소득

다. 연금소득: 「소득세법」 제20조의3제1항제3호부터 제5호까지의 규정에 따라 발생하는 연금 또는 소득과 「보험업법」 제4조제1항제1호나목에 따라 발생하는 소득

4. 공적이전소득: 「국민연금법」, 「공무원연금법」, 「군인연금법」, 「별정우체국법」, 「사립학교교직원 연금법」, 「고용보험법」, 「산업재해보상보험법」, 「독립유공자예우에 관한 법률」, 「국가유공자 등 예우 및 지원에 관한 법률」, 「고엽제후유의증 등 환자지원에 관한

법률」, 「자동차손해배상 보장법」, 「참전유공자예우 및 단체설립에 관한 법률」등 법률에 따라 정기적으로 지급되는 각종 수당 · 연금 · 급여나 그 밖의 금품. 다만, 다음 각 목의 금품은 제외한다.

가. 「독립유공자예우에 관한 법률」 제14조 및 「국가유공자 등 예우 및 지원에 관한 법률」 제14조에 따른 생활조정수당

나. 「참전유공자예우 및 단체설립에 관한 법률」 제6조에 따른 참전명예수당

다. 「자동차손해배상 보장법」 제30조제2항 및 같은 법 시행령 제21조 · 제22조에 따른 지원금

③ 제1항에 따른 소득금액에 포함되는 재산의 범위는 다음 각 호와 같다.

1. 일반재산: 다음 각 목에 해당하는 재산

가. 「지방세법」 제180조제1호부터 제3호까지의 규정에 따른 토지, 건축물 및 주택

나. 「지방세법」 제180조제4호 및 제5호에 따른 선박 및 항공기

다. 주택 · 상가 등에 대한 임차보증금(전세금을 포함한다)

라. 100만원 이상의 가축, 종묘(種苗) 등 동산(장애인 재활보조기구 등 교육과학기술부장관이 정하는 동산은 제외한다) 및 「지방세법」 제104조제2호의3에 따른 입목

마. 「지방세법」 제104조제7호의2부터 제7호의5까지의 규정에 따른 회원권

바. 「소득세법」 제89조제2항에 따른 조합원입주권

사. 건물이 완성되는 때에 그 건물과 이에 부수되는 토지를 취득할 수 있는 권리(바목에 따른 조합원입주권은 제외한다)

아. 「지방세법」 제104조제7호에 따른 어업권

2. 금융재산: 다음 각 목에 해당하는 재산

가. 「금융실명거래 및 비밀보장에 관한 법률」 제2조제2호에 따른 금융자산

나. 「보험업법」 제4조제1항에 따른 각종 보험상품

3. 「지방세법」 제196조의2에 따른 자동차. 다만, 「장애인복지법」 제39조에 따라 장애인이 사용하는 자동차와 그 밖의 자동차 중 교육과학기술부장관이 정하는 자동차는 제외하되, 화물자동차 등 교육과학기술부장관이 정하는 자동차는 제1호에 따른 일반재산으로 본다.

④ 제3항의 재산 가액은 법 제26조의4에 따른 조사일(이하 "조사일"이라 한다)을 기준으로 다음 각 호의 구분에 따른 방법에 따라 산정한 가액으로 한다. 다만, 재산의 가액을 산정하기 어려운 경우에는 해당 재산의 종류 및 거래상황 등을 고려하여 교육과학기술부장관이 정하는 바에 따라 산정한 가액으로 한다.

1. 제3항제1호가목: 「지방세법」 제111조제2항 단서에 따른 시가표준액 등을 고려하여 교육과학기술부장관이 정하는 가액

2. 제3항제1호나목: 「지방세법」 제111조제2항 단서에 따른 시가표준액 등을 고려하여 교육과학기술부장관이 정하는 가액

3. 제3항제1호다목: 임대차 계약서상의 보증금 및 전세금

4. 제3항제1호라목: 동산은 조사일 현재의 시가, 입목은 「지방세법 시행령」 제80조제1항

제5호에 따른 시가표준액
5. 제3항제1호마목: 「지방세법 시행령」 제80조제1항제9호에 따른 시가표준액
6. 제3항제1호바목: 다음 각 목의 구분에 따른 금액
가. 청산금을 납부한 경우: 「도시 및 주거환경정비법」 제48조에 따른 관리처분계획에 따라 정해진 가격(이하 "기존건물평가액"이라 한다)과 납부한 청산금을 합한 금액
나. 청산금을 지급받은 경우: 기존건물평가액에서 지급받은 청산금을 뺀 금액
7. 제3항제1호사목: 조사일 현재까지 불입한 금액
8. 제3항제1호아목: 「지방세법 시행령」 제80조제1항제8호에 따른 시가표준액
9. 제3항제2호: 제32조의2제1항 및 제3항의 기준에 따른 금융재산별 가액
10. 제3항제3호: 차의 종류, 정원, 적재정량, 제조연도별 제조가격(수입하는 경우는 수입가격을 말한다) 및 거래가격 등을 고려하여 교육과학기술부장관이 정하는 가액
[전문개정 2010.5.31]

제32조 (사립유치원에 대한 지원)

① 교육과학기술부장관과 교육감은 법 제26조제3항에 따라 다음 각 호의 경비의 전부 또는 일부를 예산의 범위에서 사립유치원에 지원한다. [개정 2011.10.25]
1. 사립유치원 설립비
2. 사립유치원 수석교사 · 교사의 인건비 및 연수경비
3. 교재 · 교구비
4. 그 밖에 교육과학기술부장관과 교육감이 필요하다고 인정하는 경비
② 특별시장 · 광역시장 · 특별자치시장 · 도지사 · 특별자치도지사 및 시장 · 군수 · 구청장(자치구의 구청장을 말한다. 이하 같다)은 조례로 정하는 바에 따라 제1항 각 호의 경비의 전부 또는 일부를 사립유치원에 지원할 수 있다. [개정 2012.4.20] [[시행일 2012.7.1]]
[전문개정 2010.5.31]

제32조의2 (금융정보 등의 범위)

① 법 제26조의2제2항제1호에서 "예금의 평균잔액과 그 밖에 대통령령으로 정하는 자료 또는 정보"란 다음 각 호의 자료 또는 정보를 말한다.
1. 보통예금, 저축예금, 자유저축예금 등 요구불예금: 최근 3개월 이내의 평균잔액
2. 정기예금, 정기적금, 정기저축 등 저축성예금: 예금의 잔액 또는 총불입액
3. 주식, 수익증권, 출자금, 출자지분: 최종 시세가액(時勢價額). 이 경우 비상장주식의 가액평가에 관하여는 「상속세 및 증여세법 시행령」 제54조제1항을 준용한다.
4. 채권, 어음, 수표, 채무증서, 신주인수권증서: 액면가액
5. 연금저축: 정기적으로 지급된 금액
② 법 제26조의2제2항제2호에서 "채무액과 그 밖에 대통령령으로 정하는 자료 또는 정보"란 다음 각 호의 자료 또는 정보를 말한다.

1. 대출 현황 및 연체 내용
2. 신용카드 미결제금액

③ 법 제26조의2제2항제3호에서 "보험료와 그 밖에 대통령령으로 정하는 보험 관련 자료 또는 정보"란 다음 각 호의 자료 또는 정보를 말한다.
1. 보험증권: 해약하는 경우 지급받게 될 환급금
2. 연금보험: 정기적으로 지급되는 금액

[본조신설 2010.5.31]

제32조의3 (금융정보등의 요청 및 제공)

① 교육과학기술부장관 또는 교육감은 법 제26조의3에 따라 금융회사 등(「금융실명거래 및 비밀보장에 관한 법률」 제2조제1호에 따른 금융기관, 「신용정보의 이용 및 보호에 관한 법률」 제2조제6호에 따른 신용정보집중기관을 말한다. 이하 같다)의 장에게 법 제26조의2에 따라 비용 지원을 신청한 자(이하 "비용 지원 신청자"라 한다) 및 그 가구원(家口員)에 대한 법 제26조의2제2항제1호부터 제3호까지의 금융정보, 신용정보 및 보험정보(이하 "금융정보등"이라 한다)를 요청하는 경우에는 다음 각 호의 사항을 적은 문서로 하여야 한다.
1. 비용 지원 신청자와 그 가구원의 성명과 주민등록번호
2. 제공을 요청하는 금융정보등의 범위와 조회기준일 및 조회기간

② 제1항에 따라 요청을 받은 금융회사 등의 장이 교육과학기술부장관 또는 교육감에게 해당 금융정보등을 제공할 때에는 다음 각 호의 사항을 적은 문서로 하여야 한다.
1. 비용 지원 신청자와 그 가구원의 성명과 주민등록번호
2. 금융정보등을 제공하는 금융회사 등의 명칭
3. 제공대상 금융상품명과 계좌번호
4. 금융정보등의 내용

③ 교육과학기술부장관 또는 교육감은 금융회사 등이 가입한 협회, 연합회 또는 중앙회의 정보통신망을 이용하여 해당 금융회사 등의 장에게 제1항에 따른 금융정보등을 제공하도록 요청할 수 있다.

[본조신설 2010.5.31]

제32조의4 (행정정보의 공동이용)

교육과학기술부장관 또는 교육감(제34조제2항부터 제4항까지의 규정에 따라 비용 지원 업무를 위탁받은 기관을 포함한다)은 법 제26조의2에 따른 유아교육 비용을 지원하기 위하여 필요하면 「전자정부법」 제36조제1항에 따라 행정정보를 공동이용할 수 있다. [개정 2011.9.30] [[시행일 2012.3.1]]

[본조신설 2010.5.31]

제33조 (방과후 과정 운영 등에 대한 지원)
① 교육과학기술부장관과 교육감은 법 제27조에 따라 다음 각 호의 경비의 전부 또는 일부를 예산의 범위에서 방과후 과정을 운영하거나 제12조에 따른 수업일수를 초과하여 운영하는 유치원에 지원할 수 있다. [개정 2012.4.20]
1. 교육환경 개선비
2. 인건비
3. 교재 · 교구비
4. 그 밖에 교육과학기술부장관과 교육감이 필요하다고 인정하는 경비
② 특별시장 · 광역시장 · 특별자치시장 · 도지사 · 특별자치도지사 및 시장 · 군수 · 구청장은 조례로 정하는 바에 따라 제1항 각 호의 경비의 전부 또는 일부를 방과후 과정을 운영하거나 제12조에 따른 수업일수를 초과하여 운영하는 유치원에 지원할 수 있다. [개정 2012.4.20] [[시행일 2012.7.1: 특별자치시에 관한 부분]]
[전문개정 2010.5.31]
[본조제목개정 2012.4.20]

제5장 보칙 [개정 2010.5.31]

제34조 (권한 등의 위임 및 위탁)
① 교육과학기술부장관은 법 제29조제1항에 따라 다음 각 호의 권한을 교육감에게 위임한다. [개정 2012.2.3]
1.법 별표 1에 따른 원장의 자격인정
2. 법 제22조제3항에 따른 수석교사의 자격 검정 · 수여
② 교육과학기술부장관 및 교육감은 법 제29조제2항에 따라 다음 각 호의 업무를 보건복지부장관에게 위탁한다.
1. 법 제26조의3에 따른 금융정보등의 제공에 관한 업무
2. 법 제26조의4제2항에 따른 소득 · 재산 자료 등의 제공에 관한 업무
③ 교육감은 법 제29조제2항에 따라 어린이집에서 제29조에 따른 공통의 교육 · 보육과정을 제공받는 만 5세의 유아에 대한 비용 지원에 관한 업무를 특별시장 · 광역시장 · 특별자치시장 · 도지사 · 특별자치도지사에게 위탁한다. [신설 2011.9.30, 2012.4.20] [[시행일 2012.7.1]]
④ 교육과학기술부장관 및 교육감은 법 제29조제2항에 따라 다음 각 호의 업무를 특별자치시장 · 특별자치도지사 · 시장 · 군수 · 구청장에게 위탁한다. [개정 2011.9.30, 2012.4.20] [[시행일 2012.7.1]]
1. 법 제26조의2에 따른 비용 지원 신청의 접수
2. 법 제26조의4제1항 및 제4항에 따른 비용 지원 대상 자격 확인을 위한 자료제출 요구 및 조사 · 질문, 지원의 결정 · 취소 · 중지 · 변경 등에 관한 업무

⑤ 교육과학기술부장관 및 교육감은 보건복지부장관, 특별시장 · 광역시장 · 특별자치시장 · 도지사 · 특별자치도지사 또는 시장 · 군수 · 구청장과 협의를 거쳐 제2항부터 제4항까지의 규정에 따라 위탁된 업무의 처리에 필요한 인력 또는 경비를 지원하여야 한다.
[개정 2011.9.30, 2012.4.20] [[시행일 2012.7.1]]
[전문개정 2010.5.31]

제34조의2 (민감정보 및 고유식별정보의 처리)

① 교육과학기술부장관 및 교육감(제34조에 따라 교육과학기술부장관 및 교육감의 권한을 위임 · 위탁받은 자를 포함한다)은 다음 각 호의 사무를 수행하기 위하여 불가피한 경우 「개인정보 보호법 시행령」 제19조제1호 또는 제4호에 따른 주민등록번호 또는 외국인등록번호가 포함된 자료를 처리할 수 있다.
1. 법 제26조의2에 따른 비용 지원 신청의 접수 및 처리에 관한 사무
2. 법 제26조의3에 따른 금융정보등의 제공에 관한 사무
3. 법 제26조의4에 따른 조사 또는 질문 등에 관한 사무
4. 법 제26조의5에 따른 전자시스템 구축 · 운영에 관한 사무

② 교육감은 법 제8조에 따른 유치원 설립 등에 관한 사무를 수행하기 위하여 불가피한 경우 「개인정보 보호법 시행령」 제18조제2호에 따른 범죄경력자료에 해당하는 정보나 같은 영 제19조제1호 또는 제4호에 따른 주민등록번호 또는 외국인등록번호가 포함된 자료를 처리할 수 있다.
[본조신설 2012.1.6 제23488호(민감정보 및 고유식별정보 처리 근거 마련을 위한 과세자료의 제출 및 관리에 관한 법률 시행령 등)]

제35조 (의견 제출)

관할청은 법 제30조제2항에 따라 유치원의 정원감축 등의 조치를 하려는 경우에는 10일 이상의 기간을 정하여 처분대상자에게 구술 또는 서면으로 의견을 제출할 기회를 주어야 한다. 이 경우 정당한 사유 없이 지정된 날까지 의견을 제출하지 아니하면 의견이 없는 것으로 본다.
[전문개정 2010.5.31]

제36조 (유치원의 폐쇄)

유치원의 설립 · 경영자는 관할청이 법 제32조제1항에 따라 유치원의 폐쇄를 명한 경우에는 그 명령을 받은 날부터 3개월 이내에 재원생과 유치원 기본재산의 처리상황을 적은 서류와 학적부(學籍簿)를 관할청에 제출하여야 한다.
[전문개정 2010.5.31]

부칙 [2005.1.29 대통령령 제18690호]

제1조 (시행일) 이 영은 2005년 1월 30일부터 시행한다.

제2조 (다른 법령의 폐지) 「유아교육진흥법 시행령」은 이를 폐지한다.

제3조 (사립유치원의 설립인가신청 등에 관한 경과조치) 이 영 시행당시 종전의「초 · 중등교육법 시행령」에 의한 사립유치원의 설립인가 · 폐지인가 및 변경인가 신청은 각각 이 영에 의한 신청으로 본다.

제4조 (강사에 관한 경과조치) 이 영 시행당시 종전의「초 · 중등교육법 시행령」에 의하여 임용된 강사는 이 영에 의하여 임용된 것으로 본다.

제5조 (다른 법령의 개정) ①「초 · 중등교육법 시행령」중 다음과 같이 개정한다.

제3조 각호외의 부분 본문중 "사립학교(사립유치원을 제외한다. 이하 제5조까지 같다)"를 "사립학교"로 한다.

제6조를 삭제한다.

제9조제1항 각호외의 부분중 "학교(유치원을 제외한다)"를 "학교"로 하고, 동조제2항을 삭제한다.

제32조, 제37조제1항, 제45조제1호, 제48조제1항 및 제4장제3절(제65조)을 각각 삭제한다.

제106조의2중 "교장 또는 원장"을 "교장"으로 한다.

②「사립학교법 시행령」중 다음과 같이 개정한다.

제12조제2항중 "초 · 중등교육법 제4조제3항 및 동법 시행령 제5조제1항"을 "「유아교육법」 제8조제3항 및 동법 시행령 제9조제3항, 「초 · 중등교육법」제4조제3항 및 동법 시행령 제5조제1항"으로 한다.

③「고등학교 이하 각급학교 설립 · 운영 규정」중 다음과 같이 개정한다.

제1조중 "초 · 중등교육법 제4조 · 사립학교법 제5조 및 초 · 중등교육법시행령 제2조의 규정"을 "「유아교육법」 제8조, 「초 · 중등교육법」 제4조,「사립학교법」제5조 및「유아교육법 시행령」제8조,「초 · 중등교육법시행령」제2조의 규정"으로 한다.

제6조 (다른 법령과의 관계) 이 영 시행당시 다른 법령에서 종전의「유아교육진흥법시행령」,「초 · 중등교육법 시행령」또는 그 규정을 인용한 경우에 이 영중 그에 해당하는 규정이 있는 때에는 종전의「유아교육진흥법 시행령」, 「초 · 중등교육법 시행령」또는 그 규정에 갈음하여 이 영 또는 이 영의 해당 조항을 각각 인용한 것으로 본다.

부칙 [2005.6.23 제18873호(여성가족부 직제)]

제1조(시행일) 이 영은 공포한 날부터 시행한다.

제2조 내지 제4조 생략

제5조(다른 법령의 개정)①내지〈21〉 생략

〈22〉유아교육법 시행령 일부를 다음과 같이 개정한다.

제3조제4항중 "여성부"를 "여성가족부"로 한다.

〈23〉내지〈36〉 생략

부칙 [2006.6.12 제19507호(행정정보의 공동이용 및 문서감축을 위한 국가채권관리법 시행령 등)]

이 영은 공포한 날부터 시행한다.

부칙 [2008.2.29 제20679호(보건복지가족부와 그 소속기관 직제)]

제1조(시행일) 이 영은 공포한 날부터 시행한다.

제2조부터 제8조까지 생략

제9조(다른 법령의 개정) ① 부터 〈44〉 까지 생략

〈45〉 유아교육법 시행령 일부를 다음과 같이 개정한다.

제3조제4항 중 "여성가족부"를 "보건복지가족부"로 한다.

〈46〉 부터 〈80〉 까지 생략

부칙 [2008.2.29 제20740호(교육과학기술부와 그 소속기관 직제)]

제1조(시행일) 이 영은 공포한 날부터 시행한다.

제2조부터 제6조까지 생략

제7조(다른 법령의 개정) ① 부터 〈39〉 까지 생략

〈40〉 유아교육법 시행령 일부를 다음과 같이 개정한다.

제2조제3항 중 "교육인적자원부차관"을 "교육과학기술부차관"으로 한다.

제3조제4항 중 "교육인적자원부 및 여성가족부"를 "교육과학기술부 및 여성부"로 한다.

제4조제1항 중 "교육인적자원부"를 "교육과학기술부"로, "교육인적자원부차관"을 "교육과학기술부차관"으로, "교육인적자원부장관"을 "교육과학기술부장관"으로 한다.

제6조제4항, 제7조제1항부터 제3항까지, 제4항 각 호 외의 부분 전단 및 제5항, 제19조, 제21조제5호, 제22조제1항부터 제5항까지, 제23조제4항 각 호 외의 부분 단서, 제28조제1항 · 제2항, 제30조제4호, 제32조제1항 각 호 외의 부분 · 제4호, 제33조제1항 각 호 외의 부분 · 제4호, 제34조 중 "교육인적자원부장관"을 각각 "교육과학기술부장관"으로 한다.

제31조 중 "교육인적자원부장관이 기획예산처장관"을 "교육과학기술부장관이 기획재정부장관"으로 한다.

〈41〉 부터 〈102〉 까지 생략

부 칙[2009.2.25 제21327호]

이 영은 2009년 3월 1일부터 시행한다.

부 칙[2010.3.15 제22075호(보건복지부와 그 소속기관 직제)]

제1조(시행일) 이 영은 2010년 3월 19일부터 시행한다. 〈단서 생략〉

제2조(다른 법령의 개정) ① 부터 〈115〉 까지 생략
〈116〉 유아교육법 시행령 일부를 다음과 같이 개정한다.
제3조제4항 중 "보건복지가족부"를 "보건복지부"로 한다.
〈117〉 부터 〈187〉 까지 생략

부 칙[2010.5.4 제22151호(전자정부법 시행령)]
제1조(시행일) 이 영은 2010년 5월 5일부터 시행한다.
제2조 및 제3조 생략
제4조(다른 법령의 개정) ① 부터 〈122〉 까지 생략
〈123〉 유아교육법 시행령 일부를 다음과 같이 개정한다.
제7조제4항 각 호 외의 부분 후단 중 "「전자정부 구현을 위한 행정업무 등의 전자화촉진에 관한 법률」 제21조제1항"을 "「전자정부법」 제36조제1항"으로 한다.
〈124〉 부터 〈192〉 까지 생략

부 칙[2010.5.31 제22174호]
이 영은 공포한 날부터 시행한다.

부 칙[2011.9.30 제23185호]
이 영은 2012년 3월 1일부터 시행한다.

부 칙[2011.10.25 제23242호]
이 영은 2011년 10월 26일부터 시행한다. 다만, 제12조의 개정규정은 2012년 3월 1일부터 시행한다.

부 칙[2012.1.6 제23488호(민감정보 및 고유식별정보 처리 근거 마련을 위한 과세자료의 제출 및 관리에 관한 법률 시행령 등)]
제1조(시행일) 이 영은 공포한 날부터 시행한다. 〈단서 생략〉
제2조 생략

부 칙[2012.2.3 제23609호]
이 영은 공포한 날부터 시행한다.

부 칙[2012.4.17 제23734호(고엽제후유의증 등 환자지원에 관한 법률 시행령)]
제1조(시행일) 이 영은 2012년 4월 18일부터 시행한다.

제2조(다른 법령의 개정) ①부터 ⑨까지 생략

⑩ 유아교육법 시행령 일부를 다음과 같이 개정한다.

제31조제2항제4호 각 목 외의 부분 본문 중 "「고엽제후유의증 환자지원 등에 관한 법률」"을 "「고엽제후유의증 등 환자지원에 관한 법률」"로 한다.

⑪부터 〈17〉까지 생략

제3조 생략

부 칙[2012.4.20 제23745호]

제1조(시행일) 이 영은 2012년 4월 27일부터 시행한다. 다만, 제23조제3항, 제33조 제목 · 제1항의 개정규정 및 같은 조 제2항의 개정규정 중 방과후 과정에 관한 부분과 부칙 제2조는 공포한 날부터 시행하고, 제1조의2제2항(특별자치시에 관한 부분만 해당한다), 제32조제2항, 제33조제2항(특별자치시에 관한 부분만 해당한다) 및 제34조제3항부터 제5항까지의 개정규정은 2012년 7월 1일부터 시행한다.

제2조(다른 법령의 개정) 장애인 등에 대한 특수교육법 시행령 일부를 다음과 같이 개정한다.

제21조의 제목 "(유치원 과정의 종일제 담당 인력의 자격기준 및 운영방법)"을 "(유치원 과정의 방과후 과정 담당 인력의 자격기준 및 운영방법)"으로 하고, 같은 조 제1항 중 "종일제"를 "방과후 과정"으로 하며, 같은 조 제2항 및 제3항 중 "종일제를"을 각각 "방과후 과정을"로 한다.

6. 유아교육법 시행규칙

교육과학기술부령 제133호 일부개정 2011. 12. 30

제1조 (목적)

이 규칙은 「유아교육법」 및 같은 법 시행령에서 위임된 사항과 그 시행에 필요한 사항을 규정함을 목적으로 한다.
[전문개정 2010.6.8]

제2조 (건강검진)

「유아교육법」(이하 "법"이라 한다) 제17조제3항에 따른 건강검진의 실시시기 및 그 결과처리 등에 관하여 필요한 사항은 따로 교육과학기술부령으로 정한다.
[전문개정 2010.6.8]

제3조 (급식 시설 · 설비기준 등)

① 법 제17조제3항에 따라 급식을 하는 유치원에서 갖추어야 할 시설 · 설비기준은 별표 1과 같다.
② 한 번에 100명 이상의 유아에게 급식을 제공하는 유치원에는 「식품위생법」 제53조에 따라 면허를 받은 영양사 1명을 두어야 한다. 다만, 급식 시설과 설비를 갖추고 급식을 하는 2개 이상의 유치원이 인접하여 있는 경우에는 「지방교육자치에 관한 법률 시행령」 제5조에 따른 같은 교육청의 관할구역에 있는 5개 이내의 유치원은 공동으로 영양사를 둘 수 있다.
[전문개정 2010.6.8]

제4조 (유아교육비 지원방법)

① 교육과학기술부장관 및 특별시 · 광역시 · 도 · 특별자치도 교육감(이하 "교육감"이라 한다)이 법 제24조제3항 및 법 제26조제2항에 따라 지원하는 유아교육에 필요한 비용의 범위는 다음과 같다.
1. 입학금
2. 수업료
3. 급식비
4. 그 밖에 교육과학기술부장관 및 교육감이 유아교육에 필요하다고 인정하는 비용
② 제1항에 따른 지원은 가구의 소득수준, 거주지역 등을 고려하여 교육과학기술부장관이 기획재정부장관과 협의하여 정하는 기준에 따른다.
③ 제1항에 따른 지원 비용은 법 제26조의2에 따라 보호자가 비용 지원을 신청한 날이

속하는 달부터 매달 지급한다.

④ 제1항에 따른 지원을 받는 가구의 소득 또는 재산의 변동 등으로 지원 금액이 변경되는 경우(소득 또는 재산의 변동 등으로 지원결정이 취소 · 중지되거나 지원 대상에 해당하지 아니하게 된 경우는 제외한다)에는 그 변경 사유가 발생한 달이 속하는 분기의 다음 분기부터 변경된 금액을 지급한다.

[전문개정 2010.6.8]

제5조 (유아교육비 지원의 특례)

① 교육감은 「학원의 설립 · 운영 및 과외교습에 관한 법률」에 따라 설립된 유아를 대상으로 하는 미술학원 중 유치원으로 전환하기를 희망하는 학원이 별표 2에서 정한 기준을 갖추고 유아교육을 실시하려는 경우에는 법 제5조에 따른 시 · 도 유아교육위원회의 심의를 거쳐 유아교육위탁기관으로 지정할 수 있다.

② 교육과학기술부장관 및 교육감은 제1항에 따른 유아교육위탁기관에 다니는 유아에 대하여 법 제24조 및 법 제26조제1항에 따른 유아교육비를 지원한다.

③ 유아교육위탁기관의 지정 절차 및 방법 등에 관하여 필요한 사항은 교육감이 정한다.

[전문개정 2010.6.8]

[[2014.2.28까지 유효, 2005.2.24 제854호 부칙 제2항]]

제6조 (수업료 등의 결정 및 공고)

① 법 제25조에 따라 유치원에서 징수하는 수업료 및 입학금은 다음 각 호에 따라 정한다.

1. 국립유치원: 원장이 정하되, 해당 유치원이 소재한 지역과 동일한 지역(특별시 · 광역시에 있어서는 구, 그 밖의 지역에서는 시 또는 읍 · 면을 말하되, 동일한 읍 · 면안에 공립유치원이 없는 경우에는 공립유치원이 있는 인근의 읍 · 면을 말한다) 안의 공립유치원과 같은 금액으로 한다.

2. 공립유치원: 해당 유치원의 실정과 경제적 사정의 변동 등을 고려하여 교육감이 정한다.

3. 사립유치원: 해당 유치원의 실정에 따라 원장이 정한다. 다만, 교육감은 각 유치원별 실정과 경제적 사정의 변동을 고려하여 필요하다고 인정하는 때에는 교육감의 승인을 얻어 정하게 할 수 있다.

② 제1항에 따라 유치원의 수업료 및 입학금을 정한 때에는 지체 없이 이를 공고하고 교육감의 경우 교육과학기술부장관에게, 원장의 경우 교육감에게 보고하여야 한다.

③ 제2항에 따른 공고는 늦어도 신입생 입학원서 접수개시일 10일 전에 하여야 한다.

[전문개정 2011.4.22]

제7조 (수업료 등의 면제 · 감액)

① 원장은 수업료 또는 입학금을 면제하거나 감액할 수 있으며, 그 기준은 다음 각 호와 같다.

1. 해당 유치원의 실정에 따라 유아의 전부 또는 일부에 대하여 입학금을 면제하거나 감액할 수 있다.
2. 경제적 사정이 곤란한 유아와 그 밖에 원장이 필요하다고 인정하는 유아에 대하여 수업료 및 입학금을 면제할 수 있다.
3. 천재 또는 지변 등으로 인하여 수업료 및 입학금의 납입이 곤란하다고 인정할 때에는 수업료 및 입학금을 면제하거나 감액할 수 있다.

② 유치원의 수업을 월 전체에 걸쳐 하지 아니한 경우에는 방학의 경우를 제외하고는 해당 월의 수업료를 면제한다.

③ 수업료는 결석 또는 출석정지로 인하여 감액 또는 면제되지 아니한다.

[본조신설 2011.4.22 종전의 제7조는 제12조로 이동]

제8조 (징수방법)

① 수업료는 월별로 균등하게 나누어 징수한다. 다만, 원장은 유아의 보호자가 분기별 납부신청을 한 때에는 분기별로 징수할 수 있다.

② 입학금은 유아의 입학 시에 전액을 징수한다.

③ 유아가 전학하는 경우 수업료와 입학금의 징수는 다음 각 호에 따른다.

1. 설립자가 같은 유치원에 전학하는 경우에는 전출하는 유치원에서 수업료와 입학금을 징수한 때에는 전입하는 유치원에서는 이를 면제한다.
2. 설립자를 달리하는 유치원에 전학하는 경우에는 전출하는 유치원에서 입학금 및 전출하는 날이 속하는 달까지의 수업료를 징수하고, 전입하는 유치원에서는 전입하는 날이 속하는 달의 다음 달부터의 수업료만을 징수한다.

④ 수업료 및 입학금 외의 교육비용과 그 밖의 납부금으로서 교육과학기술부장관이 정하는 비용의 징수방법에 대해서는 제1항을 준용한다.

[본조신설 2011.4.22 종전의 제8조는 제13조로 이동]

제9조 (징수시기)

① 수업료는 해당 월이 시작되기 10일 이전에 징수하여서는 아니 된다. 다만, 입학 최초의 수업료와 입학금은 학기가 시작되기 50일 전부터 징수할 수 있다.

② 원장은 국가 또는 지방자치단체의 학비보조금 등을 교부받아 수업료를 납부하는 유아에 대해서는 학비보조금 등의 교부일 이후에 수업료를 징수하여야 한다.

[본조신설 2011.4.22 종전의 제9조는 제14조로 이동]

제10조 (수업료 등의 반환)

① 수업료 또는 입학금이 과오납된 경우에는 그 금액을 전액 반환한다.

② 유아가 설립자를 달리하는 유치원으로 전학하는 경우에는 전출하는 날이 속하는 달까지의 수업료를 제외한 나머지 수업료를 반환한다.

③ 다음 각 호의 어느 하나에 해당하는 경우(이하 "반환사유"라 한다)에는 이미 납부한 수업료 또는 입학금을 반환한다.
1. 법령에 따라 입학(재입학 및 편입학을 포함한다. 이하 같다)을 할 수 없거나 학업을 계속할 수 없는 경우
2. 입학허가를 받은 자가 입학포기의 의사를 표시한 경우
3. 재학 중인 자가 자퇴의 의사를 표시한 경우
4. 본인의 질병 · 사망 또는 천재지변이나 기타 부득이한 사유로 해당 유치원에 입학을 하지 아니하게 되거나 학업을 계속하지 아니하게 된 경우
④ 제3항에 따른 반환의 기준은 다음 각 호와 같다.
1. 해당 월 개시일(입학생의 경우에는 입학일을 말한다. 이하 같다)까지 반환사유가 발생한 때에는 이미 납부한 수업료 및 입학금의 전액을 반환한다.
2. 해당 월 개시일의 다음 날 이후에는 입학금은 반환하지 아니하되, 수업료는 반환사유가 발생한 날까지의 수업료를 공제한 나머지 금액을 반환한다.
[본조신설 2011.4.22]

제11조 (징벌)
① 원장은 수업료의 납부기한 경과 후 체납이 2개월 이상이 된 유아에 대해서는 출석정지 처분을 할 수 있다.
② 입학금을 납입하여야 할 자가 정해진 기간 내에 이를 납입하지 아니하는 경우에 원장은 해당 유아의 입학허가를 취소할 수 있다.
[본조신설 2011.4.22]

제12조 (재산의 소득환산액 산정방식)
①「유아교육법 시행령」(이하 "영"이라 한다) 제31조제1항에서 "교육과학기술부령으로 정하는 바에 따라 재산을 소득으로 환산한 금액"이란 다음 각 호에 따른 금액을 말한다.
1. 영 제31조제3항제1호의 일반재산의 가액(가액)에서 다음 각 목의 금액(이하 이 호에서 "기본재산액등"이라 한다)을 뺀 금액에 제2항제1호에 따른 소득환산율을 곱한 금액. 다만, 해당 일반재산의 가액에서 기본재산액등을 뺀 금액이 0보다 적은 경우에는 0으로 하고, 그 0보다 적은 차액은 영 제31조제3항제2호의 금융재산의 가액에서 뺀다.
가. 기본재산액: 기초생활의 유지에 필요하다고 교육과학기술부장관이 정하는 금액
나. 임대보증금, 금융회사 융자금과 그 밖에 교육과학기술부장관이 정하는 부채
2. 영 제31조제3항제2호의 금융재산의 가액에 제2항제2호에 따른 소득환산율을 곱한 금액. 다만, 제1호 각 목 외의 부분 단서에 따라 해당 금융재산의 가액에서 뺀 금액이 0보다 적은 경우에는 0으로 한다.
3. 영 제31조제3항제3호의 자동차의 가액에서 할부잔액을 뺀 금액에 제2항제3호에 따른 소득환산율을 곱한 금액. 다만, 해당 자동차의 가액에서 할부잔액을 뺀 금액이 0보다 적은

경우에는 0으로 한다.
② 영 제31조제3항 각 호의 재산에 대한 소득환산율은 다음 각 호와 같다.
1. 영 제31조제3항제1호의 일반재산: 0.0417/3
2. 영 제31조제3항제2호의 금융재산: 0.0626/3
3. 영 제31조제3항제3호의 자동차: 1/3
[본조신설 2010.6.8]
[본조개정 2011.4.22 제7조에서 이동]

제13조 (비용 지원의 신청 방법 및 절차 등)

① 법 제26조의2제1항에 따라 유아교육을 위한 비용 지원을 신청하려는 보호자는 유아교육비 지원 신청서에 다음 각 호의 서류(전자문서를 포함한다)를 첨부하여 관할 특별자치도지사 · 시장 · 군수 · 구청장(자치구의 구청장을 말한다. 이하 같다)에게 제출하여야 한다.
1. 소득 · 재산 신고서
2. 제1호의 신고서에 따른 소득 · 재산을 확인할 수 있는 서류[해당 특별자치도 · 시 · 군 · 구(자치구를 말한다) 소속 공무원이 그 내용을 확인할 수 없는 경우나 신청서의 기재사항과 공부(공부)상의 내용이 다른 경우만 해당한다]
3. 법 제26조의2제2항에 따른 금융정보, 신용정보 또는 보험정보의 제공 동의서(가구원의 동의서를 포함한다)
4. 비용 지원을 신청하는 사람의 신분을 확인할 수 있는 신분증명서나 서류(주민등록증, 운전면허증, 장애인등록증, 여권, 그 밖에 교육과학기술부장관이 정하는 서류를 말한다)
② 특별자치도지사 · 시장 · 군수 · 구청장은 제1항에 따라 비용 지원의 신청을 받으면 「전자정부법」 제36조제1항에 따른 행정정보의 공동이용을 통하여 신청인의 가족관계사항에 관한 증명서, 외국인등록 사실증명서 및 소득 · 재산 관계 서류 중 토지등기부 등본 또는 건물등기부 등본을 확인하여야 한다. 다만, 신청인이 가족관계사항에 관한 증명서 및 외국인등록 사실증명서의 확인에 동의하지 아니하는 경우에는 해당 서류를 첨부하게 하여야 한다.
③ 제1항에 따라 신청을 받은 특별자치도지사 · 시장 · 군수 · 구청장은 신청서를 접수한 날부터 30일 이내에 신청인에게 비용 지원 대상 해당 여부 및 지원 내용을 알려야 한다. 다만, 소득 · 재산 등의 조사에 시간이 걸리는 등 특별한 사유가 있는 경우에는 60일 이내에 알릴 수 있다.
④ 제1항에 따른 유아교육비 지원 신청서, 소득 · 재산 신고서 및 금융정보 등 제공 동의서, 제3항에 따른 유아교육비 지원 신청 결과 통보서와 유아교육비 지원 취소 · 중지 · 변경 통보서는 사회복지 관련 사업 및 서비스와 관련하여 보건복지부장관이 정하여 고시하는 공통서식에 따른다.
⑤ 제1항부터 제4항까지에서 규정된 사항 외에 신청 및 통지의 방법과 절차 등에 필요한 사항은 교육과학기술부장관이 정한다.

[본조신설 2010.6.8]
[본조개정 2011.4.22 제8조에서 이동]

제14조 (조사 · 질문의 범위)

법 제26조의4제1항에 따른 출입 · 조사 및 질문은 제13조제1항에 따라 보호자가 제출한 서류의 사실 여부 확인 등 비용 지원 대상에 해당하는지를 확인하기 위하여 필요한 최소한의 범위에서 하여야 한다.[개정 2011.4.22]
[본조신설 2010.6.8]
[본조개정 2011.4.22 제9조에서 이동]

부칙 [2005.2.24 교육인적자원부령 제854호]

① (시행일) 이 규칙은 공포한 날부터 시행한다.
② (유아교육비지원 특례규정의 유효기간) 제5조의 규정은 2014년 2월 28일까지 그 효력을 가진다. [개정 2007.2.28, 2009.2.27, 2011.2.28, 2011.12.30]
③ (유치원의 급식시설 · 설비기준 등에 대한 경과조치) 이 규칙 시행당시 급식을 실시하는 유치원이 제3조의 규정에 의한 기준에 미달되는 때에는 이 규칙 시행후 3년 이내에 제3조의 규정에 의한 기준에 적합하도록 하여야 한다.

부칙 [2007.3.1 제902호]

이 규칙은 2007년 3월 1일부터 시행한다.

부칙 [2007.6.21 제907호]

제1조(시행일) 이 규칙은 공포한 날부터 시행한다.
제2조 (시설 · 설비에 대한 경과조치) 이 규칙 시행당시 급식을 실시하는 유치원이 제3조제1항의 개정규정에 따른 기준에 미달되는 때에는 이 규칙 시행일부터 3년 이내에 이 규칙의 기준에 적합하도록 보완하여야 한다.

부칙[2008.3.4 제1호(교육과학기술부와 그 소속기관 직제 시행규칙)]

제1조(시행일) 이 영은 공포한 날부터 시행한다.
제2조부터 제5조까지 생략
제6조(다른 법령의 개정) ①부터 〈28〉까지 생략
〈29〉유아교육법 시행규칙 일부를 다음과 같이 개정한다.
제2조 및 제6조 중 "교육인적자원부령"을 각각 "교육과학기술부령"으로 한다.
제4조제1항 각 호 외의 부분 중 "교육인적자원부장관"을 "교육과학기술부장관"으로 하고, 같은 항 제4호 중 "교육인적자원부장관"을 "교육과학기술부장관"으로 하며, 같은 조 제2항 중 "교육인적자원부장관이 기획예산처장관"을 "교육과학기술부장관이 기획재정부장관"

으로 한다.
제5조제2항 중 "교육인적자원부장관"을 "교육과학기술부장관"으로 한다.
〈30〉부터 〈63〉까지 생략

부 칙[2009.2.27 제30호]
이 규칙은 2009년 3월 1일부터 시행한다.

부 칙[2010.6.8 제63호]
이 규칙은 공포한 날부터 시행한다.

부 칙[2011.2.28 제98호]
이 규칙은 공포한 날부터 시행한다. 다만, 별표 2의 개정규정은 2012년 1월 1일부터 시행한다.

부 칙[2011.4.22 제105호]
제1조(시행일) 이 규칙은 공포한 날부터 시행한다.
제2조(징수방법에 관한 적용례) 제8조제1항 및 제4항의 개정규정은 이 규칙 시행 후 최초로 징수하는 수업료 등의 교육비용과 그 밖의 납부금부터 적용한다.
제3조(다른 법령의 개정) 학교 수업료 및 입학금에 관한 규칙 일부를 다음과 같이 개정한다.
제1조 중 "「유아교육법」 제25조, 「초 · 중등교육법」 제10조"를 "「초 · 중등교육법」 제10조"로 한다.
제2조제1항제3호 본문 중 "초등학교 · 유치원"을 "초등학교"로, 같은 호 단서 중 "고등기술학교 및 유치원"을 "고등기술학교"로 하며, 같은 조 제2항 중 "국립의 유치원 · 중학교의"를 "국립 중학교의"로, "공립의 유치원 · 중학교"를 각각 "공립의 중학교"로 한다.
제4조제2항 본문 중 "사립의 초등학교와 유치원의"를 "사립초등학교의"로 한다.

부 칙[2011.12.30 제133호]
이 규칙은 2012년 1월 1일부터 시행한다.

7. 보육인력국가자격증 자격기준

1) 보육시설장 자격기준

(1) 자격종류

	자격종류	근무가능 보육시설
장애아전담	장애인복지법 제32조에 따라 장애인으로 등록된 영유아만을 20명이상 보육하는 시설의 장	모든 보육시설의 장으로 근무가능 (장애아전담, 일반, 40인 미만, 가정, 영아전담)
일반	보육정원이 300명 이하인 시설의 장	장애아전담 시설을 제외한 모든 보육시설의 장으로 근무 가능(일반, 40인 미만, 가정, 영아전담)
40인 미만	보육정원이 40명 미만인 시설의 장 * 종전법에 의한 보육교사 자격을 갖춘자에 한함. 현행법에 따라 보육교사 1, 2, 3급 자격을 취득한자는 인정되지 아니함	40인 미만, 가정
가정	개인이 가정 또는 그에 준하는 곳에 설치 · 운영하는 시설로 상시 5명 이상 20명 이하를 보육하는 시설의 장	가정
영아전담	만 3세 미만의 영아만을 20명 이상 보육하는 시설의 장	영아전담

(2) 장애아전담 보육시설장 자격기준 및 제출서류

<table>
<tr><th colspan="3">장애아전담 보육시설장</th></tr>
<tr><td colspan="3">장애인복지법 제3조에 따라 장애인으로 등록된 영유아만을 20명 이상 보육하는 시설</td></tr>
<tr><th colspan="2">자격기준</th><th>제출서류</th></tr>
<tr><td rowspan="3">일반보육시설장 자격을 갖춘 사람으로서 다음의 어느 하나에 해당하는 자</td><td>1) 대학교에서 장애인 복지 및 재활 관련학과를 전공한 사람</td><td>① 일반 보육시설장 자격증 사본
② 장애인복지 및 재활관련학과 졸업증명서 원본
③ 사진파일(인터넷 신청 시 사진등록)
④ 자격증 발급신청서(인터넷 신청 후 출력)</td></tr>
<tr><td>2) 장애아 보육시설에서 2년 이상의 보육업무 경력이 있는 사람</td><td>① 일반 보육시설장 자격증 사본
② 경력증명서 원본(장애아전담 보육시설에서 2년 이상 종사한 경력)
③ 장애아 전담 보육시설 인가증 사본
④ 사진파일(인터넷 신청 시 사진등록)
⑤ 자격증 발급신청서(인터넷 신청 후 출력)</td></tr>
<tr><td>3) 보건복지부령으로 정하는 장애아 보육 직무교육을 받은 사람</td><td>① 일반 보유시설장 자격증 사본
② 장애아 보육 직무교육 수료증 사본
③ 사진파일(인터넷 신청 시 사진등록)
④ 자격증 발급신청서(인터넷 신청 후 출력)</td></tr>
</table>

(3) 일반보육시설장 자격기준 및 제출서류

일반보육시설장	
보육정원이 300명 이하인 시설의 장	
자격기준	**제출서류**
1) 보육교사 1급 자격을 취득한 후 2년 이상의 보육 등 아동복지업무 경력이 있는 사람	① 보육교사 1급 자격증 사본 ② 경력증명서 원본(보육교사 1급 자격을 취득한 후 보육 등 아동복지업무에 종사한 경력) ③ 사진파일(인터넷 신청 시 사진등록) ④ 자격증 발급신청서(인터넷 신청 후 출력)
2) 유아교육법에 따른 유치원 정교사 2급 자격을 취득한 후 5년 이상의 보육 등 아동복지업무 경력이 있는 사람	① 유치원 2급 정교사 자격증 사본 ② 경력증명서 원본(유치원 정교사 자격증을 취득한 후 5년 이상 보육 등 아동복지업무에 종사한 경력) ③ 사진파일(인터넷 신청 시 사진등록) ④ 자격증 발급신청서(인터넷 신청 후 출력)
3) 유치원 원장의 자격을 가진 사람	① 유치원 원장 자격증 사본 ② 사진파일(인터넷 신청 시 사진등록) ③ 자격증 발급신청서(인터넷 신청 후 출력)
4) 초 · 중등교육법에 따른 초등학교 정교사 자격을 취득한 후 5년 이상의 보육 등 아동복지 업무 경력이 있는 사람	① 초등학교 2급 정교사 자격증 사본 ② 경력증명서 원본(초등학교 2급 정교사 자격증을 취득한 후 5년 이상 보육 등 아동복지업무에 종사한 경력) ③ 사진파일(인터넷 신청 시 사진등록) ④ 자격증 발급신청서(인터넷 신청 후 출력)
5) 사회복지 사업법에 따른 사회복지사 1급 자격을 취득한 후 5년 이상의 보육 등 아동복지업무 경력이 있는 사람	① 사회복지사 1급 자격증 사본 ② 경력증명서 원본(사회복지사 1급 자격증을 취득한 후 5년 이상 보육 등 아동복지업무에 종사한 경력) ③ 사진파일(인터넷 신청 시 사진등록) ④ 자격증 발급신청서(인터넷 신청 후 출력)

<table>
<tr><td>6) 의료법에 따른 간호사 면허를 취득한 후 7년 이상의 보육 등 아동복지업무 경력이 있는 사람</td><td>① 간호사 면허증 사본
② 경력증명서 원본(간호사 면허를 취득한 후 7년 이상 보육 등 아동복지업무에 종사한 경력- 상세기술 요함)
③ 사진파일(인터넷 신청 시 사진등록)
④ 자격증 발급신청서(인터넷 신청 후 출력)</td></tr>
<tr><td>7) 국가 또는 지반자치단체에서 7급 이상의 공무원으로 보육 등 아동복지업무에 5년 이상 근무한 경력이 있는 사람</td><td>① 경력증명서 원본(공무원 7급 이상 이후 보육 등 아동복지행정업무에 5년 이상 근무한 경력- 상세기술 요함)
② 사진파일(인터넷 신청 시 사진등록)
③ 자격증 발급신청서(인터넷 신청 후 출력)</td></tr>
</table>

(4) 가정보육시설장의 자격기준 및 제출서류

<table>
<tr><th colspan="2">가정보육시설장</th></tr>
<tr><td colspan="2">개인이 가정 또는 그에 준하는 곳에 설치 · 운영하는 시설로 상시 5명 이상 20명 이하를 보육하는 시설</td></tr>
<tr><th>자격기준</th><th>제출서류</th></tr>
<tr><td>1) 일반보육시설장 자격을 갖춘 사람</td><td>상기 일반 보육시설장 자격기준에 의함</td></tr>
<tr><td>2) 보육교사 2급 이상의 자격을 취득한 후 2년 이상의 보육업무 경력이 있는 사람</td><td>① 보육교사 자격증 사본(1, 2급)
② 경력증명서 원본(자격을 취득한 후 2년 이상 보육업무에 종사한 경력)
③ 사진파일(인터넷 신청 시 사진등록)
④ 자격증 발급신청서(인터넷 신청 후 출력)</td></tr>
</table>

(5) 영아전담 보육시설장의 자격기준 및 제출서류

<table>
<tr><th colspan="2">영아전담보육시설장</th></tr>
<tr><td colspan="2">만 3세 미만의 영아만을 20명 이상 보육하는 시설</td></tr>
<tr><th>자격기준</th><th>제출서류</th></tr>
<tr><td>1) 일반보육시설장 자격을 갖춘 사람</td><td>상기 일반 보육시설장 자격기준에 의함</td></tr>
<tr><td>2) 간호사 면허를 취득한 후 5년 이상의 아동간호업무 경력이 있는 사람</td><td>① 간호사 면허증 사본
② 경력증명서 원본(5년 이상 아동간호업무에 종사한 경력-상세 기술 요함)
③ 사진파일(인터넷 신청 시 사진등록)
④ 자격증 발급신청서(인터넷 신청 후 출력)</td></tr>
</table>

2) 자격관련 세부 경력

(1) 보육 등 아동복지업무 경력

- 영유아보육법에 따른 보육시설 또는 보육정보센터에서 근무한 경력
- 유아교육법에 따른 유치원에서의 근무한 경력
- 아동복지법에 따른 아동 복지시설에서 근무한 경력
- 장애인복지법에 따른 장애 영유아 생활시설에서 장애아동과 관련된 업무에 종사한 경력
- 유아교육법 및 초·중등교육법에 따른 특수학교(유치원 및 초등학교 과정)에서 특수학교 교원으로 근무한 경력
- 법률 제7120호 유아교육법 제정으로 폐지되기 전 유아교육진흥법에 따른 새마을 유아원에서 근무한 경력
- 가목부터 바목까지의 아동복지업무를 수행하는 시설 등에서 간호사로 근무한 경력
- 국가 또는 지방자치단체에서 7급 이상이 공무원으로 보육 등 아동복지에 관한 행정 업무에 종사한 경력

(2) 보육업무 경력
- ㅇ 영유아보육법에 따른 보육시설 또는 보육정보센터에서 근무한 경력
- ㅇ 유아교육법에 따른 종일제 유치원에서 원장, 원감, 교사로 근무한 경력
  - * 유아교육법 제20조 규정에 따라 교원(원장, 원감, 교사)으로 근무한 경력만 해당되며 같은 법 제23조에 의한 강사, 명예교사 등으로 근무한 경력은 행당되지 않음

(3) 아동간호 업무 경력
- ㅇ 병원 소아청소년과나 신생아실, 보건소 모자보건센터, 초등학교 보건실 등에서 근무한 경력

3) 보육교사 자격기준

(1) 보육교사 자격기준 및 제출서류

	자격기준	제출서류
보육교사 1급	1) 보육교사 2급 자격을 취득한 후 3년 이상의 보육업무 경력이 있는 사람으로서 보건복지부장관이 정하는 승급교육을 받은 사람	① 보육교사 2급자격증 사본 ② 경력증명서 원본(보육교사 2급 자격취득 이후 3년 이상의 보육업무 경력) ③ 1급 승급교육 수료증 사본 ④ 사진파일(인터넷 신청 시 사진등록) ⑤ 자격증 발급 신청서(인터넷 신청 후 출력)
	2) 보육교사 2급 자격을 취득한 후 보육관련 대학원에서 석사학위를 취득한 1년 이상의 보육업무 경력이 있는 사람으로서 보건복지부장관이 정하는 승급교육을 받은 사람	① 보육교사 2급자격증 사본 ② 보육관련 석사학위증명서 원본 ③ 경력증명서 원본(1년 이상 보육업무 경력) ④ 1급 승급교육 수료증 사본 ⑤ 사진파일(인터넷 신청 시 사진등록) ⑥ 자격증 발급 신청서(인터넷 신청 후 출력) * 대학원에서 보육교사 2급 자격을 취득한 경우에는 3년 이상의 보육업무 경력 및 1급 승급교육을 이수해야 보육교사 1급 자격에 해당함

	자격기준	제출서류
보육 교사 1급		* 보육관련 대학원이라 함은 ① 학과(전공) 및 학위명에 '보육, (영)유아, 아동'의 단어가 포함된 경우 또는 ② ①의 경우가 해당되지 않을 경우 보육관련 교과목 이수 기준으로 보육관련 대학원으로 인정함 (보육관련 교과목 최소 4과목 이상, 12학점 이상 이수 여부를 확인하여 인정)
보육 교사 2급	1) 전문대학교 또는 이와 같은 수준 이상의 학교에서 보건복지부령으로 정하는 보육관련 교과목 및 학점을 이수하고 졸업한 사람 * 현행법에 의한 석사학위 취득자 포함	① 대학(또는 동등 이상 학교) 졸업증명서 원본 ② 대학(또는 동등 이상 학교) 성적증명서 원본 ③ 보육실습확인서 원본 ④ 보육실습 인가증 사본 (2007년 이후 실습이수자에 한함) ⑤ 보육실습 지도교사 1급 자격증 사본 (2007년 이후 실습이수자에 한함) ⑥ 사진파일(인터넷 신청 시 사진등록) ⑦ 자격증 발급 신청서(인터넷 신청 후 출력) * 학점인정 등에 관한 법률의 규정에 따라 보육관련 교과목 및 학점을 이수한 경우 학점인정 등에 관한 법률에 의해 학점을 인정받고 학위를 취득한 이후 보육교사 자격증을 신청할 수 있음
	2) 보육교사 3급 자격을 취득한 후 1년 이상의 보육업무 경력이 있는 사람으로서 보건복지장관이 인정하는 승급교육을 받은 사람	① 보육교사 3급자격증 ② 경력증명서 원본(보육교사 3급 자격취득 이후 3년 이상의 보육업무 경력) ③ 2급 승급교육 수료증 사본 ④ 사진파일(인터넷 신청 시 사진등록) ⑤ 자격증 발급 신청서(인터넷 신청 후 출력)
보육 교사 3급	고등학교 또는 이와 같은 수준 이상의 학교를 졸업한 사람으로서 보건복지부령으로 정하는 교육훈련 시설에서 정해진 교육과정을 수료한 사람	① 최종학교 졸업증명서 원본 ② 교육훈련시설 수료증 사본 ③ 사진파일(인터넷 신청 시 사진등록) ④ 자격증 발급 신청서(인터넷 신청 후 출력)

(2) 보육실습 세부기준

영유아보육법에 의한 보육실습 세부기준			
	영유아보육법 시행규칙 제12조 1항 관련[별표 4]	2010 보육사업안내 세부기준	유의사항
교과목	보육실습	· 보육실습 교과목 이수를 성적증명서를 통해 확인 가능하여야 함 · 유사과목 인정범위 : 보육현장실습, 교육실습	예) '사회복지현장실습' 교과목으로 보육실습 이수한 경우 –불인정
이수학점	1과목(2학점)	2학점 이상, 평가점수 80점(B학점) 이상인 경우 실습 이수 인정	성적증명서를 통해 보육실습 교과목 평가점수(80점, B학점 이상) 및 2학점 이상 이수 여부 확인이 가능해야 함
실습기관	보육시설 및 종일제 유치원	정원 15인 이상인 어린이집 또는 종일제 유치원(교육청에 종일제 유치원으로 등록되어야 함)	· 보육정원 15인 미만인 보육시설에서의 실습 인정 불가 · 국 · 공립 외의 보육시설은 인가증상에 보육정원이 기재되어야 함 · 국 · 공립 보육시설은 인가증 대신 계약서로 대체 가능 · 병설유치원에서 실습한 경우 실습 당시 종일제 여부 및 보육정원을 확인할 수 있는 학교장 발행 공문을 첨부하여야 함 · 실습당시의 인가증 사본을 제출해야 함 · 해당기관의 고유증번호, 납세번호증 인정 불가

<table>
<tr><td rowspan="3">실습기간</td><td rowspan="3">4주 160시간
(야간대학
등의 경우 2회
분할 가능)</td><td>· 연속 4주, 160시간 이상 실시하여야 하며 1일 8시간 이수</td><td>· 연속하여(월요일부터 금 또는 토요일까지) 4주, 160시간 이상, 1일 8시간 이상(모든 조건 동시충족)</td></tr>
<tr><td>· 2회 분할실습은 야간대학, 원격대학, 한국방송통신대학에 한함</td><td></td></tr>
<tr><td>· 실습교과목이 개설된 학기에 보육실습 실시</td><td>· 보육실습 교과목이 개설된 학기에 실시하여야 함(전후 방학 포함)
· 공휴일이 2일 이상 포함된 경우 해당 기간을 보완할 수 있도록 추가 실습을 이수하여야 함</td></tr>
<tr><td>실습지도
교사</td><td>보육교사 1급
또는 유치원
정교사 1급
자격을
가진 자</td><td></td><td>· 보육교사 1급 승급교육을 이수하였더라도 보육교사 1급 국가자격 요건이 충족되지 않을 수 있으므로 필히 보육교사 1급 자격 소지 여부를 확인하여야 함
· 유치원 2급정교사로부터의 실습지도 불인정
· 지도교사의 유치원 원장, 원감자격증 사본제출 불인정
· 보육실습확인서에 실습지도교사 국가자격증번호 기재 요망
· 실습지도교사가 2인 이상인 경우 지도교사 자격증 사본을 모두 제출해야 함</td></tr>
</table>

보육실습 확인서		보육실습확인서를 통해 보육실습 내용의 적절성을 증명(보육실습확인서는 원본으로 제출해야 함)	· 2007년도 이후 보육실습이수자는 '실습기관 시설인가증 사본' 및 '실습지도교사 자격증 사본' 각 1부를 첨부하여야 함 · 보육실습확인서에 해당 내용은 빠짐없이 모두 기재하여야 함 · 보육실습확인서 양식은 보육인력국가자격증 홈페이지(http://chrd.childcare.go.kr) 관련서식 참고

(3) 보육관련 교과목 및 학점(영유아보육법 시행규칙 제12조 제1항관련)

대학교 등에서 이수하여야 할 교과목 및 학점 일반

영역	교과목	이수과목(학점)
보육기초	아동복지(론), 보육학개론, 아동발달(론), 보육과정	4과목(12학점) 필수
발달 및 지도	인간행동과 사회환경, 아동관찰 및 행동연구, 아동생활지도, 아동상담(론), 특수아동지도	1과목(3학점) 이상 선택
영유아교육	놀이지도, 언어지도, 아동문학, 아동음악과 동작, 아동미술, 아동수·과학지도, 영유아교수방법(론), 영유아프로그램 개발과 평가	3과목(9학점) 이상 필수
건강·영양 및 안전	아동건강교육, 아동간호학, 아동안전관리, 아동영양학, 정신건강(론)	2과목(6학점) 이상 선택
가족 및 지역사회 협력 등	부모교육(론), 가족복지(론), 가족관계(론), 지역사회복지(론), 자원봉사(론), 보육정책(론), 보육교사(론), 보육시설운영과 관리	1과목(3학점) 이상 선택
보육실습	보육실습	1과목(2학점) 필수
전체	12과목(35학점) 이상	

저자 소개

임채식

건국대학교 대학원 교육학과 석사
건국대학교 대학원 교육학과 박사
전, 한국전문대학 유아교육과 교수협의회장, 영유아교육학회장
건국대학교, 인하대학교, 인천대학교,
경기대학교, 동남대학, 부천대학 강사
현, 인천재능대학 유아교육과 교수
열린유아교육학회 이사
한국교육학회 영구회원

김종일

모스크바대학교 대학원 사회문화부 특수유아교육 준박사
전, 카자흐스탄 국립대학교 초빙연구원
교육과학기술부 사무관
현, 인천재능대학교 유아교육과 교수

교직실무 -개정판-

초판발행 2011년 6월 10일
개정4쇄 2016년 9월 10일

2016. 9

저 자 임채식 · 김종일
발행인 김현태
발행처 태영출판사

주 소 (08301) 서울 구로구 구로동 104-10 동남오피스텔 201호
전 화 02 · 839-3757, 839-3752
팩 스 02 · 837-3754
등 록 2005년 5월 30일 제12-421호
http://www.taeyeongbook.co.kr
E-mail tys2005@hanmail.net
ISBN 978-89-6302-092-1 93370
정 가 16,000원

NAVER 태영출판사

* 잘못 만들어진 책은 교환해 드립니다.